Jörn Bruhn

Statistische Verfahren

Jörn Bruhn

Statistische Verfahren

Datenanalyse mit BASIC-Programmen

Mit 63 Bildern

Friedr. Vieweg & Sohn   Braunschweig/Wiesbaden

CIP-Kurztitelaufnahme der Deutschen Bibliothek

Bruhn, Jörn:
Statistische Verfahren: Datenanalyse mit
BASIC-Programmen / Jörn Bruhn. —
Braunschweig; Wiesbaden: Vieweg, 1986.

ISBN 978-3-663-00127-0   ISBN 978-3-663-00126-3 (eBook)
DOI 10.1007/978-3-663-00126-3

Vorwort

Bei der Planung und Auswertung naturwissenschaftlicher und technischer Versuche sowie sozialwissenschaftlicher Untersuchungen werden wesentlich statistische Verfahren eingesetzt. Zu einer vollständigen statistischen Untersuchung gehören:

1) Formulierung des Problems und der daraus resultierenden Fragen und Hypothesen,
2) Planung und Beschreibung des Untersuchungsplans,
3) Ausführung des Experiments bzw. der statistischen Erhebung,
4) Tabellierung und Beschreibung der empirischen Ergebnisse, Berechnung von Kennwerten,
5) Schlußfolgerungen und Interpretationen.

Insbesondere mit den Schritten (4) und (5) ist oft ein erheblicher Rechenaufwand verbunden, der sich mit Papier und Bleistift oft nur mühsam abwickeln läßt. Dieser kann sinnvoll von einem Home- oder Personal-Computer übernommen werden.

Einfach zu bedienende Computerprogramme erledigen heute in Bruchteilen von Sekunden, was früher längere Arbeit in Anspruch nahm. Zudem wird der Anwender von Problemen der numerischen Mathematik verschont und kann sich an deren Stelle wesentlicheren Aspekten der Methode widmen.

Die Zusammenarbeit mit verschiedenen Anwendern hat gezeigt, daß es möglich ist, ein Verständnis statistischer Verfahren auch bei Nicht-Statistikern zu erwecken. Dabei muß nur die Kenntnis einfacher mathematischer Begriffe sowie der wichtigsten Methoden der Statistik vorausgesetzt werden.

Im vorliegenden Band wird eine Vielzahl von Programmen zu Problemstellungen der beschreibenden und der schließenden Statistik zusammengestellt. Diese decken einen weiten Anwendungsbereich ab, so daß der Anwender viele Aufgabenstellungen mit ihrer Hilfe bewältigen kann. Diesem Zweck dienen einerseits die Einführungsbeispiele und die zusätzlichen Übungsaufgaben (mit Lösungen), die sich zum Teil an bekannte und bewährte Aufgaben anlehnen.

Eine Voraussetzung für eine angemessene statistische Datenauswertung ist die richtige Auswahl der benutzten Methoden und die Interpretation der erhaltenen Ergebnisse. Daher werden in einem gewissen Umfang die theoretischen Hintergründe dargestellt und erläutert. Das Buch erhebt keinen Anspruch auf Vollständigkeit. Dies ist auch wegen der zahlreichen statistischen Verfahren kaum möglich. Ein umfangreiches Literaturverzeichnis ermöglicht aber weitergehende Studien.

Die Abschnitte sind in der Regel nach folgendem Schema gegliedert:

1) Eine Einführung mit einem ausgewählten Beispiel.
2) Erläuterungen zum Aufbau des Programms mit einer Darstellung des mathematischen Hintergrunds.
3) Hinweise zur Programmbedienung, mit deren Hilfe das Beispiel gelöst wird.

4) Das Programmlisting ist ausführlich kommentiert und weitgehend strukturiert. Damit soll demjenigen, der das Programm in seinen Rechner eintippt, der Aufbau des Programms deutlich und die Fehlersuche vereinfacht werden.

5) Übungsaufgaben, die typische Anwendungssituationen zeigen, so daß eine Übertragung auf eigene Problemstellungen erleichtert wird.

Da die Datenqualität von grundsätzlicher Bedeutung für die Auswahl der statistischen Verfahren ist, sind die Kapitel oder Abschnitte nach Verfahren für intervallskalierte, rangskalierte und nominalskalierte Daten aufgegliedert.

Die vorliegenden Programme wurden erfolgreich auf mehreren gängigen Rechnertypen (Siemens, IBM, Olivetti, Wang, Apple, Commodore) getestet. Sie können mit geringen systemspezifischen Modifikationen auf praktisch allen BASIC-Rechnern zum Laufen gebracht werden. Hierfür werden noch dadurch Hilfen gegeben, daß gleiche Problemstellungen in verschiedenen Programmen unterschiedlich gelöst sind, z.B. Eingabe von Merkmalswerten und zugehörigen Häufigkeiten, zwei abhängigen Stichproben usw. Die Programmteile ,,Eingabe'' und ,,Wahrscheinlichkeit'' können durch MERGE angehängt werden, so daß die mühsame Arbeit des erstmaligen Programmeingebens erleichtert wird.

Jedes Programm enthält eine Subroutine, die die Ausgabe der Daten auf dem Drucker regelt. Wird nur die Ausgabe auf dem Bildschirm gewünscht, so kann dieser Programmteil entfallen und die Eingabe der betreffenden Programmschritte erübrigt sich.

Mein Dank gilt den Herren R. Brockmann, D. Conrad und J. Markwald, die mich bei der Erstellung der Programme tatkräftig unterstützt haben, dem Vieweg Verlag für die Geduld und Beratung bei der Erstellung des Manuskripts sowie insbesondere meiner Frau für das Schreiben der verschiedenen Manuskriptfassungen und das Lesen der Korrekturen.

Hinweise für Verbesserungen und Ergänzungen sowie Anregungen aller Art nehme ich stets dankbar entgegen.

Elmshorn, Januar 1986   *Jörn Bruhn*

Inhaltsverzeichnis

1 Daten und ihre Darstellung

1.1 Einführung

1.1.1 Aufgaben der Statistik

In fast allen Bereichen wächst die Notwendigkeit, statistische Verfahren mit ihren Voraussetzungen und Modellannahmen zu kennen. Dies gilt sowohl für diejenigen, die Entscheidungsgrundlagen in irgendeinem Bereich beurteilen wollen, als auch für diejenigen, die selbst bestimmte statistische Erhebungen planen oder vorgegebene Daten auswerten wollen. Statistik ermöglicht

- eine Analyse von Zusammenhängen,
- eine übersichtliche Darstellung von Daten,
- eine Beschreibung von Datenmengen durch Kenngrößen,
- Schlüsse von der Grundgesamtheit auf eine Stichprobe und umgekehrt,
- begründete Vorhersagen.

Die mathematische Statistik ist nur ein Teil des Prozesses, bei dem es darum geht, durch eine angemessene Bearbeitung der Daten die Interpretation und Schlußfolgerungen zu ermöglichen. Deshalb werden im folgenden nicht nur die Verfahren, sondern auch die zugrunde liegenden Modellannahmen und Voraussetzungen erläutert, die beachtet werden müssen, wenn die Statistik herangezogen werden soll.

1.1.2 Beschreibende und schließende Statistik

Die *beschreibende (deskriptive) Statistik* wird verwendet beim Ordnen, Aufbereiten und Darstellen von Daten. Sie ermöglicht also, Daten übersichtlich zu organisieren, zusammenzufassen und weiterzuvermitteln. Verwendet werden dazu statistische *Kennwerte*, die eine größere Menge von Daten charakterisieren: Mittelwerte (arithmetisches Mittel, Modalwert, Median) und Streuungsmaße (Standardabweichung, Quantilabstand, Variabilitätskoeffizient).

Die *schließende (Interferenz-)Statistik* wird verwendet, um zu Schlußfolgerungen zu gelangen, die über die direkt vorhandenen Daten hinausgehen. Diese Schlußfolgerungen beziehen sich z.B. auf das Schätzen von Parametern der Grundgesamtheit oder auf das Testen von Hypothesen aufgrund von Informationen, die man aus der Stichprobe zieht.

1.1.3 Parametrische und nicht-parametrische Verfahren

Die Methoden der schließenden Statistik können in zwei große Bereiche unterteilt werden, in die *parametrischen* (verteilungsabhängigen) und die *nicht-parametrischen* (verteilungsunabhängigen, verteilungsfreien) Verfahren. Zu den ersteren gehören u.a. Produkt-Moment-Korrelation, t-Test, Varianzanalyse, Faktorenanalyse. Sie können nur bei Daten angewendet werden, die hinreichend strengen Voraussetzungen genügen. Die nicht-parametrischen Verfahren umfassen z.B. die Chi-Quadrat-Methode, den Vorzeichentest und viele auf Ranginformation beruhende Analysen. Sie setzen weniger Annahmen über die Qualität der Daten voraus als verteilungsabhängige Tests.

Bei der Entscheidung, ob parametrische oder nicht-parametrische Verfahren angewendet werden sollen, können einige Regeln helfen:

- Wenn der Umfang der Stichproben kleiner als 7 ist, sind im allgemeinen nur verteilungsunabhängige Verfahren anwendbar.
- Wenn die Daten aus verschiedenen Grundgesamtheiten stammen, sind im allgemeinen nur verteilungsunabhängige Verfahren geeignet.
- Wenn die Daten nur rangskaliert oder nominalskaliert sind, müssen verteilungsunabhängige Verfahren angewendet werden.
- Wenn man eine schnelle Analyse mit geringem Rechenaufwand benötigt, wendet man im allgemeinen nichtparametrische Verfahren an, verschenkt jedoch ggf. Informationen.

1.1.4 Statistische Merkmale

Ausgangspunkt der beschreibenden Statistik sind Objekte mit gemeinsamen Merkmalen. Solche Objekte heißen *Merkmalsträger*. Ein Merkmal realisiert sich bei einem Merkmalsträger durch seine Ausprägung. Man kann beispielsweise Familien auf das Merkmal „Berufliche Stellung des Haushaltungsvorstandes" untersuchen. Dieses Merkmal hat verschiedene Ausprägungen, z.B. Landwirt, Selbständiger. Es ist ein *qualitatives* Merkmal, weil es verschiedene qualitative Ausprägungen hat.

Die Ausprägungen des Merkmals „Anzahl der Kinder" dagegen sind Zahlen. Ein Merkmal, dessen Ausprägungen Zahlen oder Größen sind, nennt man *quantitatives* Merkmal; die Ausprägungen nennt man dann auch *Merkmalswerte*.

Für quantitative Merkmale ist eine Unterscheidung in *diskrete* und *stetige* Merkmale nützlich: Bei diskreten Merkmalen sind nur ganz bestimmte Ausprägungen (Werte) möglich, die i.a. durch Zählen gewonnen werden, z.B. Anzahl der Kinder einer Familie, der Betriebsangehörigen einer Firma usw. Bei stetigen Merkmalen sind (innerhalb eines bestimmten Intervalls) alle Ausprägungen (Werte) möglich, diese werden z.B. durch einen Maßvorgang gewonnen. Beispiele hierfür sind die Länge von Schrauben, das Gewicht von Materialien usw.

Merkmalsträger	Merkmal	Merkmalsausprägung bzw. Merkmalswert	Eigenschaft des Merkmals
Private Haushalte in der Bundesrepublik Deutschland	Berufliche Stellung des Haushaltungsvorstands	Landwirt, Beamter, …	qualitativ
Private Haushalte in der Bundesrepublik Deutschland	Personenanzahl des Haushaltes	1, 2, 3, …	quantitativ diskret
Personenwagen	Herstellerfirma des Autos	Audi, Opel, Ford,…	qualitativ
14jährige Schüler	Körpergröße des Schülers	155 cm, 159,2 cm, 160 cm, 164,68 cm,…	quantitativ stetig
Schüler der Sekundarstufe II	Alter des Schülers	z.B. 23 Jahre	quantitativ
Schüler der Sekundarstufe II	Konfession des Schülers	z.B. katholisch	qualitativ
Industriebetrieb	Beschäftigtenzahl des Betriebes	z.B. 648	quantitativ diskret
Betriebsangehöriger	Entfernung zwischen seiner Wohnung und seinem Arbeitsplatz	z.B. 12 km	quantitativ stetig
Telefongespräch	Zeitdauer des Gesprächs in s	z.B. 120	quantitativ stetig
Fernsehzuschauer	Meinung des Zuschauers über eine Fernsehsendung	erträglich, …	qualitativ

Werden n Elemente aus der *Grundgesamtheit* ausgewählt, so bilden diese eine *Stichprobe* vom Umfang n.

1.2 Statistische Skalen

Wer statistische Probleme bearbeiten will, sollte die unterschiedlichen Datentypen kennen. Jede statistische Methode eignet sich nämlich nur für bestimmte Arten von Daten. Das bedeutet: Die angemessene Verwendung statistischer Verfahren hängt wesentlich von der Qualität der zu verarbeitenden Daten ab. Die statistischen Daten werden nach Skalenarten klassifiziert. Man unterscheidet dabei:

- nominalskalierte Daten,
- ordinalskalierte Daten (Rangdaten),
- metrische Daten.

1.2.1 Nominaldaten

Nominalskalierte Daten, kurz Nominaldaten genannt, entstehen durch Zuordnung zu nicht geordneten Klassen, die sich gegenseitig ausschließen. Die Klassen weisen gegeneinander keine Rangordnung auf.

Beispiele: Klassifikationen dieser Art liegen bei der Aufstellung von Geschlechts-, Berufs-, Sprach- und Nationalitätengruppen vor.

Anmerkung: Auch wenn z.B. auf Fragebogen diesen Klassen Zahlen zugeordnet werden, wie männlich 01, weiblich 02, so entsteht dadurch keine Rangordnung. ∎

1.2.2 Rangdaten

Ordinalskalierte Daten (Rangdaten) stehen in einer gewissen Ordnungsrelation untereinander. Diese zeigt an, ob etwas größer oder kleiner, schwerer oder leichter oder ob irgend etwas mehr oder weniger vorhanden ist.

Beispiele: Die Qualifikationen „ohne Schulabschluß", „mit Hauptschulabschluß", ..., „mit Hochschulabschluß" lassen sich in eine Rangordnung bringen. Die Merkmalsausprägungen sind in einer bestimmten Hinsicht geordnet, und entsprechend ihrer Ordnung lassen sich ihnen Zahlen zuordnen. Die Abstände zwischen den Zahlen bzw. die Verhältnisse der Zahlen zueinander sind im allgemeinen nicht vergleichbar. Wird z.B. den Qualifikationen „mit Hauptschulabschluß" die Zahl 1 und „mit Realschulabschluß" die Zahl 2 zugeordnet, so folgt daraus nicht, daß der Realschulabschluß eine doppelt so große Qualifikation bedeutet usw.

Die wohl bekannteste Ordinalskala ist die Zensurenskala. Sie reicht von 1 bis 6, wobei die Zahlen lediglich Informationen über besser oder schlechter eingeschätzte Leistungen ergeben. Bei dieser Skala kann man prinzipiell nicht davon ausgehen, daß der Abstand zwischen 2 (gut) und 3 (befriedigend) genauso groß ist, wie der beispielsweise zwischen 4 (ausreichend) und 5 (mangelhaft). Vielmehr kann man nur die Beziehung aufstellen „2 besser 3" und „4 besser 5" usw. Die Zensurenskala täuscht durch die Verwendung der Zahlen leicht eine höhere Skalenqualität vor. Ob der leistungsmäßige Unterschied zwischen einer 1 und einer 2 bzw. einer 4 und einer 5 gleich groß ist, darüber gibt die Zensurenskala keine Auskunft, wie es für eine höhere Skalenqualität erforderlich wäre. ∎

1.2.3 Metrische Daten

Intervallskalierte Daten liegen vor, wenn die Abstände (Intervalle) zwischen zwei beliebigen Skalenwerten bekannt sind. Erst wenn diese Datenqualität vorliegt, sind arithmetische Operationen, wie z.B. Addition und Subtraktion, sinnvoll. Invervallskalierte Daten können linear transformiert werden. Temperaturskalen, Kalenderzeit, Standardtestwerte sind beispielsweise intervallskaliert. Intervallskalen, bei denen zusätzlich ein „natürlicher" Nullpunkt festliegt, nennt man *Rationalskalen* (Verhältnisskalen). Dazu gehören beispielsweise Alter, Gewicht, Größe usw. Bei Rationalskalen verwendet man im wesentlichen dieselben Verfahren wie bei Intervallskalen. Beide Datentypen nennt man auch metrische Daten.

1.2.4 Übersicht über die verschiedenen Skalentypen

In der Statistik kann man davon ausgehen, daß die Daten eine bestimmte Qualität haben. Das Bestimmen dieser Qualität ist Aufgabe des Anwenders. Die Qualität der Daten bestimmt dann die benutzbaren statistischen Methoden.

	Nominalskala	Ordinalskala	Intervallskala
Beispiele	Farben Parteizugehörigkeit Psychologische Typen	Windstärke · Härteskala Dienstränge Schulnoten	Temperatur (Celsius) Kalenderzeit Intelligenzquotient Teststandardwerte
Relationen	Gleich = Ungleich ≠	Zusätzlich zur Nominalskala: größer > kleiner <	Zusätzlich zur Ordinalskala: Intervalle und Differenzen
Statistische Kenngrößen	Absolute und relative Häufig- keiten, Modus	Zusätzlich zur Nominalskala: Prozentile, Median, Mittlerer Quartil- abstand	Zusätzlich zur Ordinalskala: Arithmetische Mittel, Standardabweichung
Korrelationen	Vier-Felder- Koeffizienten	Zusätzlich zur Nominalskala: Rangkorrelationen	Zusätzlich zur Ordinalskala: Produkt-Moment- Korrelationen
Statistische Tests	Bestimmte nicht-parametrische Verfahren	Fast alle nicht-parametrischen Verfahren	Alle nicht-parame- trischen und parame- trischen Verfahren

Wesentlich ist, daß auf Daten, die einer Nominalskala oder einer Rangskala angehören, nur verteilungsunabhängige Verfahren angewandt werden dürfen, während die Werte einer Intervall- oder Verhältnisskala sowohl mit parametrischen als auch mit nicht-parametrischen Verfahren analysiert werden können.

> Die Methoden, die für ein niedrigeres Skalenniveau geeignet sind, können stets auch auf Daten mit höherer Qualität angewendet werden. Dadurch wird häufig der mathematische Aufwand verringert; doch auch die Information, die man dann entnehmen kann, verringert sich. Umgekehrt dürfen die Methoden, die für ein höheres Skalenniveau bestimmt sind, nicht auf Daten mit niedrigerer Qualität angewendet werden.

Einige wichtige Verfahren zur Gewinnung von Skalen in den Sozialwissenschaften werden im Anhang dargestellt.

1.2.5 Standardwerte

Um eine Skala zu erhalten, die unabhängig von den ursprünglichen Maßeinheiten ist, können metrische Daten transformiert werden:

$$z_i = \frac{x_i - \bar{x}}{s} \cdot \qquad \begin{array}{l} \bar{x} \quad \text{Mittelwert} \\ s \quad \text{Standardabweichung} \end{array}$$

Ein derartig transformierter Wert wird Standardwert oder kurz z-Wert genannt. Durch diese Transformation können Punktwerte aus unterschiedlichen Verteilungen leichter miteinander verglichen werden.

1.3 Häufigkeiten und ihre Darstellung

1.3.1 Absolute und relative Häufigkeit

Die Gesamtzahl der in einer statistischen Erhebung erfaßten Merkmalsträger nennt man den Umfang der statistischen Erhebung.

Haben f_i Merkmalsträger dieselbe Merkmalsausprägung x_i, so heißt f_i die *absolute Häufigkeit* oder Besetzungszahl von x_i, d.h.: Die jeweilige Anzahl, die zu einer Merkmalsausprägung gehört, heißt absolute Häufigkeit oder Besetzungszahl der Ausprägung.

Es seien $x_1, x_2, \ldots, x_k$ Merkmalsausprägungen und $f_1, f_2, \ldots, f_k$ ihre jeweiligen absoluten Häufigkeiten. Ferner sei n der Umfang der statistischen Erhebung.

Dann ist die *relative Häufigkeit* $h(x_i)$ der Merkmalsausprägung x_i mit der absoluten Häufigkeit f_i:

$$h(x_i) = \frac{f_i}{n} \quad \text{mit} \quad n = f_1 + f_2 + \ldots + f_k = \sum_{i=1}^{k} f_i \, {}^{*)}$$

Die relative Häufigkeit $h(x_i)$ einer Merkmalsausprägung x_i gibt den Anteil (Bruchteil) an, mit dem die Merkmalsausprägung in der statistischen Erhebung auftritt.

Daher gilt: Die relative Häufigkeit ist stets eine nichtnegative Zahl, die höchstens gleich 1 ist: $0 \leq h(x_i) \leq 1$.

Oft werden die relativen Häufigkeiten in Prozent angegeben.

---

*) Der griech. Buchstabe Σ (gelesen: sigma) bedeutet Summe.

Beispiel: Bei 121 Familien ergab sich für die Kinderzahl folgende Häufigkeitsverteilung:

Kinderzahl x_i	Anzahl	absolute Häufigkeit f_i	relative Häufigkeit $h(x_i)$	prozentuale relative Häufigkeit
1	IIII IIII IIII IIII II	22	0,182	18,2 %
2	IIII IIII IIII IIII IIII IIII III	33	0,273	27,3 %
3	IIII IIII IIII IIII IIII IIII IIII IIII IIII I	46	0,380	38,0 %
4	IIII IIII IIII II	17	0,140	14,0 %
5	III	3	0,025	2,5 %
	Gesamtzahl	= 121*	$\Sigma h_i = 1{,}000^*$	$\Sigma h_i' = 100\ \%^*$

1.3.2 Stab- und Kreisdiagramm

Die graphische Darstellung von Häufigkeiten in einem Koordinatensystem heißt *Häufigkeitsdiagramm.* Werden zur Erhöhung der Anschaulichkeit Strecken von den Punkten bis zur ersten Achse gezeichnet, dann entsteht ein *Stabdiagramm.* Statt der absoluten Häufigkeiten können auch die relativen Häufigkeiten aufgetragen werden.

Beispiel:

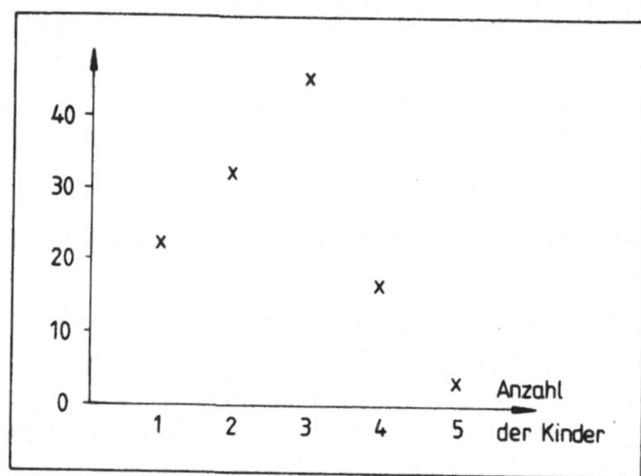

Bild 1.1 Häufigkeitsdiagramm

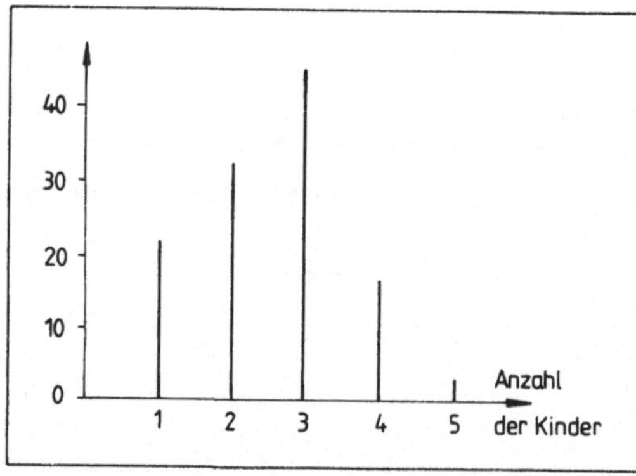

Bild 1.2 Stabdiagramm

Häufigkeitsverteilungen, insbesondere von stetigen Merkmalen, werden nach der ungefähren Form ihrer Häufigkeitsdiagramme bezeichnet. Dabei sind folgende Bezeichnungen üblich:

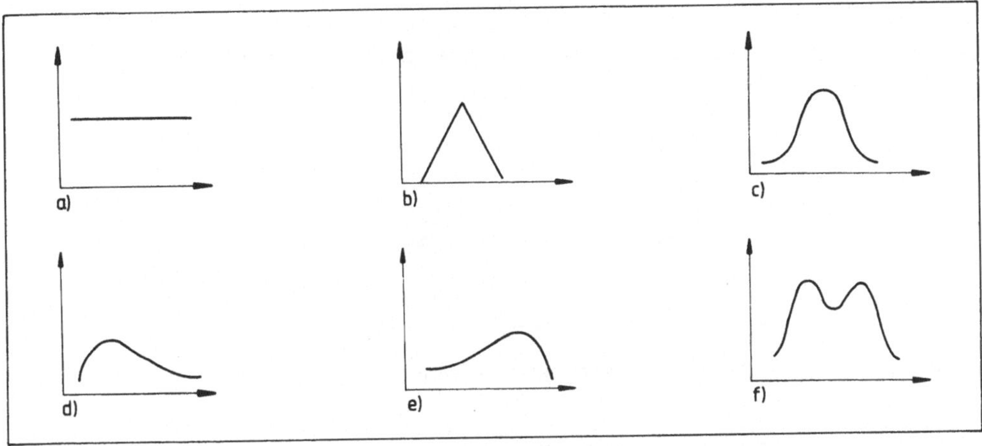

Bild 1.3 Bezeichnungen von Häufigkeitsverteilungen. a) gleichverteilt (rechteckig), b) dreieckig, c) glockenförmig, d) linkssteil, e) rechtssteil, f) zweigipflig (bimodal)

Für die Darstellung insbesondere von qualitativen Merkmalen verwendet man häufig auch *Kreisdiagramme*:

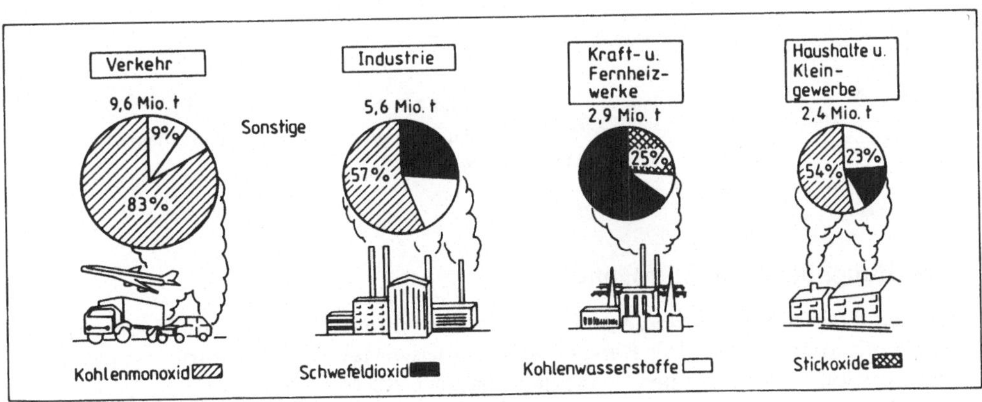

Bild 1.4 Kreisdiagramm zur Darstellung der Luftverschmutzung

1.3.3 Kumulierte Häufigkeiten

Die Anzahl der Merkmalsträger, bei denen die Ausprägungen des Merkmals höchstens gleich x_i sind, ist

$$f_{ci} = f_1 + f_2 + \ldots + f_i.$$

Die f_{ci} heißen kumulierte absolute Häufigkeiten oder kumulierte Besetzungszahlen. Die kumulierten relativen Häufigkeiten sind

$$h_{ci} = \frac{1}{n}\, f_{ci}\,.$$

Beispiel: Für das vorangehende Beispiel mit der Kinderzahl ergibt sich:

Kinderzahl x_i	relative Häufigkeit $h(x_i)$	kumulierte relative Häufigkeit h_{ci}
1	0,182	0,182
2	0,273	0,455
3	0,380	0,835
4	0,140	0,975
5	0,025	1,000

Kumulierte Häufigkeiten lassen sich durch den Summengraphen veranschaulichen.

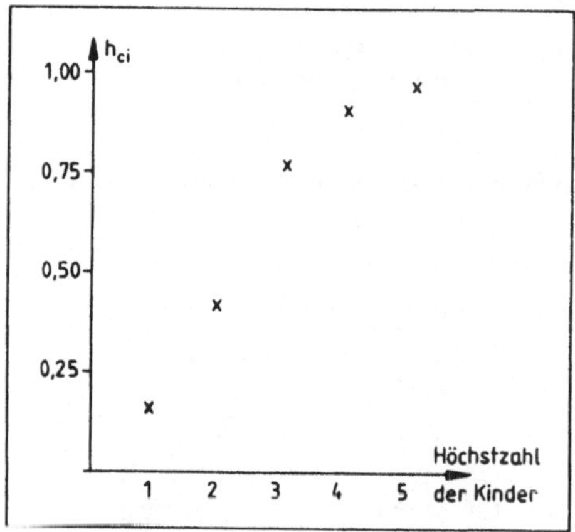

Bild 1.5

Summengraph zum Häufigkeitsdiagramm von Bild 1.1

1.3.4 Rangbildung und Prozentrang

Bei vielen statistischen Verfahren arbeitet man nicht unmittelbar mit den Ausgangsdaten, sondern mit ihren Rängen. Der Rang eines Merkmalswertes einer Stichprobe ist gleich seiner Position in der nach der Größe geordneten Liste von Daten. Sind einige Daten gleich, dann ist ihr Rangplatz gleich dem arithmetischen Mittel (s. Kapitel 2) der dadurch freibleibenden Ränge.

Beispiel:

Ausgangsdaten	4	6	3	2	4	9
Rangplatz	3.5	5	2	1	3.5	6

Zur Kennzeichnung eines Wertes kann man betrachten, in welcher Relation er zu den übrigen Werten steht, d.h. wie viele von diesen Werten jeweils größer oder kleiner als der betrachtete Wert sind. Dies kann mit Hilfe des Prozentranges geschehen. Er gibt an, ein wie großer Teil der jeweiligen Daten einen gleichgroßen oder kleineren Rangplatz einnimmt. Der Prozentrang wird berechnet, indem man die Anzahl der Ereignisse, die kleiner oder gleich dem betrachteten sind, durch die Gesamtzahl der Ereignisse dividiert und das Ergebnis dann mit 100 multipliziert:

$$PR = \frac{f_c}{n} \cdot 100$$

f_c kumulierte Häufigkeit bis zu dem entsprechenden x-Wert

n Gesamthäufigkeit

Beispiel: Ein Prozentrang von 68,5 % für einen Schüler in einer Klassenarbeit besagt, daß 68,5 % der Schüler gleich gut oder schlechter (und ca. 31,5 5 besser) waren als er. ∎

Programmbedienung:
Zuerst erscheint: Zahl der Daten = .
Danach können die Daten der Reihe nach eingegeben werden.

Das Programm ist auf höchstens 200 Werte angelegt (Anweisung 1030). Es kann in Abhängigkeit von der Anlage erweitert werden.

Programmlisting:

```
1000    REM *** RANGBILDUNG ***
1010    REM
1020    REM *** FELDRESERVIERUNG ***
1030    DIM T(200),M(200),R(200),A(200)
1040    REM
1050    REM *** EINGABE ***
1055    PRINT :PRINT
1060    INPUT "   Zahl der Daten =",N
1070    FOR I=1 TO N
1075    PRINT
1080    PRINT TAB(3)"Wert Nr.:";I;
1090    INPUT T(I)
1100    A(I)=-0.5
1110    R(I)=1
1120    NEXT I
1130    PRINT
1139    REM
1140    REM *** BERECHNUNG ***
1150    FOR I=1 TO N
1160    FOR J=1 TO N
1170    IF T(J)>T(I) THEN 1220
1180    IF T(J)=T(I) THEN 1210
1190    R(I)=R(I)+1
1200    GOTO 1220
1210    A(I)=A(I)+0.5
1220    NEXT J
1230    NEXT I
1232    PRINT:PRINT
1235    PRINT TAB(3)"Daten ","! Rang ","! Prozentrang"
1238    PRINT TAB(3)"---------------------------------------------------"
1240    FOR I=1 TO N
1250    M(I)=R(I)+A(I)
1260    PRINT TAB(4) T(I),"!   "M(I),"!   "M(I)/N*100
1270    NEXT I
1280    PRINT : PRINT:GOSUB 1500
1281    REM *** ABFRAGE, OB NEUER LAUF STATTFINDEN SOLL ***
```

```
1282   INPUT "NEUER LAUF ERWÜNSCHT (J/N)   ";A$
1283   IF A$="J" THEN ERASE T,M,R,A:GOTO 1000
1300   IF A$="N" THEN END
1320   PRINT"FALSCHE EINGABE!":PRINT:PRINT
1330   GOTO 1282
1500   REM *** DRUCK ***
1510   INPUT "SOLL DAS ERGEBNIS GEDRUCKT WERDEN (J/N)";E$
1520   IF E$="N" THEN RETURN
1530   IF E$="J" THEN GOTO 1580
1540   PRINT "FALSCHE EINGABE!"
1550   GOTO 1510
1580   LPRINT "*** RANGBILDUNG ***"
1590   LPRINT:LPRINT" DATEN          RANG           PROZENTRANG        "
1600   LPRINT "----------------------------------------------------------"
1610   FOR I=1 TO N
1620   LPRINT USING "#####.####";T(I);
1630   LPRINT USING "#####.####";M(I),
1640   LPRINT "             ";M(I)/N*100
1650   NEXT I
1660   LPRINT:RETURN
```

Testlauf:

DATEN	RANG	PROZENTRANG
4.0000	3.5000	58.3333
6.0000	5.0000	83.3333
3.0000	2.0000	33.3333
2.0000	1.0000	16.6667
4.0000	3.5000	58.3333
9.0000	6.0000	100

1.4 Klassierung von Daten

1.4.1 Klassenbildung

Besteht eine Stichprobe aus sehr vielen verschiedenen Werten, so gruppiert man diese in Klassen, d.h. in aneinander anschließende Intervalle. Aus Zweckmäßigkeitsgründen geht man dabei im allgemeinen von folgenden Regeln aus:

1. Die Klassenintervalle wählt man gleich lang;
2. Die Klassenmitten sollen möglichst einfachen Zahlen, d.h. Zahlen mit möglichst wenigen Ziffern entsprechen;
3. Fällt eine Merkmalsausprägung x_i auf eine Klassengrenze, so wird sie im allgemeinen zur rechten Klasse gezählt;
4. Die Anzahl der Klassen sollte nicht kleiner als 5 und, um die Übersichtlichkeit zu gewähren, nicht größer als 20 sein.

Anmerkung: Ist R die Differenz zwischen größtem und kleinstem Wert und n der Umfang der Stichprobe, so wird die Anzahl der Klassen oft abgeschätzt durch

INT (1 + 3, 32 ln n).

1.4.2 Graphische Darstellung

Die Häufigkeitsverteilung kann im Falle klassierter Daten durch ein *Histogramm* dargestellt werden. Ein Histogramm besteht aus Rechtecken über den Intervallen, deren Flächeninhalt den Klassenhäufigkeiten proportional ist. Der Streckenzug, der die Mitten der oberen Rechteckseiten verbindet, heißt *Häufigkeitspolygon.*

Beispiel: Für die monatlichen Nettoeinkommen der Arbeiter und Angestellten eines Betriebes ergab sich

Einkommen in DM	Klassenhäufigkeit
500 bis (unter) 1500	31
1500 bis (unter) 2500	69
2500 bis (unter) 3500	73
3500 bis (unter) 4500	28
4500 bis (unter) 5500	6

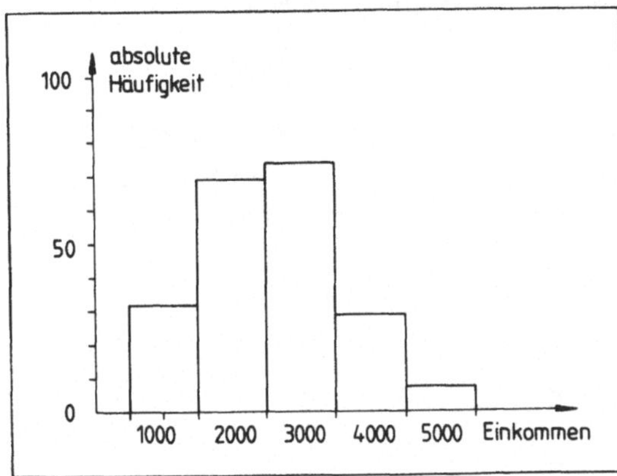

Bild 1.6 Histogramm

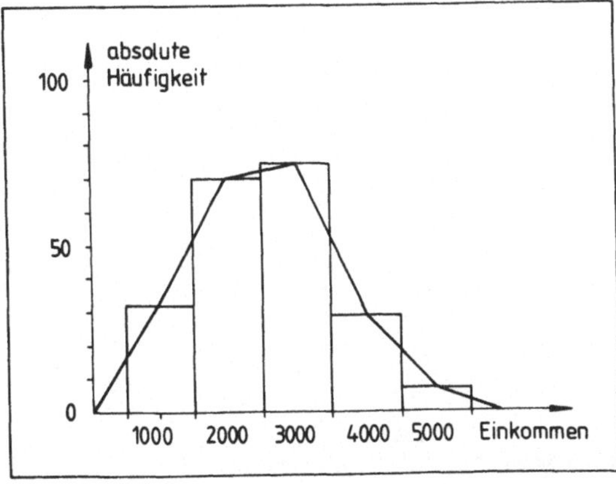

Bild 1.7 Häufigkeitspolygon

1.4.3 Klassenhäufigkeit

Vorgegebene Daten sollen auf verschiedene Klassen verteilt werden. Das Programm bestimmt die absolute und die relative Häufigkeit der Daten, die auf die einzelnen Klassen fallen.

Beispiel: Die Werte

23.000, 17.000, 45.000, 8.000, 31.000, 49.000,
27.000, 18.000, 12.000, 4.000, 26.000, 25.000,
29.000, 30.000, 5.000, 5.000, 33.000, 43.000,
13.000, 26.000, 36.000, 31.000

sollen auf Klassen verteilt werden. Dabei soll gelten:

    Anzahl der Daten = 22
    Untere Grenze = 2
    Klassenbreite = 1Ø
    Zahl der Klassen = 5

Das Programm liefert:

KLASSE	ABSOLUTE HÄUFIGKEIT	RELATIVE HÄUFIGKEIT
2.00- 12.00	4.00	.181818
12.00- 22.00	4.00	.181818
22.00- 32.00	9.00	.409091
32.00- 42.00	2.00	9.09091E-02
42.00- 52.00	3.00	.136364

Programmlisting:

```
1000    REM *** KLASSENHÄUFIGKEIT ***
1010    REM
1020    REM *** FELDRESERVIERUNG ***
1030    PRINT:INPUT "Anzahl der Daten= ",N
1040    PRINT:INPUT "Untere Grenze   = ",U:UU=U
1050    PRINT:INPUT "Klassenbreite   = ",B
1060    PRINT:INPUT "Zahl der Klassen= ",K
1070    DIM NI(K),X(N),U(N)
1080    FOR I=1 TO K
1090    NI(I)=0
1100    NEXT I
1110    G=U+B*K
1120    PRINT:PRINT:PRINT
1200    FOR I=1 TO N
1210    PRINT "Wert Nr.";I;
1220    INPUT X(I)
1230    GOSUB 1400
1240    NEXT I
1299    REM
1300    REM *** AUSGABE ***
1310    PRINT
1315    PRINT "Ergebnis lautet:":PRINT
1320    PRINT " Klasse","            Absolute  "," Relative  "
1330    PRINT "              ","            Häufigkeit"," Häufigkeit"
```

```
1335   PRINT "------------------------------------------------------------"
1336   U(0)=U
1340   FOR I=1 TO K
1350   PRINT USING "###.##";U;:PRINT"-";:PRINT USING "###.##";U+B;
1351   PRINT "            ";:PRINT USING "###.##";NI(I);
1352   PRINT "               ";:PRINT NI(I)/N
1360   U=U+B
1361   U(I)=U
1370   NEXT I
1371   GOSUB 2000
1372   INPUT "Neuer Programmlauf (J/N) ";A$
1373   IF A$="J" THEN ERASE NI,X,U: GOTO 1000
1374   IF A$="N" THEN END
1375   PRINT " Falsche Eingabe! ":GOTO 1372
1380   END
1400   REM *** UNTERPROGRAMME ***
1401   REM
1410   Z=(X(I)-U)/B
1420   Z=INT(Z+1)
1430   NI(Z)=NI(Z)+1
1440   RETURN
2000   REM *** DRUCK ***
2010   REM
2020   INPUT "Sollen die Ergebnisse gedruckt werden (J/N) ";E$
2030   IF E$="J" THEN GOTO 2070
2040   IF E$="N" THEN RETURN
2050   PRINT "Falsche Eingabe !"
2060   GOTO 2020
2070   LPRINT "  Klassenhäufigkeit "
2080   LPRINT:LPRINT
2090   LPRINT "Folgende Grunddaten wurden eingegeben:"
2100   LPRINT "Anzahl der Daten..............=";N
2110   LPRINT "Untere Grenze.................=";UU
2120   LPRINT "Klassenbreite.................=";B
2130   LPRINT "Zahl der Klassen..............=";K
2140   LPRINT "Liste der Daten...............:"
2150   LPRINT :LPRINT " lfd.Nr."," Wert"
2160   LPRINT "------------------------------"
2170   FOR I= 1 TO N
2180   LPRINT USING "###";I,:LPRINT"            "; X(I)
2190   NEXT I
2200   LPRINT:LPRINT
2210   LPRINT "Ergebnis lautet:":LPRINT
2220   LPRINT " Klasse","            Absolute "," Relative  "
2230   LPRINT "       "," Häufigkeit"," Häufigkeit"
2240   LPRINT "------------------------------------------------------------"
2250   FOR I=1 TO K
2260   LPRINT USING "###.##";U(I-1);:LPRINT"-";:LPRINT USING "###.##";U(I);
2270   LPRINT "            ";:LPRINT USING "###.##";NI(I);
2280   LPRINT "               ";:LPRINT NI(I)/N
2290   NEXT I
2300   LPRINT:LPRINT
2310   RETURN
```

2 Statistische Kennzahlen

Zur Charakterisierung einer Stichprobe, die z.B. aus den Merkmalswerten einer statistischen Erhebung oder aus einer Folge von Meßwerten besteht, bedient man sich bestimmter Kenngrößen, die man als statistische Maßzahlen oder als statistische Kennwerte bezeichnet. Mit Hilfe solcher Maßzahlen kann man die Datenfolge durch einige Werte charakterisieren und somit eine Beschreibung und einen Vergleich verschiedener Folgen, die dasselbe Merkmal betreffen (z.B. Körpergröße, Montageleistung, Bearbeitungszeit, Umsatz, Einkommen usw.), ermöglichen.

Die wichtigsten Kennwerte sind die Mittelwerte (Maße der zentralen Tendenz) und die Streuungsmaße.

2.1 Arithmetisches Mittel, Standardabweichung und weitere Kennzahlen

2.1.1 Arithmetisches Mittel

Das arithmetische Mittel (Mittelwert) von Merkmalswerten ist der in der statistischen Praxis am häufigsten benutzte Mittelwert. Es findet Anwendung z.B. bei der Berechnung des durchschnittlichen Materialverbrauchs, bei der Ermittlung des durchschnittlichen Monatslohnes von Arbeitern, der Durchschnittsgröße von Personen, bei der Berechnung des Durchschnitts von technischen und naturwissenschaftlichen Meßwerten usw.

Das arithmetische Mittel sollte nur bei metrischen Daten verwendet werden. Es ist sinnvoll, es nur dann zu benutzen, wenn die Daten näherungsweise glockenförmig verteilt sind.

Faßt man die n Werte x_i (i = 1, 2,...., n) als eine Stichprobe aus einer Grundgesamtheit auf, so kann man das arithmetische Mittel $\bar{x}$ der Stichprobe als eine Schätzung des Mittelwerts der Grundgesamtheit ansehen.

Sind nur wenige Werte gegeben, so ist die einfachste Methode zur Berechnung des arithmetischen Mittelwertes die Addition der Einzelwerte über die $\boxplus$-Taste und die anschließende Division der Summe durch die Anzahl n:

$$\bar{x} = \frac{x_1 + x_2 + \ldots + x_n}{n} = \frac{\sum_{i=1}^{n} x_i}{n}, \qquad \text{(Dabei bedeutet das Zeichen } \Sigma \text{ Summe.)}$$

Bei vielen Werten ist es sinnvoll, wenn die Verarbeitung automatisch über ein Programm erfolgt, wobei die Einzelwerte mitgezählt werden.

Hierdurch besteht — bei bekanntem n — die Möglichkeit einer nachträglichen Kontrolle, ob alle Werte auch wirklich eingegeben wurden.

Beispiel: Auf eine Analysenwaage wird ein 1 kg-Gewichtsstück aufgelegt, und es werden 8 wiederholte Ablesungen gemacht. Es ist das arithmetische Mittel der 8 Einzelwerte zu berechnen.

Nr.	x_i (g)	Nr.	x_i (g)
1	996,912	5	996,909
2	996,909	6	996,905
3	996,898	7	996,904
4	996,908	8	996,898

Mit dem Programm *Kennwerte von Einzeldaten* erhält man für den Mittelwert $\bar{x} = 996.905$ g.
∎

2.1.2 Streuungsmaße

Zwei statistische Erhebungen bzw. zwei Meßreihen können jeweils die gleichen Mittelwerte haben und sich dennoch erheblich unterscheiden: Zur Beurteilung von statistischen Daten ist ein Maß für die Streuung der Daten erforderlich. Die in der Praxis am häufigsten benutzten Streuungsmaße für metrische Daten sind:

- mittlere quadratische Abweichung (Varianz) s^2 bzw. Standardabweichung s,
- Variationsbreite (Spannweite) R,
- Variationskoeffizient v.

Die Streuungsmaße werden zur Kennzeichnung einer Verteilung herangezogen.

Mittlere quadratische Abweichung

Quadriert man die Abweichungen aller Elemente x_i einer Stichprobe vom Mittelwert $\bar{x}$, bildet daraus die Summe und teilt durch die um 1 verminderte Anzahl der Daten, so erhält man die mittlere quadratische Abweichung (Varianz):

$$s^2 = \frac{\sum_{i=1}^{n} (x_i - \bar{x})^2}{n - 1}$$

Die mittlere quadratische Abweichung s^2 der Stichprobe ist eine erwartungstreue Schätzung für die Varianz σ^2 der Grundgesamtheit.

Liegt eine Grundgesamtheit vor, dann wird bei der Berechnung der mittleren quadratischen Abweichung nicht durch $n - 1$, sondern durch die gesamte Anzahl n der Merkmalswerte dividiert:

$$s^2 = \frac{1}{n} \sum_{i=1}^{n} (x_i - \bar{x})^2 .$$

Die mittlere quadratische Abweichung hat folgende anschauliche Bedeutung:

- Gruppieren sich alle Daten eng um den Mittelwert, so ist die mittlere quadratische Abweichung klein.
- Streuen die Daten in einem weiten Bereich um den Mittelwert, so ist die mittlere quadratische Abweichung groß.

Standardabweichung

Die mittlere quadratische Abweichung hat den Nachteil, daß sie die Quadrate der Abweichungen in den Vordergrund stellt. Interessiert man sich dagegen für die Abweichungen selbst, so zieht man die Standardabweichung vor. Diese erhält man dadurch, daß man die Wurzel aus der Varianz zieht:

$$s = \sqrt{\frac{\sum\limits_{i=1}^{n} (x_i - \overline{x})^2}{n-1}}$$

Die Standardabweichung hat folgende anschauliche Bedeutung:

- Mittelwert $\overline{x}$ und Standardabweichung s legen Streuungsintervalle $\overline{x} \pm \lambda \cdot s$ fest. Für beliebige Verteilungen gilt nach Tschebyscheff für diese Streuungsintervalle:

Intervall	Anteil der Daten in diesem Intervall (mindestens)
$\overline{x} \pm 2\,s$	75 %
$\overline{x} \pm 3\,s$	89 %
$\overline{x} \pm 4\,s$	94 %

- Viele Datenmengen liegen in Form einer Normalverteilung vor (s. Kapitel 5). Dann gilt: Die Streuung der Einzelwerte der Grundgesamtheit ist bei einer Normalverteilung durch die Breite der Glockenkurve gegeben. Der Abstand zwischen Wendepunkt und Symmetrieachse ist gleich der Standardabweichung.

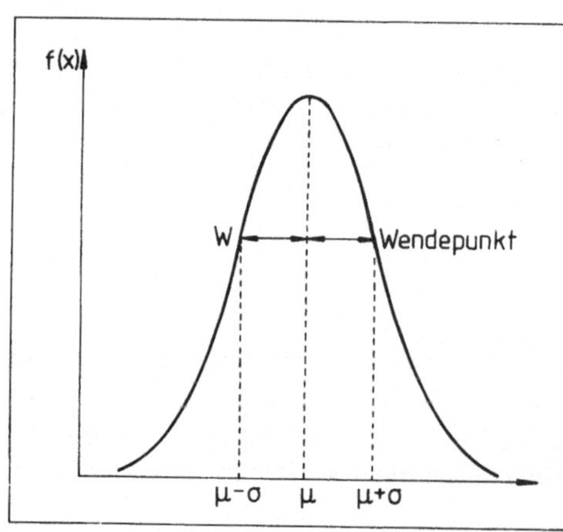

Bild 2.1
Definition der Standardabweichung an der Normalverteilung

Sind von einer Normalverteilung die Kenndaten Mittelwert μ und Standardabweichung σ bekannt, so läßt sich der Anteil der Merkmalswerte, die theoretisch im Abstand $\pm \lambda\sigma$ vom Mittelwert μ liegen, angeben:

Intervall	Anteil der Daten in diesem Intervall
$\mu \pm 1\ \sigma$	68,27 %
$\mu \pm 2\ \sigma$	95,45 %
$\mu \pm 3\ \sigma$	99,73 %
$\mu \pm 1{,}960\ \sigma$	95 %
$\mu \pm 2{,}576\ \sigma$	99 %
$\mu \pm 3{,}291\ \sigma$	99,1 %

Variationskoeffizient

Ohne Angabe des Mittelwertes sagt die Standardabweichung einer statistischen Erhebung wenig über die Streuung der Stichprobe aus. Eine Standardabweichung von 5 ist groß, wenn der Mittelwert 8 ist, dagegen klein, wenn er bei 1000 liegt. Aus diesem Grunde verwendet man zur Charakterisierung einer Streuung häufig ein relatives Streuungsmaß, den Variationskoeffizienten:

$$V_k = \frac{s}{\bar{x}}.$$

Der Variationskoeffizient sollte nur bei Verhältnisskalen angewendet werden.

Standardabweichung des Mittelwerts

Entnimmt man einer Grundgesamtheit mehrere Stichproben mit jeweils gleichem Umfang und berechnet daraus das arithmetische Mittel $\bar{x}$, so erhält man eine neue Gesamtheit, nämlich die der Mittelwerte. Bei einer endlichen Anzahl von Stichproben erhält man die Standardabweichung $s_{\bar{x}}$ des Mittelwerts. Diese empirisch gewonnene Standardabweichung kann als Schätzwert für die Standardabweichung $\sigma_{\bar{x}}$ der Grundgesamtheit aller Stichprobenmittelwerte genommen werden.

Für den Zusammenhang zwischen der Streuung des Mittelwertes und der Standardabweichung der Einzelwerte gilt:

$$s_{\bar{x}} = \frac{s}{\sqrt{n}}.$$

Man erkennt, daß die Standardabweichung der Mittelwerte um so geringer ist

1. je kleiner die Streuung s der Einzelwerte
2. je größer die Zahl der Wiederholungen ist, aus denen die Mittelwerte $\bar{x}$ bzw. die Streuung s berechnet wurden.

Aus den Gleichungen für $s_{\bar{x}}$ geht hervor, daß der Fehler des Mittelwertes geringer ist als der eines Einzelwertes. Dies zeigt auch, warum die Angabe eines Mittelwertes aus mehreren Wiederholungen eines Versuchs oder einer Analyse ein gesicherteres Ergebnis als nur ein einzelner Meßwert darstellt.

Durch Erhöhung von n läßt sich theoretisch die Streuung des Mittelwertes beliebig verkleinern. Aber da damit auch der ökonomische Aufwand im allgemeinen steigt, muß in der Praxis ein Kompromiß eingegangen werden.

Beispiel: Der Wassergehalt verschiedener Fleischproben wurde bestimmt [in g/l]:

22,1; 23,4; 24,0; 24,2; 22,9; 22,6; 23,0; 22,9; 22,1; 23,8.

Lösung: Die Auswertung ergibt:

Stichprobe (S)/Grundgesamtheit (G) ?S
Anzahl der Werte N = 1Ø

Nr.	Wert
1	22.1
2	23.4
3	24.Ø
4	24.2
5	22.9
6	22.6
7	23.Ø
8	22.9
9	22.1
1Ø	23.8

Mittelwert XQ = 23.1
Varianz S2 = .54888889
Standardabweichung S = .74Ø87Ø36
Variationskoeffizient V = .Ø32Ø7231
Standardabw. Mittelw. SM = .23428378

Der Mittelwert ist $\bar{x}$ = 23,1 und die Standardabweichung s = 0,74. ∎

Programmbedienung

Abfrage: Liegt eine Stichprobe (S) oder eine Grundgesamtheit (G) vor? Eingabe von S oder G.

Eingabe: Anzahl der Daten
Datensatz

Ausgabe: Mittelwert, Varianz, Standardabweichung, Variationskoeffizient und Standardabweichung des Mittelwerts

Programmlisting:

```
2000   REM *** STATISTISCHE KENNWERTE ***
2010   REM *** NICHTKLASSIERTE DATEN ***
2020   REM
2030   REM *** EINGABE ***
2040   INPUT "      Grundgesamtheit (G) oder Stichprobe (S) ";GS$
2041   IF (GS$ = "G") OR (GS$ = "S") THEN 2050
2042   PRINT "Falsche Eingabe ! (entweder G oder S eingeben ! )":GOTO 2040
2050   INPUT        "Bitte die Anzahl der Werte eingeben !",N
2060   PRINT:DIM X(N)
2061   REM *** EINGABE DER WERTE  ***
2062   PRINT "Eingabe der Werte":PRINT
2065   PRINT "lfd. Nr.", "Wert"
2066   PRINT "==================================="
2070   FOR I=1 TO N : PRINT I;"   ";
2080   INPUT"          ", X(I)
2090   NEXT I
2095   PRINT "==================================="
2099   REM *** VERARBEITUNG DER DATEN ***
2100   S=0 : T=0
2110   XQ=0 : S2=0 : ST=0 : V=0 : SM=0
2120   FOR I=1 TO N : S=S+X(I) : NEXT I
2130   XQ=S/N
2140   FOR I=1 TO N
2141   T = T+((X(I)-XQ)*(X(I)-XQ))
2142   NEXT I
2150   IF GS$="G" THEN S2=T/N
2160   IF GS$="S" THEN S2=T/(N-1)
```

```
2170    ST =SQR(S2)
2180    V =ST/XQ
2190    SM =ST/SQR(N)
2199    REM
2200    REM *** AUSGABE  ***
2210    PRINT
2215    PRINT"Statistische Kennwerte nichtklassierter Daten"
2220    PRINT "Mittelwert:.........................   ";TAB(44)XQ
2230    PRINT "Varianz:............................   ";TAB(44)S2
2240    PRINT "Standardabweichung:.................   ";TAB(44)ST
2250    PRINT "Variationskoeffizient:..............   ";TAB(44)V
2260    PRINT "Standardabweichung des Mittelwertes:  ";TAB(44)SM
2270    GOSUB 4000
2271    LPRINT
2272    INPUT "Soll erneut gestartet werden (J/N)";W$
2273    IF W$="J" OR W$="j" THEN 2274 ELSE 2299
2274    ERASE X:GOTO 2000
2290    REM
2299    END
3999    REM *** DRUCK ***
4000    PRINT:INPUT"Sollen die Ergebnisse ausgedruckt werden (J/N)";DRUCK$
4001    IF DRUCK$="J" OR DRUCK$="j" THEN 4002 ELSE RETURN
4002    IF GS$="G" THEN ART$="Grundgesamtheit"
4003    IF GS$="S" THEN ART$="Stichprobe"
4004    LPRINT"Statistische Kennwerte einer ";ART$;
4040    LPRINT" nichtklassierter Daten":LPRINT:LPRINT
4045    LPRINT "Das Ergebnis zu folgenden Eingabedaten   ":LPRINT
4050    LPRINT"lfd. Nr.","Wert"
4060    LPRINT"=============================="
4070    FOR I=1 TO N
4080    LPRINT I, X(I)
4090    NEXT I
4100    LPRINT:LPRINT "lautet  :"
4105    LPRINT "=========":LPRINT
4110    LPRINT"Mittelwert:.........................   ";TAB(44)XQ
4120    LPRINT"Varianz:............................   ";TAB(44)S2
4130    LPRINT"Standardabweichung:.................   ";TAB(44)ST
4140    LPRINT"Variationskoeffizient:..............   ";TAB(44)V
4150    LPRINT"Standardabweichung des Mittelwertes:  ";TAB(44)SM
4160    RETURN
```

Testlauf (Stichprobe):

```
Statistische Kennwerte einer Stichprobe nichtklassierter Daten


Das Ergebnis zu folgenden Eingabedaten

lfd. Nr.          Wert
===========================
  1               1
  2               2
  3               3
  4               4
  5               5

lautet  :
=========

Mittelwert:..........................    3
Varianz:.............................    2.5
Standardabweichung:..................    1.58114
Variationskoeffizient:...............    .527046
Standardabweichung des Mittelwertes:    .707107
```

2.1.3 Kumulationsfreie Rekursionsformel

Jedes Rechenwerk hat eine begrenzte Kapazität und kann somit nur eine bestimmte größte Zahl darstellen. Bei der Berechnung des arithmetischen Mittelwertes und der Standardabweichung kann es bei der Summenbildung (Kumulation der x_i), wenn die Summanden sehr groß oder sehr zahlreich sind, zu einer Überschreitung der Kapazität kommen. Das Rechenprogramm wird mit einer System-Fehlermeldung abgebrochen; das Rechenprogramm ist nicht brauchbar.

Bei einer kumulationsfreien Berechnung wird gleich nach der Eingabe eines Wertes x_j der Mittelwert und die Varianz für alle bis dahin eingegebenen j Zahlenwerte errechnet. Es sei m_j der Mittelwert für die bereits eingegebenen j Zahlenwerte:

$$m_j = \frac{1}{j} \cdot \sum_{i=1}^{j} x_i$$

Bei der Eingabe des nächsten, (j + 1)-ten Zahlenwertes ist nun der Mittelwert m_{j+1} zu berechnen:

$$m_{j+1} = \frac{j}{j+1} \cdot m_j + \frac{1}{j+1} \cdot x_{j+1} .$$

Für die kumulationsfreie Rekursionsformel für die Varianz gilt: Es sei

$$s_j^2 = \frac{1}{j} \cdot \sum_{i=1}^{j} x_i^2 - m_j^2$$

die Varianz für j bereits eingegebene Zahlenwerte. Bei der Eingabe des nächsten, (j + 1)-ten Zahlenwertes wird die Varianz für j + 1 Zahlenwerte

$$s^2_{j+1} = \frac{j-1}{j} \cdot s^2_j + \frac{j+1}{j^2} \cdot (m_{j+1} - x_{j+1})^2$$

berechnet.

Aufgaben

1. Gegeben sind die Daten   20, 18, 18, 19, 22, 21, 20, 19, 17, 16.
   Wie groß sind die statistischen Kennzahlen (Grundgesamtheit)?

   Lösung:
   $$\text{Mittelwert XQ} = 19$$
   $$\text{Varianz S2} = 3$$
   $$\text{Standardabweichung S} = 1.7320508$$
   $$\text{Variationskoeffizient V} = 9.1160569E\text{-}02$$
   $$\text{Standardabw. Mittelw. SM} = .54772256$$

2. An einem bestimmten Ort wird eine Woche lang jeden Tag um 12 Uhr mittags die Temperatur gemessen. Man erhält folgende Meßreihe (Grundgesamtheit):

   21, 24, 18, 30, 33, 29, 27 [°C]

   Lösung:
   $$\text{Mittelwert XQ} = 26$$
   $$\text{Varianz S2} = 24$$
   $$\text{Standardabweichung S} = 4.8989795$$
   $$\text{Variationskoeffizient V} = .18842229$$
   $$\text{Standardabw. Mittelw. SM} = 1.8516402$$

3. Bei einer Klausur erzielten 18 Studenten folgende Punktwertung:
   20, 18, 14, 13, 18, 22, 21, 12, 15, 18, 11, 13, 19, 20, 11, 24, 17, 15.
   Wie groß sind die statistischen Kennzahlen?

   Lösung:
   $$\text{Mittelwert XQ} = 16.722222$$
   $$\text{Varianz S2} = 14.42284$$
   $$\text{Standardabweichung S} = 3.7977414$$
   $$\text{Variationskoeffizient V} = .22710746$$
   $$\text{Standardabw. Mittelw. SM} = .89513623$$

4. Aus einer Lieferung von Kondensatoren wurde eine Stichprobe von 15 Stück entnommen und deren Kapazität gemessen. Dabei erhielt man folgende Werte (Kapazität in pF):
   520.3, 528.9, 522.8, 512.2, 520.2, 518.9, 496.8, 527.9, 522.4, 521.4, 525.7, 518.5, 504.8, 485.7, 514.3.
   Wie groß sind für die Stichprobe die statistischen Kennzahlen?

   Lösung:
   $$\text{Mittelwert XQ} = 516.05333$$
   $$\text{Varianz S2} = 142.76552$$
   $$\text{Standardabweichung S} = 11.948453$$
   $$\text{Variationskoeffizient V} = 2.3153523E\text{-}02$$
   $$\text{Standardabw. Mittelw. SM} = 3.0850772$$

2.2 Kennwerte bei klassierten Daten

2.2.1 Arithmetisches Mittel und Streuungsmaße

Das Programm Statistische Kennwerte — klassierte Daten liefert dieselben statistischen Kennwerte wie das Programm in 2.1. Es unterscheidet sich davon lediglich durch die Möglichkeit, Daten zu verarbeiten, die zu Gruppen (Klassen) zusammengefaßt sind.

Arithmetisches Mittel

Liegen die Daten bereits in Klassen eingeteilt vor, so läßt sich das arithmetische Mittel aller Werte nach folgender Gleichung ermitteln:

$$\overline{x} = \frac{x_{M1} \cdot f_1 + x_{M2} \cdot f_2 + \ldots + x_{Mk} \cdot f_k}{f_1 + f_2 + \ldots + f_k} = \frac{\sum\limits_{i=1}^{k} x_{Mi} f_i}{\sum\limits_{i=1}^{k} f_i}$$

Dabei bedeuten:

$x_{M1}, x_{M2}, \ldots$ Klassenmitten der 1., 2., ... Klasse
$f_1, f_2, \ldots$ Häufigkeiten der Werte in der 1., 2., ... Klasse
$f_1 + f_2 + \ldots + f_k$ Summe der Häufigkeiten in allen k Klassen
n Gesamtzahl aller Werte: $n = f_1 + f_2 + \ldots + f_k$
k Anzahl der Klassen

Die Klassenmitte wird dabei als das arithmetische Mittel aus unterer und oberer Klassengrenze berechnet.

Varianz und Standardabweichung

Haben die Merkmalswerte $x_1, x_2, \ldots, x_k$ die Häufigkeiten $f_1, f_2, \ldots, f_k$, dann gilt:

$$s^2 = \frac{(x_1 - \overline{x})^2 f_1 + (x_2 - \overline{x})^2 f_2 + \ldots + (x_k - \overline{x})^2 f_k}{n-1} = \frac{1}{n-1} \sum\limits_{i=1}^{k} (x_i - \overline{x})^2 \cdot f_i \text{ mit } n = \sum\limits_{i=1}^{k} f_i,$$

wobei die Abweichung immer vom arithmetischen Mittel $\overline{x}$ gebildet wird.

Liegt das Material in Form einer Häufigkeitstabelle vor, so werden anstelle der (unbekannten) Werte x_i die Klassenmitten m_i angesetzt:

$$s = \sqrt{\frac{1}{n-1} \sum\limits_{l=1}^{k} (m_1 - \overline{x})^2 f_i} \text{ mit } n = \sum\limits_{i=1}^{k} f_i.$$

Anmerkungen: 1. Sheppard-Korrektur: Liegen klassierte Daten vor, so ist es vorteilhaft, den Wert für die Standardabweichung s abzuändern, um einen genaueren Wert zu erhalten. Dies geschieht durch die Sheppard-Korrektur

$$s_{korr} = s^2 - \frac{h^2}{12} \quad h \text{ Klassenbreite}$$

Das Programm kann leicht entsprechend erweitert werden.

2. Die Klassenbildung mit Hilfe eines Programms wird in Kapitel 1.4 behandelt.

Beispiele: 1. Zur Kontrolle der Produktion wurde die Brenndauer von Projektionslampen untersucht. Es ergab sich:

Brenndauer in Stunden	Klassenmitte x_{Mi}	Häufigkeit f_i
0 bis 50	25	3
über 50 bis 100	75	8
über 100 bis 150	125	50
über 150 bis 200	175	112
über 200 bis 250	225	124
über 250 bis 300	275	68
über 300 bis 350	325	24
über 350 bis 400	375	8
über 400 bis 450	425	10
über 450 bis 500	475	2

Lösung: Stichprobe (S) oder Grundgesamtheit (G)
?S

Anzahl der Klassen 1Ø

Mittelwert 217.9Ø954
Varianz 5329.50405
Standardabweichung 73.00345
Variationskoeffizient 3.35017E-01
Standardabw. Mittelw. 3.609788

2. Am Ende eines Schuljahres erhielten die 25 Schüler einer Klasse folgende Noten im Fach Mathematik

Note	1	2	3	4	5
Anzahl Schüler	1	3	14	5	2

Wie groß sind die statistischen Kennwerte?

Lösung: Mittelwert 3.16
Varianz .7744

3. Eine Untersuchung ergab die Körpergröße von 648 Männern im Alter von 20–25 Jahren:

Größe in cm	167.5	171.5	175.5	179.5	183.5	187.5	191.5	195.5
Anzahl	22	71	136	169	139	71	32	8

Lösung: Mittelwert 179.90123
Varianz 35.81432
Standardabweichung 5.98451
Variationskoeffizient 3.32655E-02
Standardabw. Mittelw. 2.350936E-01

Programmlisting:

```
2000   REM  ***   STATISTISCHE KENNWERTE ***
2010   REM  ***        KLASSIERTE DATEN     ***
2020   REM
2030   REM  ---    EINGABE   ---
2040   PRINT
2050   INPUT "STICHPROBE (S) ODER GRUNDGESAMTHEIT (G) ?",E$ : PRINT
2060   INPUT "ANZAHL DER KLASSEN : ",K
2070   DIM X(K),F(K) : PRINT
2080   PRINT "WERTE UND HÄUFIGKEITEN"
2090   S=0 : N=0
2100   FOR I=1 TO K
2110   INPUT;"   ",X(I) : INPUT"          ",F(I)
2120   S=S+X(I)*F(I) : N=N+F(I)
2130   PRINT : NEXT I
2140   REM
2150   REM  ---   VERARBEITUNG   ---
2160   XQ=S/N
2170   FOR I=1 TO K
2180   S2=S2+F(I)*(X(I)-XQ)^2 : NEXT I
2190   IF E$="G" THEN S2=S2/N : GOTO 2210
2200   S2=S2/(N-1)
2210   ST=SQR(S2) : V=ST/XQ : SM=ST/SQR(N)
2220   REM
2230   REM  ---   AUSGABE   ---
2240   PRINT
2250   PRINT "NR.";TAB(12)"WERT";TAB(24)"HÄUFIGKEIT" : PRINT
2260   FOR I=1 TO K
2270   PRINT I;TAB(12)X(I);TAB(24)F(I)
2280   NEXT I : PRINT
2290   PRINT "             MITTELWERT : ";XQ
2300   PRINT "                VARIANZ : ";S2
2310   PRINT "      STANDARDABWEICHUNG: ";ST
2320   PRINT "   VARIATIONSKOEFFIZIENT : ";V
2330   PRINT " STANDARDABW. D. MITTELW. : ";SM
2340   PRINT
2350   REM
2351   GOSUB 3000
2352   PRINT"WÜNSCHEN SIE EINEN WEITEREN PROGRAMMLAUF ? (J / N)";
2353   INPUT W$ : IF W$="J" OR W$="j" THEN 2000
2354   IF W$="N" OR W$="n" THEN END
2355   PRINT"FALSCHE EINGABE" : GOTO 2352
2360   END
3000   REM  ---   DRUCK   ---
3010   INPUT "SOLL DAS ERGEBNIS GEDRUCKT WERDEN ? (J / N) ",D$
3020   IF D$="J" THEN 3040 ELSE IF D$="N" THEN RETURN
3030   PRINT "FALSCHE EINGABE" : GOTO 3010
3040   LPRINT "STATISTISCHE KENNWERTE KLASSIERTER DATEN" : LPRINT
3050   LPRINT "NR.";TAB(12)"WERT";TAB(24)"HÄUFIGKEIT"
3060   LPRINT "----------------------------------------"
3070   FOR I=1 TO K : LPRINT I;TAB(12)X(I);TAB(24)F(I) : NEXT I
3080   LPRINT
3090   LPRINT "             MITTELWERT : ";XQ
3100   LPRINT "                VARIANZ : ";S2
3110   LPRINT "      STANDARDABWEICHUNG : ";ST
3120   LPRINT " VARIATIONSKOEFFIZIENT : ";V
3130   LPRINT " STANDARDABW. MITTELW. : ";SM
3140   LPRINT : LPRINT : LPRINT
3150   RETURN
```

Testlauf:

Wert	17	18	21	19	18
Häufigkeit	6	4	7	2	1

Grundgesamtheit G

```
STATISTISCHE KENNWERTE KLASSIERTER DATEN

NR.         WERT        HÄUFIGKEIT
---------------------------------------------
  1          17             6
  2          18             4
  3          21             7
  4          19             2
  5          18             1

             MITTELWERT :  18.85
                VARIANZ :  2.8275
      STANDARDABWEICHUNG :  1.68152
  VARIATIONSKOEFFIZIENT :  8.92052E-02
      STANDARDABW. MITTELW. :  .375999
```

2.2.2 Zusammenfassung von Mittelwert und Standardabweichung zweier Datenreihen

Gegeben sind zwei Stichproben (Meßreihen), die frei von Ausreißern sind.

erste Stichprobe: Umfang $n1$,   Mittelwert $m1$,   Standardabweichung $s1$
zweite Stichprobe: Umfang $n2$,   Mittelwert $m2$,   Standardabweichung $s2$

Für die zusammengesetzte Datenreihe gilt:

Umfang $n = n1 + n2$

Mittelwert $m = \dfrac{1}{n}\,(n1 * m1 + n2 * m2$

Standardabweichung $s = \sqrt{1/(n-1)*(n1-1)*s1^2 + (n2-1)*s2^2 + 1/n*n1*n2*(m1-m2)^2}$

Beispiele:

1. $n1 = 7$ $n2 = 5$ $n = 12$
    $m1 = 30{,}69$ $m2 = 30{,}51$ $m = 30{,}615$
    $s1 = 0{,}193$ $s2 = 0{,}201$ $s = 0{,}2088$

2. Beste Werte für Konstanten von fundamentaler Bedeutung, etwa für wichtige Naturkonstanten, werden gewöhnlich durch gewichtete Mittelung über die Messungen verschiedener experimenteller Gruppen gewonnen. Wir betrachten als Beispiel Messungen der Masse des neutralen K-Mesons (K^0). Die Ergebnisse von 4 Experimenten, die mit verschiedenen Techniken durchgeführt wurden, wurden zur Mittelung herangezogen:

	K^0-Masse (in MeV)	σ	
1	498.1	0,4	
2	497.44	0.33	$m = 497.9$
3	498.9	0.5	
4	497.44	0.5	$s = 0.20$

Wir können daher annehmen, daß das Ergebnis $m_{K^0} = (497.9 \pm 0.2)$ MeV den besten Wert für die Masse des K-Mesons darstellt, solange keine neuen Experimente durchgeführt werden.   ∎

2.2.3 Statistische Momente, Schiefe und Steilheit

Statistische Momente

Mit Hilfe der Momente können Mittelwert, Standardabweichung, Variationskoeffizient, Schiefe und Exzeß definiert werden. Diese zur Beschreibung von Verteilungsfunktionen dienenden Größen spielen in der statistischen Praxis eine große Rolle.

Wenn die Merkmalswerte x_1, x_2 ..., x_k mit den Häufigkeiten f_1, f_2,..., f_k erscheinen, sind die statistischen Momente bezüglich der Basis a gegeben durch

$$m_r = \frac{1}{n} \Sigma f_i (x_i - a)^r \quad \text{mit} \quad n = \Sigma f_i \quad \text{und} \quad r = 1, 2, 3, 4.$$

Für $a = 0$ ist m_1 das arithmetische Mittel der Merkmalswerte.

Schiefe und Wölbung

Eine Verteilung ist u.a. dadurch gekennzeichnet, daß sie mehr oder weniger symmetrisch ist. Als diesbezügliches Maß wird in der Statistik die Schiefe verwendet.

Symmetrische Verteilungen haben eine Schiefe von Null. Rechtssteile Verteilungen haben eine positive und linkssteile Verteilungen eine negative Schiefe.

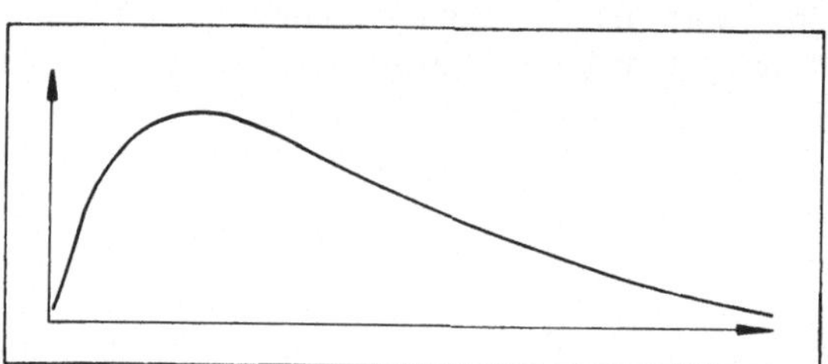

Bild 2.1 Linkssteile Verteilung

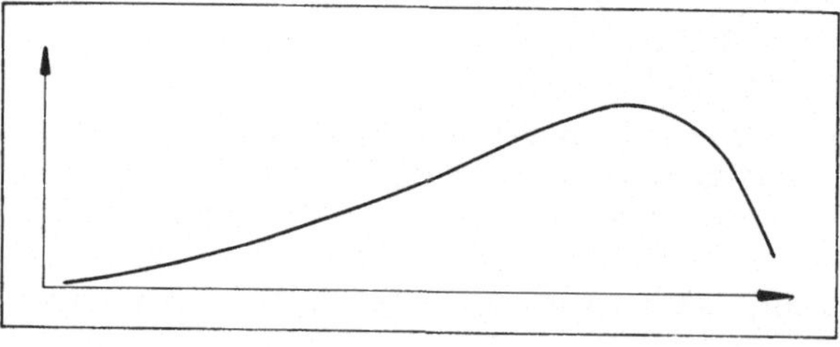

Bild 2.2 Rechtssteile Verteilung

Die Schiefe ist definiert durch

$$g1 = \frac{m_3}{s^3} \qquad \text{oder auch durch} \qquad g1 = \frac{n \cdot m_3}{(n-1)(n-2)s^3} \; ; \quad n \geq 3 \quad \text{und} \quad s^2 > 0,$$

dabei ist n die Anzahl der Werte, m_3 das Moment 3-ter Ordnung und s die Standardabweichung.

Die Schiefe kann näherungsweise abgeschätzt werden durch:

$$\text{Schiefe} = \frac{\overline{x} - D}{s}$$

$\overline{x}$ arithmetisches Mittel
D Mode
s Standardabweichung

$$\text{Schiefe} = \frac{3\,(\overline{x} - \widetilde{x})}{s}$$

$\overline{x}$ arithmetisches Mittel
$\widetilde{x}$ Median
s Standardabweichung

Die Wölbung ist entsprechend definiert durch

$$g2 = \frac{\left[\dfrac{(n+1)\,M4}{n} - \dfrac{3(n-1)\,M2^2}{n^2}\right] n^2}{(n-1)\,(n-2)\,(n-3)\,s^4} \; ; \; n \geq 4, s > 0.$$

Anmerkung: Früher wurde oft die Steilheit $M4/s4$ zur Beurteilung der Form einer Häufigkeits- oder Wahrscheinlichkeitsverteilung herangezogen.

Die Steilheit einer Normalverteilung ist 3,000. Verteilungen mit einer größeren Steilheit heißen breitgipflig, solche mit einer kleineren Steilheit schmalgipflig. Wird die Differenz zu 3,000 gebildet, so erhält man den statistischen Exzeß. Da bei der Interpretation des Exzesses auf die Normalverteilung Bezug genommen wird, sollte dieses Maß nur für eingipflige Verteilungen berechnet werden.

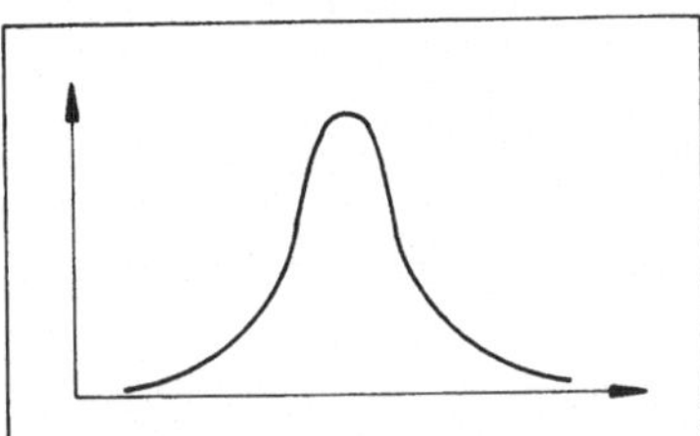

Bild 2.3 Schmalgipflige Verteilung

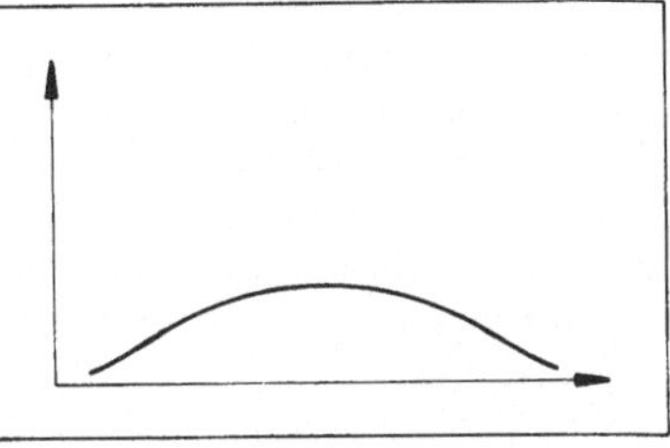

Bild 2.4 Breitgipflige Verteilung

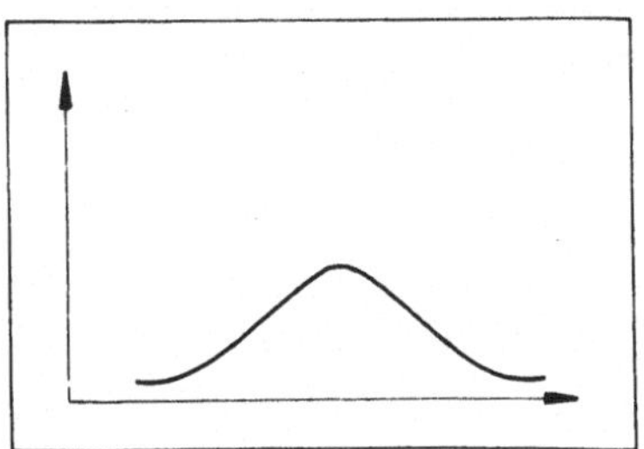

Bild 2.5 Normalgipflige Verteilung

2.3 Geometrisches und harmonisches Mittel

2.3.1 Geometrisches Mittel

Das geometrische Mittel wird insbesondere dann verwendet, wenn

- bei einer statistischen Erhebung sich eine schiefe Verteilung ergeben hat.

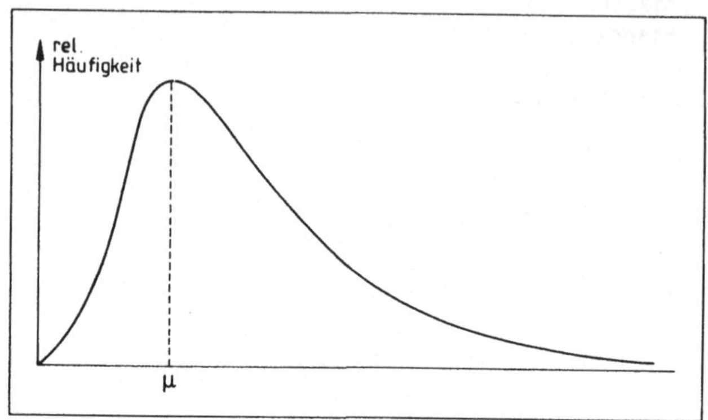

Bild 2.6 Logarithmische Normalverteilung als Beispiel für eine schiefe Verteilung

Eine schiefe Verteilung kann insbesondere dann angenommen werden, wenn die Daten sich über einen großen Bereich von mehreren Zehnerpotenzen erstrecken.

- mittlere Zuwachsraten von zeitlichen Entwicklungen bestimmt werden sollen
- der Einfluß von Ausreißern auf die Durchschnittsbildung gedämpft werden soll.

Der geometrische Mittelwert x_G von n Einzelwerten ist gleich der n-ten Wurzel aus dem Produkt aller n Einzelwerte x_1 bis x_n:

$$x_G = \sqrt[n]{x_1 \cdot x_2 \cdot \ldots \cdot x_n} .$$

Dabei ist zu beachten, daß alle Werte größer als Null sein müssen.

Zwischen dem arithmetischen und dem geometrischen Mittel besteht die Beziehung

$$x_G \leqslant \overline{x}$$

Ist eine größere Zahl von Meßwerten gegeben, so kann die Rechnerkapazität bei der Bildung des Produkts überschritten werden. Daher ist es vorteilhafter, die Berechnung über die Addition von Logarithmen vorzunehmen. Es gilt:

$$\log x_G = \frac{1}{n} (\log x_1 + \log x_2 + \ldots + \log x_n) .$$

Ist $\log x_G$ so berechnet worden, dann wird anschließend der Wert von x_G bestimmt.

Beispiele:

1.   Der Umsatz eines Betriebes entwickelte sich von 1979 bis 1985 wie folgt:

1979 ... 1980 Steigerung auf 110 % der Vorjahresleistung
1980 ... 1981 Steigerung auf 104 % der Vorjahresleistung
1981 ... 1982 Steigerung auf 103 % der Vorjahresleistung
1982 ... 1983 Steigerung auf 106 % der Vorjahresleistung
1983 ... 1984 Steigerung auf 106 % der Vorjahresleistung
1984 ... 1985 Steigerung auf 102 % der Vorjahresleistung

Wie groß ist das durchschnittliche jährliche Wachstumstempo W?

Da das mittlere jährliche Wachstumstempo aus einer zeitlichen Entwicklung zu berechnen ist, wird das geometrische Mittel herangezogen. Dabei müssen anstelle der Prozentzahlen 110 %, 104 %, ... die entsprechenden Werte 1,10; 1,04; ... eingesetzt werden. Es ergibt sich:

Anzahl der Werte N = 6

Nr.	Wert
1	1.10
2	1.04
3	1.03
4	1.06
5	1.06
6	1.02

Geometrisches Mittel XG = 1.0513465

Das mittlere jährliche Wachstumstempo beträgt 105,13 %, das entspricht einer mittleren jährlichen Zuwachsrate von 5,13 %.

2. Gegeben sind 10 Wasserproben, von denen die Keimzahlen bestimmt worden sind:

$x_1 = 4095 \qquad x_2 = 13840 \qquad x_3 = 390 \qquad x_4 = 160 \qquad x_5 = 5780$
$x_6 = 62950 \qquad x_7 = 2580 \qquad x_8 = 5940 \qquad x_9 = 2230 \qquad x_{10} = 8160$

Da die Werte über einen großen Bereich streuen, verwendet man das geometrische Mittel.

Geometrisches Mittel XG = 3794.0841   ■

Programmlisting:

```
2000   REM *** GEOMETRISCHES MITTEL ***
2010   REM
2020   REM  ---  EINGABE  ---
2030   INPUT "ANZAHL DER WERTE : ",N
2040   DIM X(N) : DIM PX(N)    : PRINT
2045   PRINT "NR.           WERT"
2050   FOR I=1 TO N
2060   PRINT I;TAB(14)" "; : INPUT" ",X(I) : PX(I)=X(I)
2070   X(I)=LOG(X(I))
2080   NEXT I
2090   REM
2100   REM  ---  VERARBEITUNG  ---
2110   P=0
2120   FOR I=1 TO N : P=P+X(I) : NEXT I
2130   XG=EXP(P/N)
```

```
2200  REM  ---  AUSGABE  ---
2210  PRINT
2220  PRINT "GEOMETRISCHES MITTEL XG= ";XG
2230  PRINT
2240  GOSUB 3000 : PRINT
2250  GOSUB 4000 : PRINT
2300  END
3000  REM  ***  DRUCK  ***
3010  PRINT "SOLLEN DIE ERGEBNISSE GEDRUCKT WERDEN ? (J / N)";
3020  INPUT " ",D$ : IF D$="J" THEN 3040 ELSE IF D$="N" THEN RETURN
3030  PRINT "FALSCHE EINGABE !" : PRINT : GOTO 3010
3040  LPRINT"GEOMETRISCHES MITTEL" : LPRINT
3050  LPRINT"NR.          WERT" : LPRINT"----------------------------"
3060  FOR I=1 TO N : LPRINT I,PX(I) : NEXT I : LPRINT
3070  LPRINT"GEOMETRISCHES MITTEL XG= ";XG : LPRINT : LPRINT
3080  RETURN
4000  PRINT"WÜNSCHEN SIE EINEN WEITEREN PROGRAMMLAUF ? (J / N)";
4010  INPUT" ",W$ : IF W$="J" THEN ERASE X,PX : GOTO 2000
4020  IF W$="N" THEN RETURN
4030  PRINT"FALSCHE EINGABE ! " : PRINT : GOTO 4000
```

2.3.2 Harmonisches Mittel

Wenn die Beobachtungen oder statistischen Erhebungen die Größe, von der der Mittelwert berechnet werden soll, in reziproker Form angeben, dann wird das harmonische Mittel angewendet.

Beispiele: 1. In einem lernpsychologischen Experiment dürfen die Versuchspersonen eine vorgegebene Aufgabe so lange bearbeiten, bis diese abgeschlossen ist. In diesem Fall kennzeichnet das harmonische Mittel die durchschnittliche Arbeitszeit, denn ,,Leistung'' und ,,benötigte Zeit'' verhalten sich reziprok.

2. In einer Fabrik werden für einen bestimmten Arbeitsgang die dazu benötigten Zeiten von 10 verschiedenen Arbeitern gemessen. Die ,,Leistung'' der Arbeiter und die ,,Arbeitszeit'' verhalten sich reziprok; also wird das harmonische Mittel der benötigten Zeiten gebildet.

3. Von einem Auto wird auf mehreren gleich großen Strecken die Geschwindigkeit gemessen. Wie groß ist die mittlere Geschwindigkeit? Da die für die Strecken benötigten Zeiten sich zu den Geschwindigkeiten reziprok verhalten, wird das harmonische Mittel gebildet.

Für die Berechnung des harmonischen Mittels x_H gilt:

$$x_H = \frac{n}{\dfrac{1}{x_1} + \dfrac{1}{x_2} + \ldots + \dfrac{1}{x_n}} = \frac{n}{\displaystyle\sum_{i=1}^{n} \frac{1}{x_i}}$$

Es gilt für die Mittelwerte:

$$x_H \leqslant x_G \leqslant \bar{x}$$

Programmlisting:

```
2000   REM *** HARMONISCHES MITTEL ***
2010   REM
2020   REM  ---  EINGABE  ---
2030   INPUT "ANZAHL DER WERTE : ",N
2040   DIM X(N) : DIM PX(N)    : PRINT
2045   PRINT "NR.             WERT"
2050   FOR I=1 TO N
2060   PRINT I;TAB(14)" "; : INPUT" ",X(I) : PX(I)=X(I)
2070   X(I)=1/(X(I))
2080   NEXT I
2090   REM
2100   REM  ---  VERARBEITUNG  ---
2110   P=0
2120   FOR I=1 TO N : P=P+X(I) : NEXT I
2130   XH=N/P
2200   REM  ---  AUSGABE  ---
2210   PRINT
2220   PRINT "HARMONISCHES MITTEL XH= ";XH
2230   PRINT
2240   GOSUB 3000 : PRINT
2250   GOSUB 4000 : PRINT
2300   END
3000   REM ***  DRUCK  ***
3010   PRINT "SOLLEN DIE ERGEBNISSE GEDRUCKT WERDEN ? (J / N)";
3020   INPUT " ",D$ : IF D$="J" THEN 3040 ELSE IF D$="N" THEN RETURN
3030   PRINT "FALSCHE EINGABE !" : PRINT : GOTO 3010
3040   LPRINT"HARMONISCHES MITTEL" : LPRINT
3050   LPRINT"NR.             WERT" : LPRINT"----------------------------"
3060   FOR I=1 TO N : LPRINT I,PX(I) : NEXT I : LPRINT
3070   LPRINT"HARMONISCHES MITTEL XH= ";XH : LPRINT : LPRINT
3080   RETURN
4000   PRINT"WÜNSCHEN SIE EINEN WEITEREN PROGRAMMLAUF ? (J / N)";
4010   INPUT" ",W$ : IF W$="J" THEN ERASE X,PX : GOTO 2000
4020   IF W$="N" THEN RETURN
4030   PRINT"FALSCHE EINGABE ! " : PRINT : GOTO 4000
```

Testlauf:

```
HARMONISCHES MITTEL

NR.             WERT
------------------------
  1             .4
  2             .2
  3             .5

HARMONISCHES MITTEL XH=   .315789
```

Aufgaben

1. Ein Student unterzog sich dreimal einem Aufnahmetest. Dabei erzielte er folgende Resultate:

Punktzahl	Verbesserungsrate
150	—
300	2.0 (= 300/150)
450	1.5 (= 450/300)

    Wie groß ist das geometrische Mittel der Verbesserungsrate?

    Lösung: Geometrisches Mittel XG = 1.7320508

2. Die Montageleistung eines Maschinenbaubetriebes betrug:

Jahr 1	1800 Stück
Jahr 2	1854 Stück
Jahr 3	1947 Stück
Jahr 4	2025 Stück
Jahr 5	2147 Stück

    Wie groß ist die mittlere jährliche Zuwachsrate?

    Lösung: Geometrisches Mittel XG = 1.0449402
    Mittlere Zuwachsrate 4,5 %

3. Im Rahmen einer biologischen Untersuchung wurde das Wachstum von Bakterien in Nährlösung beobachtet:

Tag	1	2	3	4	5	6
Tägl. Vermehrungsfaktor x	4.2	4.8	5.4	3.8	4.1	2.5

    Wie groß ist das geometrische Mittel?

    Lösung: Geometrisches Mittel XG = 4.0231414

4. Eine Firma erzielte folgende Zuwachsraten der Stückzahlen bei der Produktion von elektronischen Bauteilen:

Jahr	1980	1981	1982	1983	1984	1985
Zuwachsrate r	16 %	30 %	34 %	21 %	17 %	14 %

    Wie groß ist der mittlere Wachstumsfaktor $\bar{x}_g$ und die mittlere Zuwachsrate $\bar{r}$?

    Lösung: Geometrisches Mittel XG = 1.2177656
    Mittlere Zuwachsrate 22 %

5. Ein Auto legt 100 km mit einer Geschwindigkeit von 80 km/h zurück und weitere 100 km mit einer Geschwindigkeit von 40 km/h. Wie groß ist die Durchschnittsgeschwindigkeit?

    Lösung: Harmonisches Mittel XH = 53.333333
    Durchschnittsgeschwindigkeit = 53 km/h.

2.4 Statistische Kennwerte für Rang- und Nominaldaten

Die Kennwerte für Verteilungen auf Ordinalniveau, beispielsweise Zentralwert, Spannweite, Quartile, Centile, können auch für Verteilungen auf Intervallniveau berechnet werden. Umgekehrt dürfen jedoch das arithmetische Mittel und die Standardabweichung nicht als Kennwerte für Verteilungen auf Ordinalniveau verwendet werden.

2.4.1 Zentralwert und Modalwert

Zentralwert (Median)

In der statistischen Praxis wird der Zentralwert oder Median angewendet und dem arithmetischen Mittel vorgezogen, wenn

- die Daten zu einer Rangskala gehören,
- unter den Merkmalswerten einige extreme Werte auftreten, die das arithmetische Mittel stark beeinflussen würden,
- der Umfang der Stichprobe klein ist ($n < 10$),
- bei klassierten Daten die untere bzw. obere Grenze der beiden äußersten Klassen fehlt (offene Flügelklassen).

Liegen Einzelwerte vor, so werden diese in auf- oder absteigender Folge sortiert. Sind N Einzelwerte vorhanden, dann ist der Median:

Für ungerade n der zentral in der Mitte stehende Wert:

$$\tilde{x} = x_{n/2 + 1/2}$$

Für gerade n das arithmetische Mittel der beiden zentral stehenden Werte

$$\tilde{x} = \frac{1}{2}(x_{n/2} + x_{n/2 + 1})$$

Beispiele:

1. Urdaten   5, 3, 2, 8, 12
   Rangierte Daten: 2   3 $\boxed{5}$ 8   12
   Zentralwert: 5

2. Urdaten: 6   9   2   4   8   7
   Rangierte Daten: 2   4 $\boxed{6\quad 7}$ 8   9
   Zentralwert: 6.5   ∎

Modalwert (Mode)

Bei Einzeldaten ist der Modalwert der am häufigsten vorkommende Wert. Bei in Klassen eingeteilten Daten kann als Modalwert die Klassenmitte mit den häufigsten Beobachtungen angenommen werden. Der Modalwert kann auch bei Nominaldaten bestimmt werden.

Der Modalwert wird in der Praxis dann angewendet, wenn man für bestimmte Zwecke den genauen Merkmalswert, der am häufigsten auftritt, benötigt. Dies tritt z.B. in der Bevölkerungsstatistik und Medizinalstatistik auf, wo man das genaue Alter benötigt, in dem die meisten Personen heiraten, bzw. den genauen Lebensmonat (auch Lebenswoche), in dem die meisten Säuglinge an einer bestimmten Krankheit sterben usw.

In der Praxis finden sich mitunter auch Folgen von Stichprobenwerten mit mehreren Häufungsstellen. Für solche Folgen existieren dann auch zwei oder mehrere Modalwerte. Solche Verteilungen nennt man bi- oder multimodal. Es muß hier jeder Gipfelbezirk (mit je einer Häufungsstelle) gesondert betrachtet und sein Modalwert berechnet werden.

Eine Verteilung mit *einem* Modalwert wird unimodal (eingipflig) genannt. Für unimodale Verteilung gilt näherungsweise:

Arith. Mittel $\bar{x}$ − Mode D = 3 (Arithm. Mittel $\bar{x}$ − Median $\tilde{x}$)

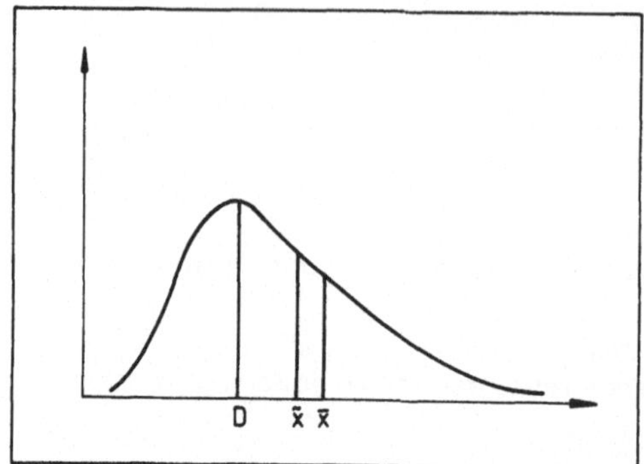

Bild 2.7 Beziehungen zwischen den Kenngrößen (linkssteile Verteilung)

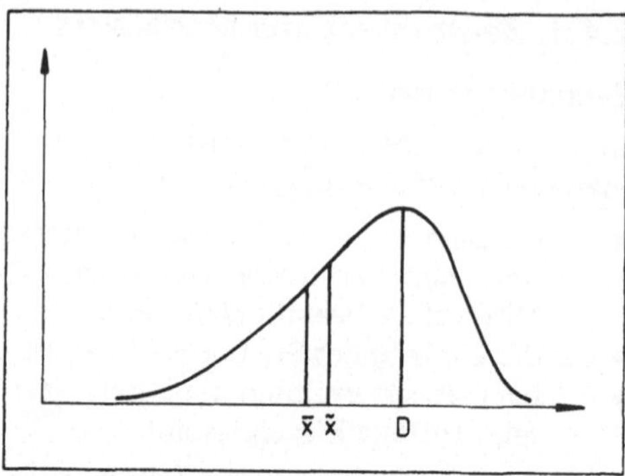

Bild 2.8 Beziehungen zwischen den Kenngrößen (rechtssteile Verteilung)

Bei symmetrischen Verteilungen fallen arithmetisches Mittel, Median und Modalwert zusammen.

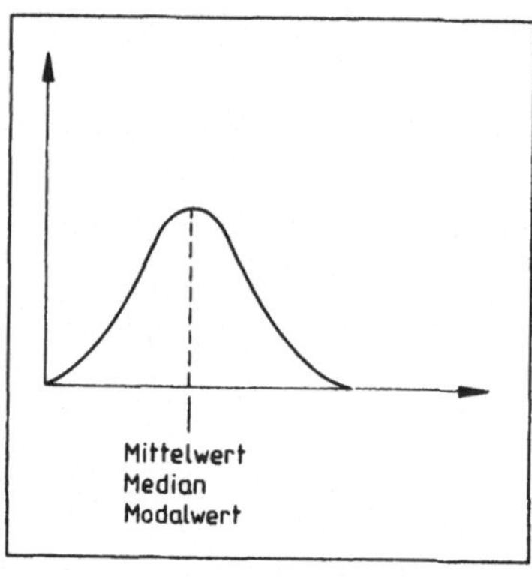

Bild 2.9 Die Maße der zentralen Tendenz fallen zusammen bei symmetrischer Verteilung

Programmlisting:

```
2000    REM *** MODUS UND MEDIAN ***
2010    REM
2020    REM *** EINGABE ***
2030    INPUT "          Anzahl der Werte N = ",N
2040    DIM X(N):C=N:DIM B(C,2) : DIM E(N)
2045    PRINT:PRINT
2050    PRINT TAB(10)"Nr.";TAB(20)"Wert"
2060    FOR I=1 TO N
2070    PRINT TAB(10) I,:INPUT "        ",X(I) : E(I)=X(I)
2080    NEXT I
2099    REM
2100    REM *** VERARBEITUNG ***
2110    FOR I=1 TO N-1
2120    FOR J=I+1 TO N
2130    IF X(I) <= X(J) THEN 2170
2140    SWAP X(I),X(J)
2170    NEXT J
```

```
2180    NEXT I
2190    PRINT:INPUT "              Anzeige der sortierten Werte (J/N) ";E$
2200    IF E$="N" THEN 2250
2210    PRINT:PRINT
2220    FOR I=1 TO N :PRINT X(I)" ";:NEXT I
2230    PRINT:PRINT
2240    REM
2250    C=1:B(C,1)=1
2260    FOR I=2 TO N
2270    IF X(I-1) <> X(I) THEN B(C,2)=X(I-1): GOTO 2290
2280    B(C,1)=B(C,1)+1 : GOTO 2310
2290    C=C+1 : B(C,1)=1
2300    Cl=Cl+1
2310    IF I=N THEN B(C,2)=X(I)
2320    NEXT I
2330    REM
2340    Kl=B(1,1):K2=B(1,2)
2350    FOR I=2 TO Cl+1
2360    IF Kl > B(I,1) THEN 2380
2370    Kl=B(I,1):K2=B(I,2)
2380    NEXT I
2390    PRINT:PRINT TAB(10)"Modus  = ";K2;
2400    PRINT " mit der Häufigkeit ";Kl
2410    REM
2420    N1=(N+1)/2
2430    PRINT:PRINT
2440    N2=INT(N1)
2450    IF N1 <> N2 THEN 2480
2460    PRINT TAB(10)"Median = ";X(N1)
2470    GOTO 2497
2480    N3=N1-.5:N4=N1+.5
2490    N5=(X(N3)+X(N4))/2
2495    PRINT TAB(10)"Median = ";N5
2496    REM
2497    PRINT:GOSUB 3000
2498    PRINT:GOSUB 4000
2500    END
3000    REM *** DRUCKAUSGABE ***
3010    PRINT:INPUT "Sollen die Ergebnisse gedruckt werden (J/N) ?",P$
3020    IF P$="N" THEN RETURN
3030    IF P$="J" THEN 3045
3040    PRINT TAB(10)"Falsche Eingabe, bitte ändern !!!":GOTO 3010
3045    LPRINT"Modus und Median" : LPRINT
3050    LPRINT:LPRINT TAB(10)"Anzahl der Werte N=";N
3060    LPRINT
3070    LPRINT TAB(10)"Nr.";TAB(20)"Wert"
3080    FOR I=1 TO N
3090    LPRINT TAB(10) I,:LPRINT "        ";E(I)
3100    NEXT I
3110    LPRINT
3120    LPRINT"Ausdruck der sortierten Werte ";E$
3130    LPRINT
3140    FOR I=1 TO N :LPRINT X(I)" ";:NEXT I
3150    LPRINT:LPRINT TAB(10)"Modus  = ";K2;
3160    LPRINT " mit der Häufigkeit ";Kl
3170    IF N1 <> N2 THEN 3190
3180    LPRINT:LPRINT TAB(10)"Median = ";X(N1):RETURN
3190    LPRINT:LPRINT TAB(10)"Median = ";N5
```

```
3200  RETURN
4000  PRINT
4100  INPUT "  Soll erneut gestartet werden (J/N) ?",Y$
4110  IF Y$="J" THEN 4150
4120  IF Y$="N" THEN RETURN
4130  PRINT:PRINT TAB(10)"Falsche Eingabe, bitte ändern !!"
4140  GOTO 4100
4150  ERASE X,B,E
4160  C1=0
4170  GOTO 2000
4180  PRINT
4190  RETURN
```

Testlauf:

```
          Modus und Median

              Anzahl der Werte N= 10

              Nr.            Wert
               1              5
               2              4
               3              6
               4              5
               5              2
               6              6
               7              5
               8              7
               9              5
              10              3

      Ausdruck der sortierten Werte J

      2    3    4    5    5    5    5    6    6    7
              Modus   =   5   mit der Häufigkeit   4

              Median  =   5
```

Median bei klassierten Daten

Sind die Daten in Klassen eingeteilt, so muß zuerst die Klasse bestimmt werden, in welcher der Median liegt.

Dies ist die Klasse, bei welcher die Summenhäufigkeit gleich oder größer der Gesamtzahl ist. Innerhalb dieser Klasse ist der Median

$$\tilde{x} = k_L + \frac{\left(\dfrac{n}{2} - \displaystyle\sum_{i=1}^{k-1} f_i\right)}{f_k} \cdot B$$

Hierbei ist k_L die untere Grenze der Klasse k, in welcher der Median liegt, n die Gesamtzahl der Beobachtungen.

$$\sum_{i=1}^{k-1} f_i$$

ist die Summe der Häufigkeiten bis zur Klasse $k - 1$,
f_k ist die Häufigkeit in der Klasse k und B ist die Intervallbreite.

Beispiel: Ein Test hat ergeben:

Punktzahl	Besetzungszahl
0 bis 9	0
9 bis 18	0
18 bis 27	3
27 bis 36	5
36 bis 45	9
45 bis 54	12
54 bis 63	5
63 bis 72	4
72 bis 81	2

Der Zentralwert der Punkte liegt bei 47 Punkten.

Programmlisting:

```
2000    REM***MEDIAN BEI KLASSIERTEN DATEN***
2010    REM
2020    REM ***EINGABE***
2030    INPUT"Klassenbreite....................";B
2040    INPUT"Anzahl der Klassen...............";M
2050    DIM F(M):N=0
2060    INPUT"Untere Grenze der ersten Klasse....";U
2070    PRINT
2080    PRINT"Klasse";TAB(20)"Häufigkeit"
2090    FOR I=1 TO M
2100    PRINT U+(I-1)*B;"bis ";U+B*I;
2110    PRINT TAB(20);:INPUT F(I):N=N+F(I)
2120    NEXT I
2199    REM
2200    REM***VERARBEITUNG***
2210    IZ=INT(N/2+.5):S=0
2220    FOR I=1 TO M
2225    S=S+F(I)
2230    IF S>=IZ THEN K=I:GOTO 2250
2240    NEXT I
2250    XL=U+B*(K-1):S=S-F(K)
2260    XS=XL+(N/2-S)*B/F(K)
2270    PRINT:PRINT"Median = ";XS
2280    REM
2290    PRINT:GOSUB 2500
2300    END
2500    REM ***DRUCKAUSGABE***
2510    INPUT"Sollen die Werte gedruckt werden (J/N)";P$
2520    IF P$="N" THEN RETURN
2530    IF P$="J" THEN 2550
2540    PRINT TAB(10)"Falsche Eingabe,bitte ändern!":GOTO 2510
2550    LPRINT"Klasse";TAB(20)"Häufigkeit"
2560    FOR I=1 TO M
2570    LPRINT U+(I-1)*B;"bis";S+B*I;TAB(20)F(I)
2580    NEXT I:LPRINT
2590    LPRINT "Median=";XS:RETURN
```

2.4.2 Quantile und mittlerer Quartilabstand

Bei Rangdaten und metrischen Daten können Quantile bestimmt werden, das sind Grenzen q_α, außerhalb derer ein bestimmter Prozentsatz α der Häufigkeitsverteilung liegt. Besonders häufig verwendet man *Quartile*, das sind die Quantile, die zu 25 %, 50 % und 75 % gehören.

Bei stetigen Zufallsvariablen genügt die Definition des oberen α-Quantils, denn dieses ist zugleich das untere $(1 - \alpha)$-Quantil.

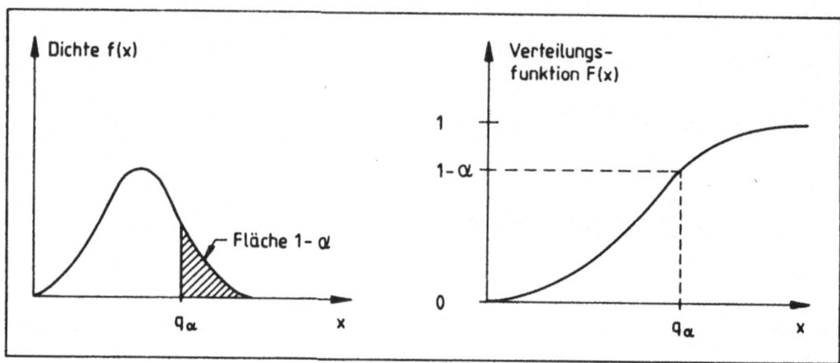

Bild 2.10 Zur Definition des α-Quantils

Durch die Angabe von mehreren Quantilen erhält man eine gute Übersicht über die Lage und Breite einer Verteilung.

Ein Streuungsmaß, das keine Merkmalswerte von Intervallskalenniveau voraussetzt, ist der mittlere Quartilabstand Q, der nach der Beziehung

$$Q = \frac{C_{75} - C_{25}}{2}$$

berechnet wird.

2.4.3 Schiefe und Steilheit bei Rangskalen

Bei rangskalierten Daten bestimmt man die Schiefe der Verteilung durch den Quartilkoeffizienten oder den 10-90-Centilkoeffizienten der Schiefe:

$$\text{Quartilkoeffizient der Schiefe} = \frac{(Q_{75} - Q_{50}) - (Q_{50} - Q_{25})}{Q_{75} - Q_{25}}$$

$$\text{10-90-Centilkoeffizient der Schiefe} = \frac{(C_{90} - C_{50}) - (C_{50} - C_{10})}{C_{90} - C_{10}}$$

Entsprechend ist ein Centilkoeffizient der Steilheit definiert:

$$\text{Centilkoeffizient der Steilheit } K = \frac{\frac{1}{2}(C_{75} - C_{25})}{C_{90} - C_{10}}$$

Wird diese Definition auf die Normalverteilung angewendet, so erhält man K = 0,263.

3 Regression und Korrelation

3.1 Grundlagen

Im Bereich der Naturwissenschaften, der Technik und der Sozialwissenschaften tritt häufig das Problem auf, Zusammenhänge zwischen Merkmalen zu finden und mathematisch zu charakterisieren.

Bei der Ermittlung eines mathematischen Zusammenhanges zwischen den Merkmalen x und y sind zwei Fragestellungen zu unterscheiden:

1. Der Zusammenhang zwischen den Größen x und y ist der Form nach bekannt. Es besteht das Ziel darin, die Konstanten der entsprechenden Funktion zu ermitteln, dann kann das Problem durch eine *Regressionsanalyse* gelöst werden.

2. Der Zusammenhang zwischen den Größen x und y ist der Form nach nicht bekannt. Es gilt also zu prüfen, ob die Annahme eines bestimmten mathematischen Zusammenhangs zwischen den Größen x und y überhaupt gerechtfertigt ist, dann ist eine *Korrelationsanalyse* zur Lösung des Problems durchzuführen.

Es sei aber festgestellt, daß mit Hilfe errechneter Korrelationen kein Nachweis über die Existenz von Kausalbeziehungen geführt werden kann. Korrelationen sind lediglich ein Maß für das Zusammenkommen zweier Variablen. Das aber kann von ganz verschiedenen Konstellationen herrühren, z. B. x_1 verursacht y_2, y_2 verursacht x_1, x_1 und y_2 sind von einer oder mehreren anderen Variablen abhängig usw.

3.1.1 Regressionsanalyse

Um eine Funktion zu finden, deren Graph möglichst gut durch die Punkte des Koordinatensystems verläuft, benutzt man die Fehlerquadratmethode von Gauß:

Von allen möglichen Funktionen eines gegebenen Modells $y = f(x)$, die man einer gegebenen Anzahl von Wertepaaren $(x; y)$ anpassen kann, gibt diejenige Funktion den Zusammenhang im Sinne des angenommenen Modells am besten wieder, für die die Summe der Quadrate der Ordinatenabstände der Punkte von dieser Funktion ein Minimum ist (Bild 3.1).

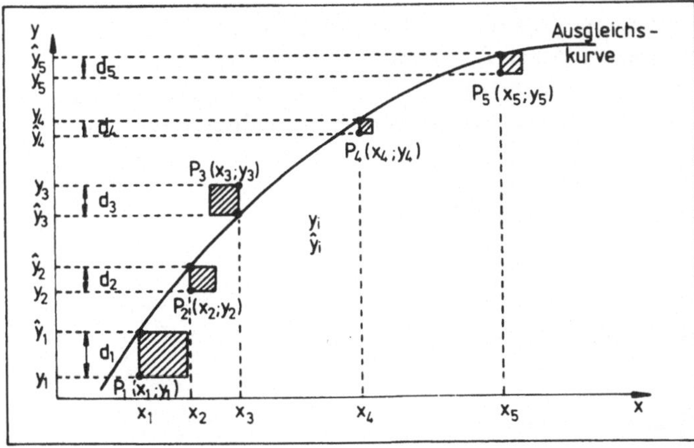

Bild 3.1
Gauß-Fehlerquadratmethode

Ist y_i der Ordinatenwert des Punktes P_i und $\hat{y}_i$ der zu dem Abszissenwert x_i gehörige Wert auf der Ausgleichskurve, dann lautet die Minimumsbedingung mit $d_i = y_i - \hat{y}_i$:

$$d_1^2 + d_2^2 + d_3^2 + \ldots + d_n^2 = \sum_{i=1}^{n} d_i^2 = \sum_{i=1}^{n} (y_i - \hat{y}_i)^2 \rightarrow \text{MIN.}$$

Im Zusammenhang mit einer Regressionsanalyse werden folgende Fragestellungen bearbeitet:

1. Prüfung der Linearität einer Regression:
   Voraussetzung für die Errechnung von Regressionsgeraden ist, daß die Zusammenhänge linear sind (3.1).

   Liegt keine Linearität der Daten vor, so können sie durch linearisierende Transformationen entsprechend aufbereitet werden, oder es kann eine nichtlineare Regression durchgeführt werden.

2. Prüfung des Regressionskoeffizienten gegen Null:
   Es geht um die Frage, ob sich der berechnete Regressionskoeffizient signifikant von Null unterscheidet.

3. Vertrauensgrenzen für Regressionskoeffizienten.
   Hat man die Kennwerte einer Regression errechnet, so weiß man nicht, in welchem Bereich sich der wahre Wert der Kennwerte befindet. Dieser kann ebenfalls ermittelt werden.

4. Vergleich zweier Regressionskoeffizienten:
   Es geht um die Frage, ob zwei Regressionskoeffizienten, die aus unabhängigen Stichproben ermittelt wurden, gleich sind oder ob sie sich signifikant voneinander unterscheiden.

3.1.2 Korrelationsanalyse

Für die Korrelationsanalyse von statistischen Zusammenhängen stehen verschiedene Verfahren zur Verfügung, deren Anwendbarkeit von der Art der Fragestellung und von der Datenqualität abhängt.

Die Korrelation hängt auch von der Anzahl der Meßwerte ab, aus der sie berechnet wurden. Dabei gilt: Bei gleicher Korrelation, die aus zwei unterschiedlichen Reihen statistischer Daten mit unterschiedlicher Anzahl von Datenpaaren resultiert, ist die Korrelation bei großem n-Wert statistisch gesicherter.

Die Größe des Korrelationskoeffizienten allein ist noch kein Maß für die Stärke des im Sinne der Ausgleichsfunktion angenommenen Zusammenhangs.

Bei metrischen Daten ist der Korrelationskoeffizient r ein Maß für den Zusammenhang zwischen zwei Merkmalen X und Y im Sinne einer angenommenen Modellfunktion. Man setzt:

$$r = \sqrt{\frac{\text{Varianz der berechneten y-Werte}}{\text{Varianz der gegebenen y-Werte}}} = \sqrt{\frac{s_{\hat{y}}^2}{s_y^2}}\,.$$

Dabei gilt:

$$s_{\hat{y}}^2 = \frac{\sum (\hat{y} - \overline{y})^2}{n-1} \qquad \hat{y} \text{ berechnete y-Werte}$$

$$s_y^2 = \frac{\sum (y_2 - \overline{y})^2}{n-1} \qquad y_i \text{ gegebene y-Werte}$$

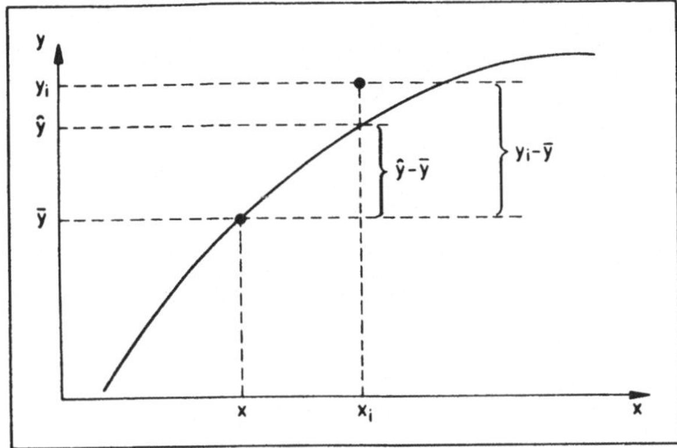

Bild 3.2
Zur Definition der Korrelation

In der Praxis wird in vielen Fällen statt des Korrelationskoeffizienten r das Bestimmtheitsmaß B verwendet. Dieses Bestimmtheitsmaß einer Folge von Merkmalswertepaaren $(x_i; y_i)$ $(i = 1, 2, \ldots, n)$ ist definiert als

$$B = r^2 = \frac{s_{xy}^2}{s_x^2 \cdot s_y^2}$$

s_{xy} : Standardabweichung zwischen den Merkmalen X und Y

s_x : Standardabweichung der x-Werte

s_y : Standardabweichung der y-Werte

B kann nur die Werte von 0 bis 1 annehmen.

Ist r = 1, dann ist die Korrelation vollkommen, d.h. die angenommene Funktion kann exakt den gegebenen n Punkten angepaßt werden. Ist dagegen r = 0, so kann ein Zusammenhang der x- und y-Werte im Sinne der Modellfunktion aus dem gegebenen Datenmaterial nicht nachgewiesen werden. Die Korrelation ist daher um so besser, je näher r bei dem Wert 1 liegt.

Vermutet man für eine Reihe von Punkten einen linearen Zusammenhang zwischen x und y, dann kann aus einem r-Wert nahe Null nur geschlossen werden, daß kein linearer Zusammenhang zwischen x und y besteht. Dies heißt aber nicht, daß es mit Sicherheit gar keine Beziehung zwischen x und y gibt. Vielmehr kann nach anderen Funktionstypen durchaus eine starke Korrelation bestehen.

Beispiel: Die Punkte liegen auf einer quadratischen Parabel. Berechnet man für die in Abb. 3.3 dargestellten Punkte den Korrelationskoeffizienten für das Geradenmodell und das Parabelmodell, dann erhält man: $r_{Gerade} = 0$ und $r_{Parabel} = 1$.

Selbst wenn eine Korrelation $r \approx 1$ nachgewiesen werden kann, ist damit noch nicht gesagt, daß auch ein kausaler Zusammenhang zwischen x und y im Sinne der Modellfunktion besteht (Ursache-Wirkung-Beziehung). Man muß vielmehr die Möglichkeit einer Scheinkorrelation berücksichtigen. Wenn ein mathematischer Zusammenhang in der angenommenen Form zwischen x und y nachgewiesen werden kann, bedeutet dies noch nicht, daß dieser Zusammenhang auch theoretisch gesichert ist.

Korrelationen können durch verschiedene Faktoren zustande kommen:

1. Eine Variable bedingt kausal die Größe der anderen, z.B. die Menge der Nahrung bedingt das Körpergewicht.

2. Beide Variablen hängen gemeinsam von einer dritten Variable ab.

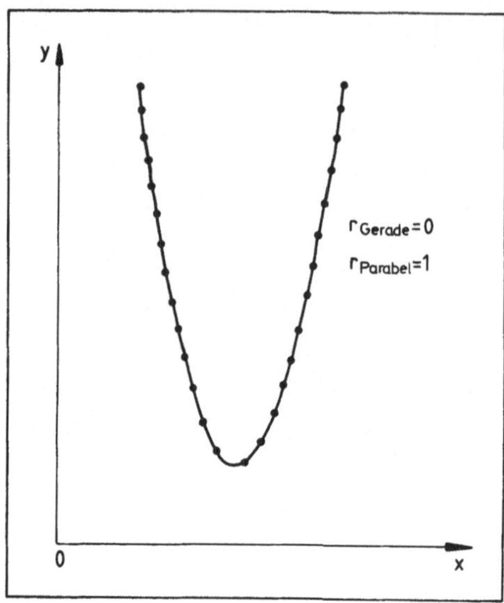

Bild 3.3
Korrelationskoeffizient und Modellfunktion

Beispiel: Der bei Jugendlichen statistisch nachweisbare Zusammenhang zwischen den Variablen Handgeschicklichkeit und Körpergröße kommt nur dann zustande, wenn man Jugendliche verschiedenen Alters untersucht. Beide Variablen hängen also vom Alter ab und haben sonst nichts miteinander zu tun (Scheinkorrelation).

3. Zwei Variablen können unabhängig voneinander sein, wenn man in getrennten Stichproben erhebt. Ein Zusammenhang kann dann vorgetäuscht werden, wenn man z.B. zwei Stichproben einer gemeinsamen Korrelationsanalyse unterzieht.

Beispiel: Im Jahre 1985 wurde in einem Dorf in Schleswig-Holstein eine Abnahme sowohl der Störche als auch der Geburten beobachtet. Hier ist die Korrelation rein mathematischer Natur; ein echter Zusammenhang besteht natürlich nicht.

> Die Statistik kann nicht beantworten, wie ein ermittelter Zusammenhang zustande gekommen ist. Es ist also sinnlos, Korrelationen ohne ein theoretisches Konzept zu berechnen.

3.2 Lineare Regression und Korrelation

3.2.1 Regressionsgerade und Korrelationskoeffizient

Regressionsgerade

Gegeben sind die Daten einer Stichprobe, die aus den Wertepaaren $(x_i; y_i)$ $(i = 1, 2, 3, \ldots, n)$ besteht. Gesucht ist die Regressionsgerade mit der Gleichung

$$\tilde{y} = a_1 x + a_0,$$

die möglichst gut durch die Punkte $(x_i; y_i)$ läuft.

Die Parameter a_1 und a_0 werden über die Methode der kleinsten Quadrate vom Programm berechnet.

In vielen Fällen wird die berechnete Regressionsgerade verwendet, um zu einem vorgegebenen x-Wert den zugehörigen y-Wert zu prognostizieren.

Beispiel: Bei einer Untersuchung wurde der Blutdruck in Abhängigkeit vom Alter bestimmt. Es ergab sich:

Altersstufe	Blutdruck (Mittelwert)
17.5	112.6
22.5	118.1
27.5	120.4
32.5	122.3
37.5	127.9
42.5	135.1
47.5	133.6
52.5	138.1
57.5	144.1
62.5	151.2

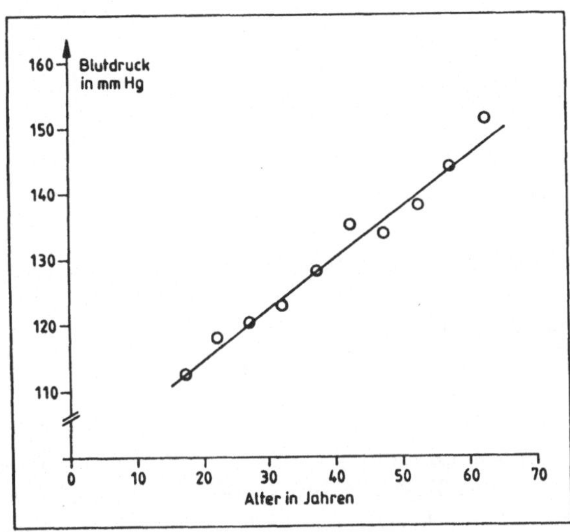

Bild 3.4 Meßwerte und Regressionsgerade

Korrelationskoeffizient

Außerdem berechnet das Programm den vorzeichengerechten linearen Korrelationskoeffizienten nach Bravais-Pearson (Produkt-Moment-Korrelation) für die Regressionsgerade:

$$r = \frac{\Sigma yx - \frac{1}{n}\Sigma x \Sigma y}{\sqrt{[\Sigma x^2 - \frac{1}{n}(\Sigma x)^2][\Sigma y^2 - \frac{1}{n}(\Sigma y)^2]}} \ .$$

Dieser Ausdruck für r liefert einen vorzeichengerechten Korrelationskoeffizienten (Produkt-Moment-Korrelation), je nachdem ob es sich um eine positive Korrelation oder um eine negative Korrelation handelt.

Positive Korrelation:
$0 \leqslant r + \leqslant 1$
Die Ausgleichsgerade hat eine positive Steigung, d.h. y nimmt mit steigendem x zu.

Negative Korrelation:
$-1 \leqslant r \leqslant 0$
Die Ausgleichsgerade hat eine negative Steigung, d.h. y nimmt mit steigendem x ab.

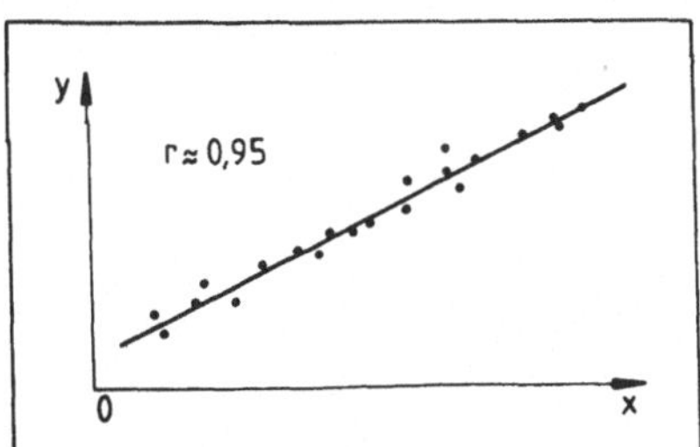

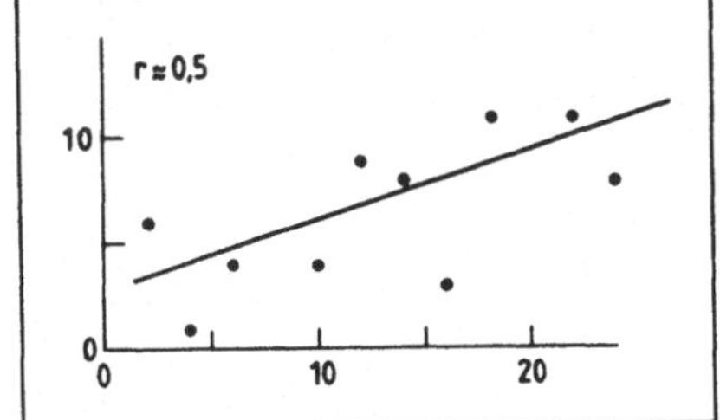

Bild 3.5 Positive Korrelation

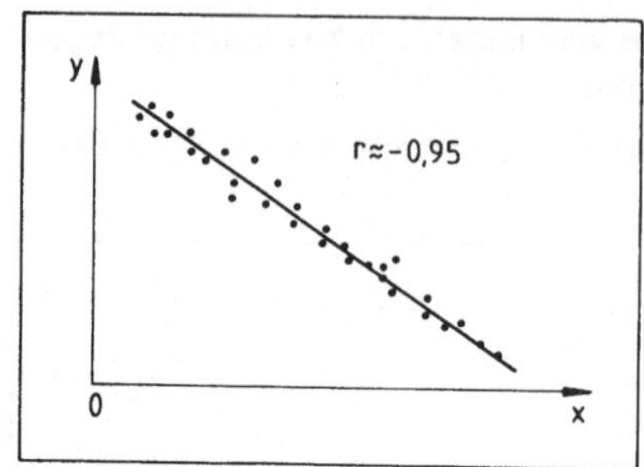

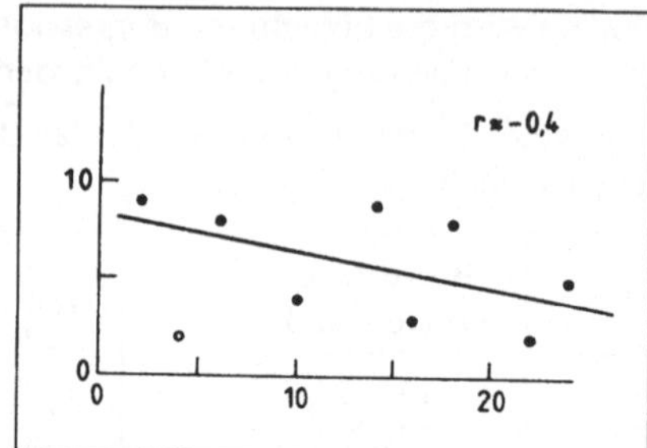

Bild 3.6 Negative Korrelation

Beispiele: 1. Bei acht Schülern werden Notendurchschnitt und Intelligenzquotient bestimmt:

Notendurchschnitt	2,11	1,98	2,46	3,37	3,82	1,54	2,70	2,65
Intelligenzquotient	98	114	107	89	84	122	104	128

Die Auswertung ergibt:

Regressionsgerade:
$Y = -14.830007X + 143.99288$

Korrelationskoeffizient .71807067

Sollen Y-Werte berechnet werden (J/N) ? J
X-Wert = 2
Y-Wert = 114.33287
Sollen Y-Werte berechnet werden (J/N) ? J
X-Wert = 3
Y-Wert = 99.50286

Für die Noten 2 und 3 erhält man die zu erwartenden Intelligenzquotienten 114 und 100.

2. Die Wirkung eines Vitamin-Präparates auf das Wachstum eines bestimmten Bazillus-Typs soll näher untersucht werden. Es besteht die Annahme, daß das Wachstum direkt proportional der Menge des Vitamins ist.

Vitamin in pg	Wachstum in mg
0	0,85
5	2,51
10	2,07
15	2,38
20	3,41
25	3,03

Die Korrelation ist mit
$r \approx 0,84$ recht hoch.

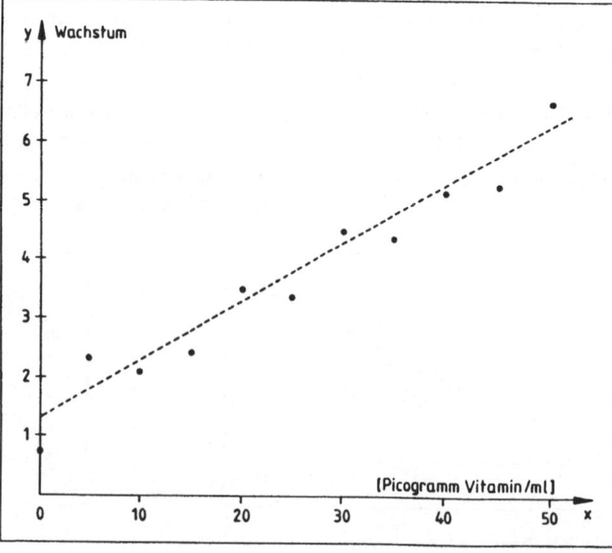

Bild 3.7
Lineares Wachstumsmodell

Programmlisting:

```
3000    REM *** LINEARE REGRESSION/KORRELATION ***
3010    REM
3020    REM *** EINGABE ***
3030    INPUT "Anzahl der Wertepaare, die eingegeben werden sollen N=",N
3040    DIM X(N),Y(N):PRINT
3050    PRINT "Geben Sie die Wertepaare (X,Y) ein!"
3060    PRINT
3070    PRINT " lfd.Nr"," X"," f(X)"
3080    PRINT "==============================="
3090    FOR I=1 TO N
3100    PRINT I,
3110    INPUT;" ",X(I)
3120    L$=STR$(X(I))
3130    L=LEN(L$)
3140    FOR K=1 TO 17-L
3150    PRINT " ";
3160    NEXT K
3170    INPUT"",Y(I)
3180    NEXT I
3200    REM *** VERARBEITUNG ***
3210    S1=0:S2=0:S3=0:S4=0:S5=0
3220    FOR I= 1 TO N
3230    S1=S1+X(I):S2=S2+Y(I)
3240    S3=S3+X(I)*X(I)
3250    S4=S4+Y(I)*Y(I)
3260    S5=S5+Y(I)*X(I)
3270    NEXT I
3280    REM
3290    A1=(N*S5-S2*S1)/(N*S3-S1*S1)
3300    A0=(S2-A1*S1)/N
3310    T1=A1*(S5-S1*S2/N)
3320    T4=S4-S2*S2/N
3330    T2=T4-T1
3340    T5=T1/T4
3350    K=SQR(T5)
3399    REM
3400    REM *** AUSGABE ***
3410    PRINT
3420    PRINT "Regressionsgerade :"
3430    PRINT "Y=";A1;"X+";A0
3440    PRINT
3450    PRINT "Korrelationskoeffizient: r= ";K
3460    PRINT
3470    REM
3500    REM *** PROGNOSE ***
3510    INPUT "Sollen Y-Werte berechnet werden (J/N)?",Y$
3511    IF Y$="N" THEN GOTO 3570
3512    IF Y$="J" THEN GOTO 3515
3513    PRINT "Falsche Eingabe"
3514    GOTO 3510
3515    PRINT:INPUT "Anzahl der Werte, die berechnet werden sollen? ",A
3516    DIM XX(A),YY(A)
3517    PRINT :PRINT " N"," X"," f(X)"
3518    PRINT "==============================="
3519    FOR I=1 TO A
```

```
3520   PRINT I;
3530   INPUT;"                   ",XX(I)
3540   YY(I)=A1*XX(I)+A0
3550   PRINT TAB(31);YY(I)
3560   NEXT I
3570   GOSUB 4000
3580   PRINT:INPUT "Weiterer Programmlauf erwünscht (J/N) ?",E$
3581   IF E$="N" THEN END
3582   IF E$="J" THEN ERASE X,Y,XX,YY: GOTO 3000
3583   PRINT "Falsche Eingabe !"
3584   GOTO 3580
3599   REM
3600   END
4000   REM *** DRUCK ***
4010   INPUT "Sollen die Ergebnisse gedruckt werden (J/N) ?",E$
4020   IF E$="J" THEN GOTO 4100
4030   IF E$="N" THEN RETURN
4040   PRINT "Falsche Eingabe !":GOTO 4010
4100   LPRINT "Berechnung der Regressionsgeraden und des ";
4101   LPRINT "Korrelationskoeffizienten für folgende Wertepaare:"
4110   LPRINT "Anzahl der Wertepaare = ";N:LPRINT
4120   LPRINT " Wert Nr.","! X-Wert","! Y-Wert"
4130   LPRINT "================================="
4140   FOR I=1 TO N
4150   LPRINT I,"! ";X(I),"! ";Y(I)
4160   NEXT I
4170   LPRINT:LPRINT"Regressionsgerade:"
4180   LPRINT"Y=";A1;"X+";A0:LPRINT
4190   LPRINT "Korrelationskoeffizient:":LPRINT"r= ";K
4200   LPRINT:LPRINT:IF A$="N" THEN RETURN
4210   LPRINT"Wertetabelle für weitere Werte:":LPRINT
4220   LPRINT"  X","!  f(X)"
4230   LPRINT"==========================="
4240   FOR I= 1 TO A
4250   LPRINT XX(I),"! ";YY(I)
4260   NEXT I
4270   RETURN
```

Testlauf:

```
Berechnung der Regressionsgeraden und des Korrelationskoeffizienten
für folgende Wertepaare:

Anzahl der Wertepaare =   7

 Wert Nr.   ! X-Wert  ! Y-Wert         Korrelationskoeffizient:
=============================         r=   .957207
    1        !  40     !  74
    2        !  51     !  68
    3        !  54     !  62
    4        !  81     !  50
    5        !  78     !  44         Wertetabelle für weitere Werte:
    6        !  85     !  30
    7        !  92     !  26             X              !  f(X)
                                    ===========================
Regressionsgerade:                      80             !  40.5772
Y=-.885568 X+ 111.423
```

3.2.2 Güte der linearen Regression

Um die Güte der Regressionsgeraden zu erhalten, können folgende Standardfehler bestimmt werden:

1. Standardfehler des Regressionskoeffizienten a_0

$$s_0 = \sqrt{\frac{\Sigma x_i^2}{n\left[\Sigma x_i^2 - \frac{(\Sigma x_i)^2}{n}\right]}}$$

2. Standardfehler des Regressionskoeffizienten a_1

$$s_1 = \frac{s_{yx}}{\sqrt{\Sigma x_i^2 - \frac{(\Sigma x_i)^2}{n}}}$$

3. Standardfehler der Regressionsgeraden

$$s_{Gerade} = \sqrt{\frac{\Sigma y_i^2 - a_0 \Sigma y_i - a_1 \Sigma x_i y_i}{n-2}}$$

4. Mittlerer Fehler der Schätzung von y auf x (Residualstreuung)

$$s_{yx} = \sqrt{\frac{\Sigma(y_i - \hat{y}_i)^2}{n-2}} \qquad = \sqrt{\frac{\Sigma y_i^2 - a_0 \Sigma y_i - a_1 \Sigma x_i y_i}{n-2}}$$

Das Programm kann leicht entsprechend ergänzt werden, wenn man berücksichtigt, daß gilt:

$$S1 = \Sigma x_i \quad S2 = \Sigma y_i \quad S3 = \Sigma x_i^2 \quad S4 = \Sigma y_i^2 \quad S5 = \Sigma x_i y_i.$$

Je enger die Punkte an der Ausgleichsfunktion liegen, desto kleiner ist s_{Gerade}.

Wenn die Punkte um die Ausgleichskurve normalverteilt sind, dann gilt für eine genügend große Zahl n von Punkten (theoretisch unendlich viele):

68,3 % aller Punkte liegen im Bereich $f(x) \pm 1 \cdot s_{Gerade}$
95,4 % aller Punkte liegen im Bereich $f(x) \pm 2 \cdot s_{Gerade}$
99,7 % aller Punkte liegen im Bereich $f(x) \pm 3 \cdot s_{Gerade}$

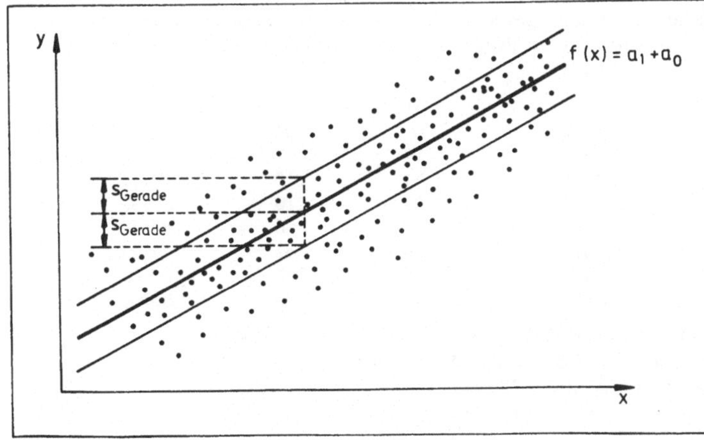

Bild 3.8
Streubereich einer
Ausgleichsgeraden

Aufgaben

1. An fünf Personen wurden zwei Intelligenztests durchgeführt. Man möchte wissen, ob ein enger
    Zusammenhang zwischen den Tests besteht.

Nr.	X-Wert	Y-Wert	
1	8	12	x-Wert = 1. Test
2	7	10	y-Wert = 2. Test
3	4	5	
4	3	6	
5	2	7	

    Lösung: Korrelationskoeffizient .86132389

2. Es soll der Zusammenhang zwischen den Durchschnittsnoten des Abiturzeugnisses und der
    Examensnoten in Jura festgestellt werden. Dazu liegen folgende Daten vor, wobei die erste Zahl
    jeweils den Notendurchschnitt im Abitur, die zweite den im juristischen Examen angibt.

Nr.	X-Wert	Y-Wert
1	2.25	3.37
2	4.11	3.44
3	1.98	2.89
4	3.49	2.1
5	1.23	1.79
6	1.53	3.00
7	2.68	1.95
8	3.44	3.09
9	3.75	2.89
10	3.60	2.99

    Lösung: Korrelationskoeffizient .34099032
    Die Korrelation ist also relativ schwach.

3. Um die Wirkung eines Düngemittels auf den Weizenertrag zu bestimmen, wurden in einer Ver-
    suchsreihe die Weizenerträge bei unterschiedlicher Düngemittelgabe erfaßt.

Nr.	X-Wert	Y-Wert	
1	0	20.2	x = Düngemittelgabe in kg/a
2	.5	24.1	y = Ertrag in kg/a
3	1	25.3	
4	1.5	30.5	
5	2.0	30.4	

    Lösung: Regressionsgerade: Y = 5.36X + 20.74
    Korrelationskoeffizient .96392901

4. Quecksilber ist eine häufig verwendete Flüssigkeit für Thermometerfüllungen. Um die thermi-
    sche Ausdehnung von Quecksilber zu ermitteln, wurde die Volumenänderung y in cm^3 bei
    Temperaturänderung x in °C gemessen.

Nr.	x-Wert	y-Wert	Nr.	x-Wert	y-Wert
1	0	−.326	9	160	2.586
2	20	.036	10	180	2.956
3	40	.399	11	200	3.327
4	60	.762	12	220	3.699
5	80	1.125	13	240	4.079
6	100	1.490	14	260	4.447
7	120	1.854	15	280	4.826
8	140	2.221	16	300	5.206

    Wie lautet die Regressionsgerade? Wie groß ist der Korrelationskoeffizient?
    Lösung: Regressionsgerade: Y = 1.8419485E-02X − .34498529
    Korrelationskoeffizient .99997352

5.   Für jeden Schüler einer Klasse liegen die Noten für Deutsch (X-Variable) und seinen Sympathiestatus (Y-Variable) vor. Der Sympathiestatus wurde durch Einstufungen seiner Mitschüler auf einer 5er Skala ermittelt:

Schüler	x-Variable Sympathiestatus	y-Variable Deutsch	Schüler	x-Variable Sympathiestatus	y-Variable Deutsch
1	2.78	3	10	2.51	2
2	3.70	3	11	2.57	3
3	4.14	4	12	1.95	1
4	3.09	3	13	2.76	3
5	1.71	2	14	2.63	2
6	3.06	3	15	3.37	4
7	2.32	2	16	2.59	2
8	1.48	1	17	3.46	3
9	3.49	3	18	4.06	5

1 = mag ihn sehr gut leiden
2 = mag ihn gut leiden
3 = weiß nicht
4 = kann ihn nicht so gut leiden
5 = kann ihn überhaupt nicht leiden

Lösung: Korrelationskoeffizient .87446635

Kinder, die beliebt sind, haben im allgemeinen auch bessere Deutschnoten.

3.3 Linearisierbare Regression

Bei vielen Problemstellungen, bei denen man zwischen zwei Variablen x und y einen Zusammenhang ermitteln will, ist das Modell eines linearen Ansatzes nicht anwendbar.

Beispiel: Beim radioaktiven Zerfall ist der Zusammenhang zwischen der noch vorhandenen Menge N und der Zeit t gegeben durch die Funktion

$$N = N_0 e^{-\lambda t} = \text{konst.}$$
$$N_0 = \text{Ausgangsmenge}$$

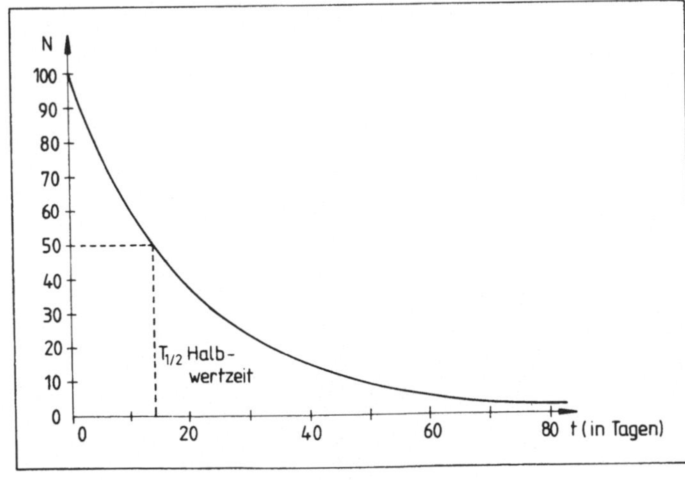

Bild 3.9
Zerfall eines radioaktiven
Präparats (Phosphor 32)

Unter linearisierbaren Funktionsmodellen versteht man solche, die sich nach Anwendung einer geeigneten Transformation in eine lineare Funktion umwandeln lassen. Mit den transformierten Werten kann dann eine lineare Regressionsrechnung durchgeführt werden.

3.3.1 Exponential-Regression

Soll die Regressionsfunktion eine Exponentialfunktion

$$y = ae^{bx}$$

sein, so läßt sich dies wegen

$$\ln y = \ln a + bx$$

auf die lineare Regression zurückführen.

Im Programm Lineare Regression/Korrelation wird jeweils von dem zweiten Wert der Wertepaare der natürliche Logarithmus gebildet und gespeichert:

    3225 Y(I) = LN (Y(I))

```
3000    REM *** EXPONENTIALREGRESSION ***
3010    REM
3020    REM *** EINGABE ***
3030    INPUT "Anzahl der Wertepaare, die eingegeben werden sollen N=",N
3040    DIM X(N),Y(N):PRINT
3050    PRINT "Geben Sie die Wertepaare (X,Y) ein!"
3060    PRINT
3070    PRINT " lfd.Nr"," X"," f(X)"
3080    PRINT "==============================="
3090    FOR I=1 TO N
3100    PRINT I,
3110    INPUT;" ",X(I)
3120    L$=STR$(X(I))
3130    L=LEN(L$)
3140    FOR K=1 TO 17-L
3150    PRINT " ";
3160    NEXT K
3170    INPUT"",Y(I)
3180    NEXT I
3200    REM *** VERARBEITUNG ***
3210    S1=0:S2=0:S3=0:S4=0:S5=0
3220    FOR I= 1 TO N
3225    Y(I)=LOG(Y(I))
3230    S1=S1+X(I):S2=S2+Y(I)
3240    S3=S3+X(I)*X(I)
3250    S4=S4+Y(I)*Y(I)
3260    S5=S5+Y(I)*X(I)
3270    NEXT I
3280    REM
3290    A1=(N*S5-S2*S1)/(N*S3-S1*S1)
3300    A0=(S2-A1*S1)/N
3310    T1=A1*(S5-S1*S2/N)
3320    T4=S4-S2*S2/N
3330    T2=T4-T1
3340    T5=T1/T4
3350    K=SQR(T5)
```

```
3399  REM
3400  REM *** AUSGABE ***
3410  PRINT
3420  PRINT "Exponentialregression"
3430  PRINT "A= ";EXP(A0):PRINT "B= ";A1
3440  PRINT
3450  PRINT "Korrelationskoeffizient: r= ";K
3460  PRINT
3470  REM
3500  REM *** PROGNOSE ***
3510  INPUT "Sollen Y-Werte berechnet werden (J/N)?",Y$
3511  IF Y$="N" THEN GOTO 3570
3512  IF Y$="J" THEN GOTO 3515
3513  PRINT "Falsche Eingabe"
3514  GOTO 3510
3515  PRINT:INPUT "Anzahl der Werte, die berechnet werden sollen? ",A
3516  DIM XX(A),YY(A)
3517  PRINT :PRINT " N"," X"," f(X)"
3518  PRINT  "================================================="
3519  FOR I=1 TO A
3520  PRINT I;
3530  INPUT;"              ",XX(I)
3540  YY(I)=EXP(A0)*EXP(A1*XX(I))
3550  PRINT TAB(31);YY(I)
3560  NEXT I
3570  GOSUB 4000
3580  PRINT:INPUT "Weiterer Programmlauf erwünscht (J/N) ?",E$
3581  IF E$="N" THEN END
3582  IF E$="J" THEN ERASE X,Y,XX,YY: GOTO 3000
3583  PRINT "Falsche Eingabe !"
3584  GOTO 3580
3599  REM
3600  END
4000  REM *** DRUCK ***
4010  INPUT "Sollen die Ergebnisse gedruckt werden (J/N) ?",E$
4020  IF E$="J" THEN GOTO 4100
4030  IF E$="N" THEN RETURN
4040  PRINT "Falsche Eingabe !":GOTO 4010
4100  LPRINT "Berechnung der Exponentialregression und des";
4101  LPRINT "Korrelationskoeffizienten für folgende Wertepaare:"
4110  LPRINT "Anzahl der Wertepaare = ";N:LPRINT
4120  LPRINT " Wert Nr.","! X-Wert","! Y-Wert"
4130  LPRINT "================================================"
4140  FOR I=1 TO N
4150  LPRINT I,"! ";X(I),"! ";EXP(Y(I))
4160  NEXT I
4170  LPRINT:LPRINT"Koeffizienten:"
4180  lPRINT "A= ";EXP(A0):PRINT "B= ";A1
4190  LPRINT "Korrelationskoeffizient:":LPRINT"r= ";K
4200  LPRINT:LPRINT:IF A$="N" THEN RETURN
4210  LPRINT"Wertetabelle für weitere Werte:":LPRINT
4220  LPRINT"  X","!  f(X)"
4230  LPRINT"==============================="
4240  FOR I= 1 TO A
4250  LPRINT XX(I),"! ";YY(I)
4260  NEXT I
4270  RETURN
```

Auch für die Konstanten und den Ausdruck wird die entsprechende Änderung vorgenommen:

```
3420  PRINT "EXPONENTIALREGRESSION"
3430  PRINT "A = "; EXP (AØ): PRINT "B = "; A1
3540  Y = EXP(AØ) * EXP(A1 * X)
```

Testlauf:

```
Berechnung der Exponentialregression und des Korrelationskoeffizienten
für folgende Wertepaare:

Anzahl der Wertepaare =  10

 Wert Nr.  ! X-Wert   ! Y-Wert
============================
   1       !  5       !  8
   2       !  6       !  10
   3       !  10      !  12
   4       !  12      !  15
   5       !  15      !  18
   6       !  20      !  20
   7       !  23      !  22
   8       !  30      !  25
   9       !  35      !  27
  10       !  50      !  30
```

```
Koeffizienten:                    Wertetabelle für weitere Werte:
A=  9.687
Korrelationskoeffizient:             X              !  f(X)
r=  .902574                       =============================
                                     40             !  29.6443
```

3.3.2 Geometrische Regression (Potenzfunktion)

Soll die Regressionsfunktion eine Potenzfunktion

$$y = ax^b$$

sein, so läßt sich dies wegen

$$\ln y = \ln a + b \cdot \ln x$$

auf die lineare Regression zurückführen.

Im Programm Lineare Regression/Korrelation wird ergänzt bzw. abgeändert[*]):

```
3225  Y(I) = LN(Y(I)): X(I) = LN(X(I))
3420  PRINT "GEOMETRISCHE REGRESSION"
3430  PRINT "A ="; EXP(AØ): PRINT ,,B ="; A1
3540  Y = EXP(AØ) * X↑A1
```

---

[*]) Bei einigen Rechnern log statt ln

```
3000    REM *** GEOMETRISCHE REGRESSION ***
3010    REM
3020    REM *** EINGABE ***
3030    INPUT "Anzahl der Wertepaare, die eingegeben werden sollen N=",N
3040    DIM X(N),Y(N):PRINT
3050    PRINT "Geben Sie die Wertepaare (X,Y) ein!"
3060    PRINT
3070    PRINT " lfd.Nr"," X"," f(X)"
3080    PRINT "======================================="
3090    FOR I=1 TO N
3100    PRINT I,
3110    INPUT;" ",X(I)
3120    L$=STR$(X(I))
3130    L=LEN(L$)
3140    FOR K=1 TO 17-L
3150    PRINT " ";
3160    NEXT K
3170    INPUT"",Y(I)
3180    NEXT I
3200    REM *** VERARBEITUNG ***
3210    S1=0:S2=0:S3=0:S4=0:S5=0
3220    FOR I= 1 TO N
3225    Y(I)=LOG(Y(I)):X(I)=LOG(X(I))
3230    S1=S1+X(I):S2=S2+Y(I)
3240    S3=S3+X(I)*X(I)
3250    S4=S4+Y(I)*Y(I)
3260    S5=S5+Y(I)*X(I)
3270    NEXT I
3280    REM
3290    A1=(N*S5-S2*S1)/(N*S3-S1*S1)
3300    A0=(S2-A1*S1)/N
3310    T1=A1*(S5-S1*S2/N)
3320    T4=S4-S2*S2/N
3330    T2=T4-T1
3340    T5=T1/T4
3350    K=SQR(T5)
3399    REM
3400    REM *** AUSGABE ***
3410    PRINT
3420    PRINT "Geometrische Regression"
3430    PRINT "A= ";EXP(A0):PRINT "B= ";A1
3440    PRINT
3450    PRINT "Korrelationskoeffizient: r= ";K
3460    PRINT
3470    REM
3500    REM *** PROGNOSE ***
3510    INPUT "Sollen Y-Werte berechnet werden (J/N)?",Y$
3511    IF Y$="N" THEN GOTO 3570
3512    IF Y$="J" THEN GOTO 3515
3513    PRINT "Falsche Eingabe"
3514    GOTO 3510
3515    PRINT:INPUT "Anzahl der Werte, die berechnet werden sollen? ",A
3516    DIM XX(A),YY(A)
3517    PRINT :PRINT " N"," X"," f(X)"
3518    PRINT "==========================================="
3519    FOR I=1 TO A
3520    PRINT I;
```

```
3530   INPUT;"                    ",XX(I)
3540   YY(I)=EXP(A0)*XX(I)^A1
3550   PRINT TAB(31);YY(I)
3560   NEXT I
3570   GOSUB 4000
3580   PRINT:INPUT "Weiterer Programmlauf erwünscht (J/N) ?",E$
3581   IF E$="N" THEN END
3582   IF E$="J" THEN ERASE X,Y,XX,YY: GOTO 3000
3583   PRINT "Falsche Eingabe !"
3584   GOTO 3580
3600   END
4000   REM *** DRUCK ***
4010   INPUT "Sollen die Ergebnisse gedruckt werden (J/N) ?",E$
4020   IF E$="J" THEN GOTO 4100
4030   IF E$="N" THEN RETURN
4040   PRINT "Falsche Eingabe !":GOTO 4010
4100   LPRINT "Berechnung der Geometrischen Regression und des ";
4101   LPRINT "Korrelations-"
4102   LPRINT "koeffizienten für folgende Wertepaare:"
4110   LPRINT"Anzahl der Wertepaare = ";N:LPRINT
4120   LPRINT" Wert Nr.","! X-Wert","! Y-Wert"
4130   LPRINT "==================================="
4140   FOR I=1 TO N
4150   LPRINT I,"! ";EXP(X(I)),"! ";EXP(Y(I))
4160   NEXT I
4170   LPRINT:LPRINT"Koeffizienten:"
4180   LPRINT "A= ";EXP(A0):LPRINT "B= ";A1
4190   LPRINT "Korrelationskoeffizient:":LPRINT"r= ";K
4200   LPRINT:LPRINT:IF Y$="N" THEN RETURN
4210   LPRINT"Wertetabelle für weitere Werte:":LPRINT
4220   LPRINT"  X","!  f(X)"
4230   LPRINT"==============================="
4240   FOR I= 1 TO A
4250   LPRINT XX(I),"! ";YY(I)
4260   NEXT I
4270   RETURN
```

Testlauf:

```
Berechnung der Geometrischen Regression und des Korrelations-
koeffizienten für folgende Wertepaare:

Anzahl der Wertepaare =  5

 Wert Nr.        ! X-Wert        ! Y-Wert
=========================================
    1            ! 4             ! 11
    2            ! 5.5           ! 14
    3            ! 7             ! 16
    4            ! 10            ! 19
    5            ! 12            ! 22

Koeffizienten:
A=  4.86984
B=  .603568
Korrelationskoeffizient:
r=  .996
```

```
Wertetabelle für weitere Werte:

    X            !  f(X)
==============================
   11            ! 20.7045
```

3.3.3 Logarithmische Regression

Soll die Regressionsfunktion eine logarithmische Funktion

$$y = a + b \cdot \ln x$$

sein, so läßt sich dies auf die lineare Regression zurückführen.

Im Programm Lineare Regression/Korrelation wird ergänzt bzw. abgeändert:

```
3225 X(I) = LN(X(I))
3420 PRINT "LOGARITHMISCHE REGRESSION"
3430 PRINT "A = "; AØ, "B = "; A1
3540 Y = AØ + A1 * LN(X)
```

```
3000    REM *** LOGARITHMISCHE REGRESSION ***
3010    REM
3020    REM *** EINGABE ***
3030    INPUT "Anzahl der Wertepaare, die eingegeben werden sollen N=",N
3040    DIM X(N),Y(N):PRINT
3050    PRINT "Geben Sie die Wertepaare (X,Y) ein!"
3060    PRINT
3070    PRINT " lfd.Nr"," X"," f(X)"
3080    PRINT "==================================="
3090    FOR I=1 TO N
3100    PRINT I,
3110    INPUT;" ",X(I)
3120    L$=STR$(X(I))
3130    L=LEN(L$)
3140    FOR K=1 TO 17-L
3150    PRINT " ";
3160    NEXT K
3170    INPUT"",Y(I)
3180    NEXT I
3200    REM *** VERARBEITUNG ***
3210    S1=0:S2=0:S3=0:S4=0:S5=0
3220    FOR I= 1 TO N
3225    X(I)=LOG(X(I))
3230    S1=S1+X(I):S2=S2+Y(I)
3240    S3=S3+X(I)*X(I)
3250    S4=S4+Y(I)*Y(I)
3260    S5=S5+Y(I)*X(I)
3270    NEXT I
3280    REM
3290    A1=(N*S5-S2*S1)/(N*S3-S1*S1)
3300    A0=(S2-A1*S1)/N
3310    T1=A1*(S5-S1*S2/N)
3320    T4=S4-S2*S2/N
3330    T2=T4-T1
3340    T5=T1/T4
3350    K=SQR(T5)
3399    REM
3400    REM *** AUSGABE ***
3410    PRINT
3420    PRINT "Koeffizienten   "
3430    PRINT "A= ";A0:PRINT "B= ";A1
```

```
3440  PRINT
3450  PRINT "Korrelationskoeffizient: r= ";K
3460  PRINT
3470  REM
3500  REM *** PROGNOSE ***
3510  INPUT "Sollen Y-Werte berechnet werden (J/N)?",Y$
3511  IF Y$="N" THEN GOTO 3570
3512  IF Y$="J" THEN GOTO 3515
3513  PRINT "Falsche Eingabe"
3514  GOTO 3510
3515  PRINT:INPUT "Anzahl der Werte, die berechnet werden sollen  ",A
3516  DIM XX(A),YY(A)
3517  PRINT :PRINT " N"," X"," f(X)"
3518  PRINT  "=================================================="
3519  FOR I=1 TO A
3520  PRINT I;
3530  INPUT;"               ",XX(I)
3540  YY(I)=A0+A1*LOG(XX(I))
3550  PRINT TAB(31);YY(I)
3560  NEXT I
3570  GOSUB 4000
3580  PRINT:INPUT "Weiterer Programmlauf erwünscht (J/N) ?",E$
3581  IF E$="N" THEN END
3582  IF E$="J" THEN ERASE X,Y,XX,YY: GOTO 3000
3583  PRINT "Falsche Eingabe !"
3584  GOTO 3580
3600  END
4000  REM *** DRUCK ***
4010  INPUT "Sollen die Ergebnisse gedruckt werden (J/N) ?",E$
4020  IF E$="J" THEN GOTO 4100
4030  IF E$="N" THEN RETURN
4040  PRINT "Falsche Eingabe !":GOTO 4010
4100  LPRINT "Berechnung der Logarithmischen Regression und des";
4101  LPRINT " Korrelations-"
4102  LPRINT "koeffizienten für folgende Wertepaare:"
4110  LPRINT"Anzahl der Wertepaare = ";N:LPRINT
4120  LPRINT" Wert Nr.","! X-Wert","! Y-Wert"
4130  LPRINT "==============================="
4140  FOR I=1 TO N
4150  LPRINT I,"! ";EXP(X(I)),"! ";Y(I)
4160  NEXT I
4170  LPRINT:LPRINT"Koeffizienten:"
4180  LPRINT "A= ";A0:LPRINT "B= ";A1
4190  LPRINT "Korrelationskoeffizient:":LPRINT"r= ";K
4200  LPRINT:LPRINT:IF Y$="N" THEN RETURN
4210  LPRINT"Wertetabelle für weitere Werte:":LPRINT
4220  LPRINT"  X","!  f(X)"
4230  LPRINT"========================"
4240  FOR I= 1 TO A
4250  LPRINT XX(I),"! ";YY(I)
4260  NEXT I:LPRINT
4270  RETURN
```

Testlauf:

```
Berechnung der Logarithmischen Regression und des Korrelations-
koeffizienten für folgende Wertepaare:

Anzahl der Wertepaare =  5

Wert Nr.         ! X-Wert        ! Y-Wert
=====================================
  1              ! 3            ! 1.2
  2              ! 4            ! 8.8
  3              ! 6            ! 21.3
  4              ! 10           ! 42.7
  5              ! 12           ! 56.9

Koeffizienten:                     Wertetabelle für weitere Werte:
A= -44.6736
B=  39.0845                            X              ! f(X)
Korrelationskoeffizient:           =============================
r=  .987864                           8              ! 36.6003
```

3.3.4 Übersicht über linearisierbare Regression

Funktion	Transformation	Funktionsbild
$y = a e^{bx}$	$\ln y = \ln a + bx$ $a_1' = b$ $a_0' = \ln a$ $x' = x$ $y' = \ln y$	 Bild 3.10
$y = a \cdot x^b$	$\ln y = \ln a + b \ln x$ $a_1' = b$ $a_0' = \ln a$ $x' = \ln x$ $y' = \ln y$	 Bild 3.11
$y = a + b \ln x$	$y = a + b \cdot (\ln x)$ $a_1' = b$ $a_0' = a$ $x' = \ln x$ $y' = y$	 Bild 3.12

Funktion	Transformation	Funktionsbild
$y = \dfrac{a}{x+b}$	$\dfrac{1}{y} = \dfrac{1}{a}x + \dfrac{b}{a}$ $a_1' = 1/a$ $a_0' = b/a$ $x' = x$ $y' = \dfrac{1}{y}$	Bild 3.13
$y = a e^{b/x}$	$\ln y = \ln a + \dfrac{b}{x}$ $a_0' = b$ $a_1' = \ln a$ $x' = \dfrac{1}{x}$ $y' = \ln y$	Bild 3.14
$y = e^{ax^2 + bx}$	$\dfrac{\ln y}{x} = ax + b$ $a_0' = a$ $a_1' = b$ $x' = x$ $y' = \dfrac{\ln y}{x}$	Bild 3.15
$y = a \cdot x \cdot e^{bx}$	$\ln \dfrac{y}{x} = \ln a + bx$ $a_0' = b$ $a_1' = \ln a$ $x' = x$ $y' = \ln \dfrac{y}{x}$	Bild 3.16
$y = \dfrac{a}{x} + b$	$y = a\,\dfrac{1}{x} + b$ $a_1' = a$ $a_0' = b$ $x' = \dfrac{1}{x}$ $y' = y$	Bild 3.17

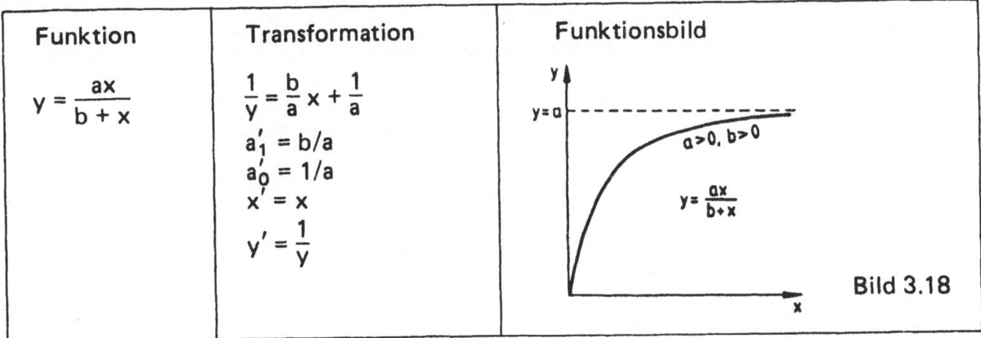

Funktion	Transformation	Funktionsbild
$y = \dfrac{ax}{b + x}$	$\dfrac{1}{y} = \dfrac{b}{a} x + \dfrac{1}{a}$ $a_1' = b/a$ $a_0' = 1/a$ $x' = x$ $y' = \dfrac{1}{y}$	

Aufgaben

1.   Für die Bevölkerung der USA gelten folgende gerundete Werte:

Jahr	Mill.
1910	89
1920	106
1930	123
1940	132
1950	151
1960	179

Setze das Jahr 1910 zu 0, und gib die entsprechenden Werte in das Programm ein.

Lösung: Exponentialregression
A = 91.061406
B = .01321682
Korrelationskoeffizient   .99413059

Die Größe des Korrelationskoeffizienten läßt darauf schließen, daß sich die Bevölkerung der USA nach einem Exponentialgesetz entwickelt. Die Regressionsfunktion läßt sich zur Trendberechnung benutzen.

2.   Die Einwohnerzahl einer Stadt ist in der Tabelle über einen Zeitraum von 30 Jahren angegeben.

Nr.	X-Wert	Y-Wert
1	1960	123500
2	1965	130000
3	1970	141500
4	1975	142000
5	1980	139500
6	1985	137000

x-Wert = Jahr
y-Wert = Bevölkerungszahl

Lösung: Exponentialregression
A = 34.634906
B = 4.1932664E-03
Korrelationskoeffizient   .70782531

Der Korrelationskoeffizient zeigt, daß der Ansatz nicht optimal für Trendberechnungen ist.

3. Ein radioaktives Isotop des Natriums ($^{24}_{11}$ Na) zerfällt unter Aussendung von β-Teilchen. Um die Halbwertzeit t_5 des Isotops zu ermitteln, wurde die Zerfallsrate y in regelmäßigen Zeitabständen registriert.

Nr.	X-Wert	Y-Wert
1	0	976
2	4	848
3	8	666
4	12	576
5	16	516
6	20	392
7	24	317
8	28	263
9	32	230
10	36	217

x-Wert = Zeit in Stunden
y-Wert = Anzahl der Zerfälle

Für radioaktive Zerfälle gilt folgende Beziehung:

$$y = a\,e^{bx}$$

a) Mittels Exponentialregression ist der Wert a sowie die Zerfallskonstante b zu ermitteln.
b) Wie viele Zerfälle sind nach 100 Stunden zu erwarten?

Lösung: Exponentialregression
A =   978.70268
B = − 4.4511875E-02
Korrelationskoeffizient .99511512

Sollen Y-Werte berechnet werden (J/N) 3
X-Wert = 100
Y-Wert = 11.416281

4. Fünf Gruppen von Mäusen wurde eine feste Dosis Benzpyren subkutan injiziert. Nach 0, 7, 28, 90 bzw. 180 Tagen wurde jeweils eine Gruppe daraufhin untersucht, wieviel Benzpyren noch am Applikationsort vorhanden war:

Tag nach Applikation x	Benzpyren in Mikrogramm y
0	65
7	54
28	34
90	6.3
180	9.5

Die Abnahme soll durch eine Exponentialfunktion beschrieben werden.

Lösung: Exponentialregression
A =   53.899381
B = − 1.6893608E-02
Korrelationskoeffizient .96110355

5. Die Tabelle zeigt den Wirkungseffekt (Schlafdauer) in Abhängigkeit von der Arzneidosierung.

Nr.	X-Wert	Y-Wert
1	2	4.5
2	3	5.5
3	5	6.5
4	7.5	7.5
5	9	8.0
6	10.5	9.0
7	12.5	10.0
8	15	10.5
9	18	12
10	22	12

x-Wert = Dosierung
y-Wert = Schlafdauer

Es soll eine Potenzregression durchgeführt werden.

Lösung: Geometrische Regression
A = 3.3423798
B = .42158568

Korrelationskoeffizient   .9942997

6. In der Tabelle ist der Lichtstrom von gebräuchlichen Glühlampen (220 V) mit unterschiedlicher elektrischer Leistung aufgeführt.

Nr.	X-Wert	Y-Wert
1	15	115
2	25	225
3	40	430
4	60	735
5	75	970
6	100	1395
7	150	2240
8	200	3185

x-Wert = elektrische Leistung in Watt
y-Wert = Lichtstrom in Lumen

Die Abhängigkeit des Lichtstromes von der elektrischen Leistung läßt sich nährungsweise beschreiben durch die Gleichung

$$y = a \, x^b$$

Lösung: Geometrische Regression
A = 3.6609714
B = 1.2853364

Korrelationskoeffizient   .99958762

7. Bei der adiabatischen Kompression von Gasen gilt die Beziehung

$$p = C \, V^{-\kappa}$$

Hierin ist p der Druck und V das Volumen des eingeschlossenen Gases.

Nr.	X-Wert	Y-Wert
1	2	.1
2	1.5	.15
3	1	.27
4	.8	.35
5	.6	.54
6	.4	.95

x-Wert = Volumen in dm^3
y-Wert = Druck in MPa

a) Durch geometrische Regression sind κ und C zu bestimmen.
b) Welcher Druck ist bei einem Volumen x = 0,5 dm^3 zu erwarten?

Lösung: Geometrische Regression
A = .26377646
B = − 1.3950566

Korrelationskoeffizient   .99979557

Sollen Y-Werte berechnet werden (J/N) J

X-Wert = .5
Y-Wert = .69372911

8. Für den Anstieg der Rechenfertigkeit (Y) in Abhängigkeit vom Zeitaufwand für Übungen (X)
    sind folgende Daten erhoben worden:

Nr.	X-Wert	Y-Wert
1	1.2	4.8
2	1.9	4.9
3	2.5	4.1
4	3.6	4.7
5	4.0	5.2
6	6.3	4.6
7	8.9	5.6
8	9.8	5.1
9	10.9	5.8
10	14.8	5.3

Es soll eine logarithmische Regression durchgeführt werden.

Lösung: Logarithmische Regression

$A = 4.4180247 \qquad B = .37466629$

Korrelationskoeffizient .62338786

9. Bei einer Untersuchung über die Inkorporation von Benzpyren in Möhren wurde für $n = 6$ ver-
    schiedene Vorgabe-Konzentrationen x im Substrat die von der Möhre inkorporierte Menge y
    bezogen auf die Trockensubstanz bestimmt.

Nr.	Konzentration in mg/kg	inkorporiert in ppm
1	.1	.1
2	.3	.75
3	1.0	1.3
4	3.0	1.75
5	10	2.25
6	30	2.95

Als Modell wird eine lineare Beziehung zwischen der logarithmischen Konzentration und y gewählt.

Lösung: Logarithmische Regression

$A = 1.2540414 \qquad\qquad B = .4781036$

Korrelationskoeffizient .99746243

3.4 Nichtlineare Regression

Genügt die Genauigkeit der linearen Ausgleichsfunktion nicht, dann nimmt man eine Ausgleichsfunktion zweiter Ordnung (quadratische Regression, Anpassung an eine Parabel)

$$y = a_2 x^2 + a_1 x + a_0$$

oder allgemein m-ter Ordnung (Polynomregression)

$$y = a_m x^m + \ldots + a_2 x^2 + a_1 x + a_0.$$

Die quadratische Funktion ist darin als Sonderfall mit $m = 2$ und die lineare Funktion mit
$m = 1$ enthalten.

3.4.1 Polynomregression

Das Programm paßt ein Polynom m-ten Grades

$$y = a_0 + a_1 x + a_2 x^2 + \ldots + a_m x^m$$

mit Hilfe der Methode der kleinsten Quadrate an eine vorgegebene Datenmenge an.

Beispiele: 1. Zu den Tabellenwerten soll ein Polynom zweiten Grades (Parabel) bestimmt werden.

Lösung: Anzahl der Wertepaare N = 1Ø
Grad des Polynoms M = 2

Nr.	X-Wert	Y-Wert
1	1	4
2	2	3
3	3	2
4	4	1.5
5	5	1
6	6	1
7	7	1
8	8	2
9	9	3.5
1Ø	10	5

Polynomkoeffizienten:
A Ø =   5.9916672
A 1 = − 1.9125ØØ2
A 2 =   .17992426

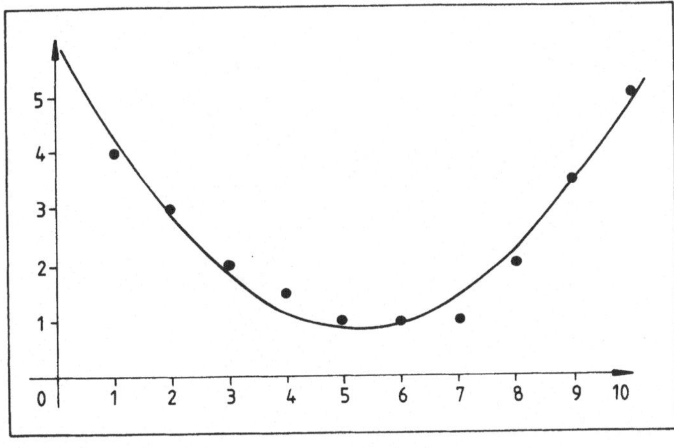

Bild 3.21
Anpassung einer Parabel an die Daten von Beispiel 1.

2. Zu den Tabellenwerten sollen die Näherungspolynome ersten, zweiten, ..., fünften Grades bestimmt werden.

Nr.	X-Wert	Y-Wert
1	−.9	81
2	−.7	5Ø
3	−.5	35
4	−.3	27
5	−.1	26
6	.1	6Ø
7	.3	1Ø6
8	.5	189
9	.7	318
1Ø	.9	52Ø

Lösung: Anzahl der Wertepaare n = 1Ø
Grad des Polynoms M = 1

Polynomkoeffizienten:
A Ø = 141.2
A 1 = 2Ø8.12121

Grad des Polynoms M = 2

Polynomkoeffizienten:
A 0 = 35.73125
A 1 = 208.12121
A 2 = 319.60227

Grad des Polynoms M = 3

Polynomkoeffizienten:
A 0 = 35.73125
A 1 = 116.5018
A 2 = 319.60227
A 3 = 156.34713

Grad des Polynoms M = 4

Polynomkoeffizienten:
A 0 = 41.785157
A 1 = 116.5018
A 2 = 255.31577
A 3 = 156.34713
A 4 = 78.398177

Grad des Polynoms M = 5

Polynomkoeffizienten:
A 0 = 41.785157
A 1 = 125.3333
A 2 = 255.31577
A 3 = 111.22159
A 4 = 78.398177
A 5 = 43.669871

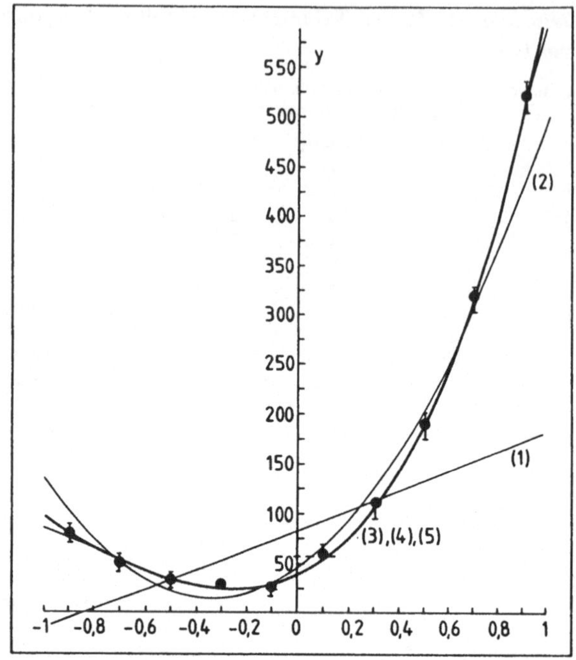

Bild 3.22 Anpassung von Polynomen verschiedener Ordnung (0, 1, ..., 5) an die Daten aus Beispiel 2.

Programmlisting:

```
3000   REM *** POLYNOM-REGRESSION ***
3010   REM
3020   REM *** EINGABE ***
3030   PRINT:INPUT "Anzahl der Werte,die eingegeben werden sollen: ",N
3035   DIM X(N),Y(N)
3040   PRINT : INPUT "Grad des Polynoms: ",M
3050   P=M+2 : Q=M+1 : S=2*M+1
3060   DIM A(S),R(Q,P),T(P):PRINT
3070   PRINT "  lfd.Nr                X-Wert                Y-Wert  "
3074   PRINT "======================================================="
3075   A(1)=N
3080   FOR I=1 TO N
3090   PRINT USING "####";I,:INPUT;"                      ",X(I)
3092   L$=STR$(X(I)):L=LEN(L$)
3094   FOR K=1 TO 17-L:PRINT " ";:NEXT K
3096   INPUT" ",Y(I)
3100   FOR J=2 TO S : A(J)=A(J)+X(I)^(J-1)
3110   NEXT J
3120   FOR K=1 TO Q
3130   R(K,P)=T(K)+Y(I)*X(I)^(K-1)
3140   T(K)=T(K)+Y(I)*X(I)^(K-1)
3150   NEXT K
3160   NEXT I
3199   REM
```

```
3200    REM  *** LÖSEN DES GLEICHUNGSSYSTEMS ***
3210    FOR J=1 TO Q
3220    FOR K=1 TO Q
3230    R(J,K)=A(J+K-1)
3240    NEXT K
3250    NEXT J
3260    FOR J=1 TO Q
3270    FOR K=J TO Q
3280    IF R(K,J)<>0 THEN 3300
3290    NEXT K:GOSUB 6000
3300    FOR I=1 TO P
3310    S=R(J,I) : R(J,I)=R(K,I) : R(K,I)=S
3320    NEXT I
3330    Z=1/R(J,J)
3340    FOR I=1 TO P : R(J,I)=Z*R(J,I) : NEXT I
3350    FOR K=1 TO Q
3360    IF K=J THEN 3400
3370    Z=-R(K,J)
3380    FOR I=1 TO P : R(K,I)=R(K,I)+Z*R(J,I)
3390    NEXT I
3400    NEXT K
3410    NEXT J
3420    REM
3500    REM *** AUSGABE ***
3510    PRINT:PRINT"Polynomkoeffizienten:"
3520    FOR I=1 TO Q
3530    PRINT "A";I-1;" = ";R(I,P)
3540    NEXT I:PRINT
3550    INPUT "Sollen Y-Werte berechnet werden (J/N)";YE$
3560    IF YE$="N" THEN GOTO 3620
3561    IF YE$<>"J" THEN PRINT "Falsche Eingabe!":GOTO 3550
3562    INPUT "Wieviel Werte sollen berechnet werden?",A:PRINT
3563    DIM XX(A),YY(A)
3564    PRINT " X-Wert                Y-Wert        "
3565    PRINT "=============================================="
3566    FOR I=1 TO A
3570    INPUT;" ",XX(I)
3571    L$=STR$(XX(I)):L=LEN(L$)
3572    FOR K=1 TO 17-L:PRINT" ";:NEXT K
3580    YY(I)=R(1,P)
3590    FOR T=2 TO Q: YY(I)=YY(I)+R(T,P)*XX(I)^(T-1)
3600    NEXT T:PRINT "            ";YY(I)
3610    NEXT I
3620    GOSUB 5000
3630    INPUT "Ist ein weiterer Programmlauf erwünscht(J/N)?",E$
3631    IF E$="N" THEN END
3632    IF E$<>"J" THEN PRINT "Falsche Eingabe!":GOTO 3630
3633    ERASE X,Y,A,R,T,XX,YY
3635    GOTO 3000
3700    END
5000    REM
5010    REM *** DRUCK ***
5020    INPUT"Sollen die Ergebnisse gedruckt werden (J/N)?",E$:PRINT
5030    IF E$="N" THEN RETURN
5040    IF E$<>"J" THEN PRINT "Falsche Eingabe!":GOTO 5020
5050    LPRINT:LPRINT " Polynom-Regression  ":LPRINT
5060    LPRINT"Folgende Werte wurden eingegeben:":LPRINT
```

```
5070   LPRINT "   lfd.Nr                     X-Wert              Y-Wert   "
5080   LPRINT "==========================================================="
5090   FOR I=1 TO N:LPRINT USING "###########";I;TAB(20);
5100   LPRINT USING "#####.####";X(I);TAB(40);:LPRINT USING "#####.####";Y(I)
5110   NEXT I
5120   LPRINT:LPRINT "Grad des Interpolationspolynoms beträgt ";M
5130   LPRINT:LPRINT "Folgende Koeffizienten wurden berechnet:"
5140   FOR I=1 TO Q : LPRINT "A";I-1;"=";R(I,P):NEXT I
5145   IF YE$="N" THEN RETURN
5150   LPRINT:LPRINT "Für folgende X-Werte wurden Y-Werte berechnet: "
5160   LPRINT " X-Wert                 Y-Wert       "
5170   LPRINT "==========================================="
5180   FOR I=1 TO A
5190   LPRINT USING "#####.####";XX(I);TAB(20);
5200   LPRINT USING "#####.####";YY(I)
5210   NEXT I:LPRINT
5220   RETURN
6000   REM
6010   PRINT " Keine Lösung!":RETURN
```

```
Polynom-Regression

Folgende Werte wurden eingegeben:

   lfd.Nr                   X-Wert               Y-Wert
   ===================================================================
                        1           -0.9000            81.0000
                        2           -0.7000            50.0000
                        3           -0.5000            35.0000
                        4           -0.3000            27.0000
                        5           -0.1000            26.0000
                        6            0.1000            60.0000
                        7            0.3000           106.0000
                        8            0.5000           189.0000
                        9            0.7000           318.0000
                       10            0.9000           520.0000

Grad des Interpolationspolynoms beträgt  1

Folgende Koeffizienten wurden berechnet:
A 0 = 141.2
A 1 = 208.121

Für folgende X-Werte wurden Y-Werte berechnet:
   X-Wert              Y-Wert
   ===========================================
        0.5000                245.2610
```

Aufbau des Programms:

Für das Polynom $y = a_0 + a_1 x + a_2 x^2 + \ldots + a_M x^M$ soll

$$\Sigma[y_i - f(x)]^2 = \Sigma[y_i - a_0 - a_1 x - a_2 x^2 - a_M x^M]^2$$

ein Minimum werden. Dies ist erfüllt, wenn die partiellen ersten Ableitungen nach den Variablen a_0 bis a gleich Null sind. Dies liefert ein lineares Gleichungssystem.

$$\Sigma(y_i - a_0 - a_1 x - a_2 x^2 - \ldots - a_M x^M) = 0$$

$$\Sigma\, x_i\,(y_i - a_0 - a_1 x - a_2 x^2 - \ldots - a_M x^M) = 0$$

$$\Sigma\, x_i^2\,(y_i - a_0 - a_1 x - a_2 x^2 - \ldots - a_M x^M) = 0$$

$$\ldots$$

$$\Sigma\, x_i^N\,(y_i - a_0 - a_1 x - a_2 x^2 - \ldots - a_M x^M) = 0$$

bzw.

$$a_0 \cdot n + a_1 \,\Sigma x^1 + a_2 \,\Sigma x^2 + \ldots + a_M \,\Sigma x^M = \Sigma y$$

$$a_0 \,\Sigma x^1 + a_1 \,\Sigma x^2 + a_2 \,\Sigma x^3 + \ldots + a_M \,\Sigma x^{M+1} = \Sigma x^1 y$$

$$a_0 \,\Sigma x^2 + a_1 \,\Sigma x^3 + a_2 \,\Sigma x^4 + \ldots + a_M \,\Sigma x^{M+2} = \Sigma x^2 y$$

$$\vdots \qquad \vdots \qquad \vdots \qquad \vdots \qquad \vdots$$

$$a_0 \,\Sigma x^N + a_1 \,\Sigma x^{N+1} + a_2 \,\Sigma x^{N+2} + \ldots + a_N \,\Sigma x^{2M} = \Sigma x^M y$$

Die Lösung des linearen Gleichungssystems kann nach einem der bekannten Verfahren zur Auflösung von Gleichungen mit mehreren Unbekannten durchgeführt werden.

Güte der Regression

Um zu überprüfen, inwieweit zwischen den gegebenen Wertepaaren und dem Ausgleichspolynom ein Zusammenhang besteht, kann der Korrelationskoeffizient r berechnet werden:

$$r^2 = \frac{\displaystyle\sum_{j=1}^{m}\left(a_j \sum_{i=1}^{n}(x_i^j - \overline{x}^j)(y_i - \overline{y})\right)}{\displaystyle\sum_{i=1}^{n}(y_i - \overline{y})^2} = \frac{\displaystyle\sum_{j=1}^{m}\left(a_j\left(\sum_{i=1}^{n}x_i^j y_i - \frac{1}{n}\sum_{i=1}^{n}x_i^j \sum_{i=1}^{n}y_i\right)\right)}{\displaystyle\sum_{i=1}^{n}y_i^2 - \frac{1}{n}\left(\sum_{i=1}^{n}y_i\right)^2}$$

mit den Mittelwerten $\overline{x}^j = \displaystyle\sum_{i=1}^{n} x_i^j$ und $\overline{y} = \displaystyle\sum_{i=1}^{n} y_i$.

Für ein Polynom N-ten Grades — berechnet aus n Merkmalswertepaaren $(x; y)$ — ist die Standardabweichung der Funktion gegeben durch:

$$s_{yx} = \sqrt{\frac{\Sigma(y_i - \overline{y})^2}{n - (N+1)}} = \sqrt{\frac{\Sigma y^2 - \displaystyle\sum_{i=0}^{i=N}(a_i \,\Sigma y x^i)}{n - (N+1)}}.$$

Aufgaben

1.   Messungen des Bremsweges bei einem bestimmten Auto ergaben folgende Werte:

Nr.	X-Wert	Y-Wert
1	40	38
2.	60	51
3	80	68
4	100	93
5	120	111
6	140	136

x-Wert = Geschwindigkeit in km/h
y-Wert = Bremsweg in m

Es sollen diese Wertepaare einer Parabel angepaßt werden.

Lösung: Polynomkoeffizienten:
$A\,0 = 13.285716$
$A\,1 = .47857138$
$A\,2 = 2.8571431E\text{-}03$

2.   Die Tabelle zeigt Testwerte für Leistungsanforderung (X) und Leistungsmotivation (Y):

Nr.	X-Wert	Y-Wert
1	5	2.1
2	8	5.5
3	10	6.3
4	14	10.9
5	16	9.4
6	19	7.8
7	21	4.0
8	22	4.5
9	9	7.5
10	13	9.2

x-Wert = Leistungsanforderung
y-Wert = Leistungsmotivation

Es soll eine quadratische Regression vorgenommen werden.

Lösung: Polynomkoeffizienten:
$A\,0 = -9.3957104$
$A\,1 = 2.6637509$
$A\,2 = -9.3604393E\text{-}02$

3.   Der Zusammenhang zwischen Druck und Siedepunkt beim Schwefel ist experimentell untersucht worden.

Nr.	X-Wert	Y-Wert
1	6.7	354.7
2	13.3	366.1
3	26.7	378.7
4	40.0	391.3
5	66.7	417.7
6	86.7	434.9
7	101.3	444.9
8	119.9	455.1

x-Wert = Druck in kPa
y-Wert = Siedepunkt in °C

Zwischen Druck und dem Siedepunkt wird die Beziehung $y = a_0 + a_1 x + a_2 x^2$ als gültig angenommen.

Lösung: Polynomkoeffizienten:
$A\,0 = 347.76539$
$A\,1 = 1.2402381$
$A\,2 = -2.8321461E\text{-}03$

4. Die Reaktionszeit von Rhesusaffen hängt vom Blickwinkel ab.

Blickwinkel x (Grad)	88	77	66	55	44	33	22	11	0
Reaktionszeit y (Sek.)	0.88	0.85	0.76	0.45	0.41	0.32	0.27	0.24	0.23
Blickwinkel x (Grad)	−11	−22	−33	−44	−55	−66	−77	−88	0
Reaktionszeit y (Sek.)	0.26	0.27	0.33	0.41	0.50	0.54	0.68	1.09	8.49

Die Meßpunkte sollen durch eine quadratische Funktion angenähert werden.

Lösung: Polynomkoeffizienten:
A $\emptyset$ = .22241486
A 1 = 1.1809269E-04
A 2 = 9.5384608E-05

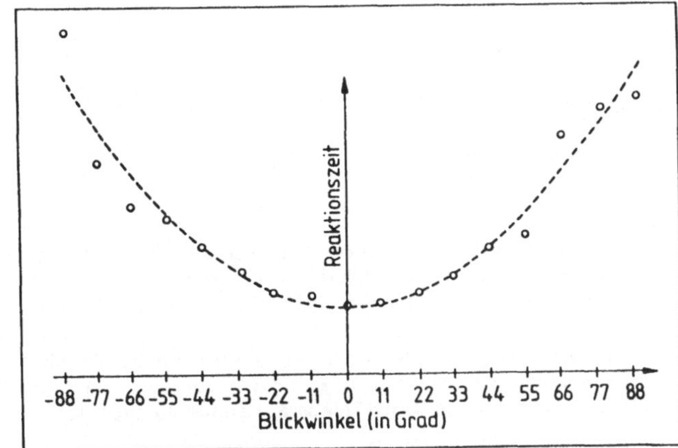

Bild 3.24

Anpassung der Daten von
Aufgabe 4. an eine Parabel

An einem Baumbestand wurde in bestimmter Höhe der Durchmesser des Stammes und das Volumen des Nutzholzes bestimmt. Die Tabelle zeigt die gemessenen Werte.

Nr.	X-Wert	Y-Wert
1	10	.03
2	15	.092
3	20	.212
4	25	.387
5	30	.655
6	35	.979
7	40	1.427
8	45	1.974
9	50	2.645

x-Wert = Durchmesser in cm
y-Wert = Volumen in m^3

Bestimmt werden soll ein Näherungspolynom 3-ten Grades.

Lösung: Polynomkoeffizienten:
A $\emptyset$ = 5.5012694E-03
A 1 = − 2.4895535E-03
A 2 = 3.2667236E-04
A 3 = 1.5575697E-05

6. Eine Untersuchung hat die folgenden Tabellenwerte für den Zusammenhang zwischen Strenge der Bestrafung X und der Leistungsmotivation Y ergeben.

Nr.	X-Wert	Y-Wert
1	1	2
2	2.5	2.8
3	3.1	9.2
4	5	14.5
5	12.1	− 20.5
6	7.5	10.4
7	4.3	7.9
8	.12	1.4
9	9.2	7.3
10	10.4	− 1.6

Bestimmt werden soll ein kubisches Näherungspolynom.

Lösung: Polynomkoeffizienten:
 A 0 = .83041982
 A 1 = .7414716
 A 2 = .60766038
 A 3 = − 6.7350636E-02

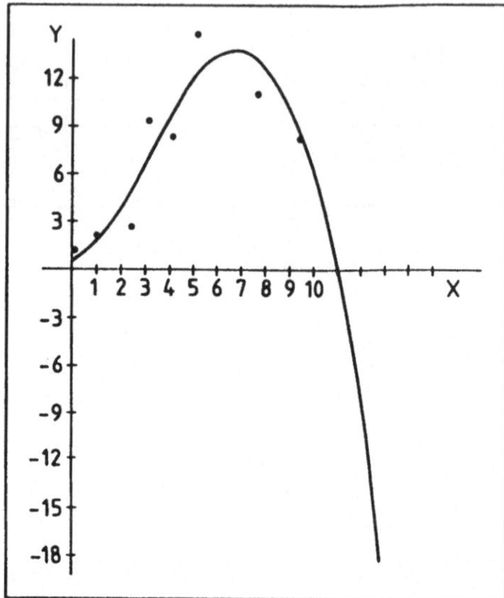

Bild 3.25

Anpassung einer kubischen Parabel an die Daten von Aufgabe 5.

Mit zunehmender Strenge der Bestrafung findet zunächst ein langsamer Motivationsanstieg statt, der sich dann bei größerer Strenge beschleunigt, von einem bestimmten Punkt an jedoch wieder nachläßt und schließlich in einen Motivationsverfall umschlägt.

7. Ein kg Wasser nimmt bei einer Temperatur von 4.00 °C ein Volumen von 1 dm^3 ein. Beim Abkühlen oder Erwärmen dehnt sich das Wasser aus. In der Tabelle ist die Volumenzunahme von einem kg Wasser bei einer Temperaturänderung angegeben.

Nr.	X-Wert	Y-Wert
1	0	.132
2	2	.032
3	4	0
4	6	.032
5	8	.123
6	10	.272
7	15	.872
8	20	1.769
9	25	2.934
10	30	4.341
11	35	5.072
12	40	7.814

x-Wert = Temperatur in °C
y-Wert = Volumen in cm^3

a) Die Abhängigkeit der Volumenzunahme y von der Temperatur x soll durch ein Polynom 3. Grades beschrieben werden.

b) Welche Volumenzunahme ist bei einer Erwärmung von 1 kg Wasser von 4 °C auf 45 °C zu erwarten?

Lösung: a) Polynomkoeffizienten:
   A 0 = .04598073
   A 1 = − 2.5574787E-02
   A 2 = 5.4708814E-03
   A 3 = − 3.6447777E-06

b) Sollen Y-Werte berechnet werden (J/N)? J
   X-Wert X = 45
   Y-Wert Y = 9.6415198

8. Die Konzentrationsbestimmung von verdünnter Schwefelsäure kann durchgeführt werden, indem die Dichte der Säurelösung ermittelt wird (z.B. Kontrolle des Ladezustandes bei Akkumulatoren). Durch Regression soll ein Polynom 4. Grades bestimmt werden, das die Abhängigkeit der Dichte y von der Säurekonzentration x zwischen 0 % und 90 % beschreibt.

Nr.	X-Wert	Y-Wert
1	0	.998
2	10	1.066
3	20	1.139
4	30	1.219
5	40	1.303
6	50	1.395
7	60	1.498
8	70	1.611
9	80	1.727
10	90	1.814

x-Wert = Konzentration in %
y-Wert = Dichte in g/cm^3

Lösung: Polynomkoeffizienten:
A 0 = .99628986
A 1 = 7.785164E-03
A 2 = − 6.5398202E-05
A 3 = 2.0246796E-06
A 4 = − 1.2602556E-08

3.4.2 Anpassung an eine Glockenkurve

Durch geeignete Transformationen können viele andere Funktionen mit Hilfe der Polynom-Regression angepaßt werden. Ein besonders wichtiger Sonderfall ist die Anpassung an eine Glockenkurve

$$y = ae^{b(x-c)^2}.$$

Wird die Transformation

$$\ln y = \ln a + b(x - c)^2$$

durchgeführt, kann die Regression über ein quadratisches Polynom erfolgen. Die Anpassung wird automatisch von dem Programm vollzogen, wenn die folgenden Befehle verändert werden:

```
3000  REM *** ANPASSUNG AN EINE GLOCKENKURVE ***
3010  REM
3020  REM *** EINGABE ***
3030  PRINT:INPUT "Anzahl der Werte,die eingegeben werden sollen: ",N
3035  DIM X(N),Y(N)
3040  M=2
3050  P=M+2 : Q=M+1 : S=2*M+1
3060  DIM A(S),R(Q,P),T(P):PRINT
3070  PRINT "  lfd.Nr            X-Wert            Y-Wert  "
3074  PRINT "=================================================="
3075  A(1)=N
3080  FOR I=1 TO N
3090  PRINT USING "####";I,:INPUT;"                    ",X(I)
3091  REM
3092  L$=STR$(X(I))
3093  L=LEN(L$)
3094  FOR K=1 TO 17-L:PRINT " ";:NEXT K
3096  INPUT" ",Y(I)
3097  Y(I)=LOG(Y(I))
3100  FOR J=2 TO S : A(J)=A(J)+X(I)^(J-1)
3110  NEXT J
3120  FOR K=1 TO Q
3130  R(K,P)=T(K)+Y(I)*X(I)^(K-1)
3140  T(K)=T(K)+Y(I)*X(I)^(K-1)
3150  NEXT K
3160  NEXT I
```

```
3199  REM
3200  REM  *** LÖSEN DES GLEICHUNGSSYSTEMS ***
3210  FOR J=1 TO Q
3220  FOR K=1 TO Q
3230  R(J,K)=A(J+K-1)
3240  NEXT K
3250  NEXT J
3260  FOR J=1 TO Q
3270  FOR K=J TO Q
3280  IF R(K,J)<>0 THEN 3300
3290  NEXT K:GOSUB 6000
3300  FOR I=1 TO P
3310  S=R(J,I) : R(J,I)=R(K,I) : R(K,I)=S
3320  NEXT I
3330  Z=1/R(J,J)
3340  FOR I=1 TO P : R(J,I)=Z*R(J,I) : NEXT I
3350  FOR K=1 TO Q
3360  IF K=J THEN 3400
3370  Z=-R(K,J)
3380  FOR I=1 TO P : R(K,I)=R(K,I)+Z*R(J,I)
3390  NEXT I
3400  NEXT K
3410  NEXT J
3420  REM
3500  REM *** AUSGABE ***
3510  PRINT:PRINT"Gleichung:"
3520  B=R(3,P):C=-R(2,P)/B/2
3525  A=EXP(R(1,P)-B*C*C)
3530  PRINT "y=";A;"* exp(";B;"* (x-";C;")^2)"
3540  PRINT
3550  INPUT "Sollen Y-Werte berechnet werden (J/N)";Y$
3560  IF Y$="N" THEN END
3561  IF Y$<>"J" THEN PRINT "Falsche Eingabe!":GOTO 3550
3562  INPUT "Wieviel Werte sollen berechnet werden?",Z:PRINT
3563  DIM XX(Z),YY(Z)
3564  PRINT " X-Wert                  Y-Wert        "
3565  PRINT "===================================="
3566  FOR I=1 TO Z
3570  INPUT;" ",XX(I)
3571  L$=STR$(XX(I)):L=LEN(L$)
3572  FOR K=1 TO 17-L:PRINT" ";:NEXT K
3580  YY(I)=A*EXP(B*(XX(I)-C)^2)
3600  PRINT "           ";YY(I)
3610  NEXT I
3620  GOSUB 5000
3630  INPUT "Ist ein weiterer Programmlauf erwünscht(J/N)?",E$
3631  IF E$="N" THEN END
3632  IF E$<>"J" THEN PRINT "Falsche Eingabe!":GOTO 3630
3633  ERASE X,Y,A,R,T,XX,YY
3635  GOTO 3000
3699  REM
3700  END
5000  REM
5010  REM *** DRUCK ***
5020  INPUT"Sollen die Ergebnisse gedruckt werden (J/N)?",E$:PRINT
5030  IF E$="N" THEN RETURN
5040  IF E$<>"J" THEN PRINT "Falsche Eingabe!":GOTO 5020
5050  LPRINT:LPRINT "Anpassung an die Glockenkurve":LPRINT
5060  LPRINT"Folgende Werte wurden eingegeben:":LPRINT
```

```
5070   LPRINT "   lfd.Nr                X-Wert              Y-Wert   "
5080   LPRINT "==========================================================="
5090   FOR I=1 TO N:LPRINT USING "###########";I;TAB(20);
5100   LPRINT USING "######.####";X(I);TAB(40);:LPRINT USING "#####.####";EXP(Y(I))
5110   NEXT I
5120   LPRINT
5130   LPRINT:"Die Gleichung lautet:"
5140   LPRINT "y=";A;"* exp(";B;"* (x-";C;")^2)"
5141   IF Y$="N" THEN RETURN
5150   LPRINT:LPRINT"Für folgende x-Werte wurden y-Werte berechnet: "
5160   LPRINT " x-Wert                y-Wert        "
5170   LPRINT "==================================================="
5180   FOR I=1 TO Z
5190   LPRINT USING "######.####";XX(I);TAB(20);
5200   LPRINT USING "######.####";YY(I)
5210   NEXT I
5220   RETURN
6000   REM
6010   PRINT " Keine Lösung!":RETURN
```

Testlauf:

```
Anpassung an die Glockenkurve

Folgende Werte wurden eingegeben:

   lfd.Nr                X-Wert              Y-Wert
=================================================================
            1              0.0000              2.0000
            2              1.0000              5.0000
            3              2.0000              7.0000
            4              3.0000              8.0000
            5              4.0000              9.0000
            6              5.0000              8.0000
            7              6.0000              6.0000
            8              7.0000              4.0000
            9              8.0000              3.0000

Die Gleichung lautet:
y= 8.87709 * exp(-7.94455E-02 * (x- 4.06756 )^2)

Für folgende x-Werte wurden y-Werte berechnet:
  x-Wert                y-Wert
=================================================
     12.0000              0.0599
```

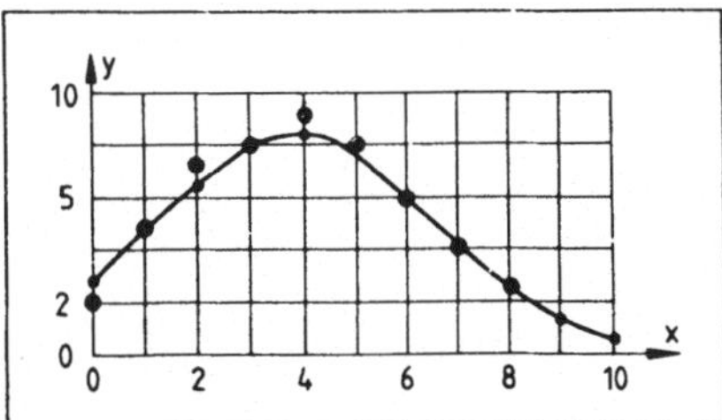

Bild 3.23
Anpassung der Daten vom Testlauf an
eine Glockenkurve

3.5 Multiple Linearregression

Bei der linearen Regression war der lineare Zusammenhang zwischen *einem* unabhängigen und einem abhängigen Merkmal (Variablen) gesucht. Bei der mehrfach linearen Regression wird die Abhängigkeit eines abhängigen Merkmals von *mehreren* Variablen untersucht

$$Y = a_0 + a_1 x_1 + a_2 x_2 + \ldots\ldots + a_n x_n$$

Aus k Beobachtungen (mit $k > n + 1$) werden die Koeffizienten a_0 bis a_n bestimmt. Der Korrelationskoeffizient r ist ein Maß dafür, inwieweit zwischen den Daten der beschriebene lineare Zusammenhang besteht. Es ist

$$r^2 = \frac{\sum_{j=1}^{m} \left(a_j \sum_{i=1}^{n} (x_{ji} - \overline{x}_j)(y_i - \overline{y}) \right)}{\sum_{i=1}^{n} (y_i - \overline{y})^2} = \frac{\sum_{j=1}^{m} \left(a_j \left(\sum_{i=1}^{n} x_{ji} y_i - \frac{1}{n} \sum_{i=1}^{n} x_{ji} \sum_{i=1}^{n} y_i \right) \right)}{\sum_{i=1}^{n} y_i^2 - \frac{1}{n} \left(\sum_{i=1}^{n} y_i \right)^2}$$

mit den Mittelwerten $\overline{x}_j = \sum_{i=1}^{n} x_{ji}$ und $\overline{y} = \sum_{i=1}^{n} y_i$

Die Standardabweichung der Schätzung $\hat{s}$ zwischen den berechneten $\hat{y}_i$-Schätzwerten und den vorgegebenen y_i-Werten ist:

$$\hat{s} = \sqrt{\frac{\sum_{i=1}^{n} (y_i - \hat{y}_i)^2}{n - m - 1}} = \sqrt{\frac{\sum_{i=1}^{n} (y_i - \overline{y})^2 - \sum_{j=1}^{m} \left(a_j \sum_{i=1}^{n} (x_{ji} - \overline{x}_j)(y_i - \overline{y}) \right)}{n - m - 1}}$$

Beispiele: 1. Bei einer Untersuchung über die beim Härten von Zement entstehende Wärme y, die als Funktion der chemischen Zusammensetzung (vier Komponenten) betrachtet wird, haben sich bei dreizehn Beobachtungen der Variablen

x_1 — Anteil in % an Tricalcium — Aluminat
x_2 — Anteil in % an Tricalcium — Silicat
x_3 — Anteil in % an Calcium — Aluminium — Ferrat
x_4 — Anteil in % an Dicalcium — Silicat

folgende Werte ergeben:

y	x_1	x_2	x_3	x_4
78,5	7	26	6	60
74,3	1	29	15	52
104,3	11	56	8	20
87,6	11	31	8	47
95,9	7	52	6	33
109,2	11	55	9	22
102,7	3	71	17	6
72,5	1	31	22	44
93,1	2	54	18	22
115,9	21	47	4	26
83,8	1	40	23	34
113,3	11	66	9	12
109,4	10	68	8	12

Lösung: Anzahl der Datensätze N = 13
Anzahl der unabhängigen Werte je Datensatz
M = 4
A 0 =   62.405551
A 1 =   1.5511008
A 2 =   .5101657
A 3 =   .1019075
A 4 = − .14406286

Korrelationskoeffizient: .14849273

2. Eine Untersuchung hat folgenden Zusammenhang zwischen Deutschnoten sowie den Leistungen in einem Rechtschreibtest und einem Lesetest ergeben.

Deutschnote (Y)	2	4	3	1	3	2	3	4	5	1
Rechtschreibtest (X_1)	30	18	28	30	20	21	17	19	11	28
Lesetest (X_2)	14	9	13	18	17	16	12	9	6	17

a) Die Regressionsgleichung soll dazu dienen, aufgrund der getesteten Rechtschreib- und Leseleistung die Deutschnote vorherzusagen.

b) Welche Deutschnote ist für $X_1 = 30$ und $X_2 = 14$ zu erwarten?

Lösung: A 0 =   7.1867445   Sollen Y-Werte berechnet werden (J/N)? J
A 1 = − 7.4343468E-02   1ter X-Wert ? 30
A 2 = − .20887935   2ter X-Wert ? 14
Korrelationskoeffizient: . 39007928   Y = 2.0321295

3. Die Tabelle zeigt aufgrund einer Untersuchung den Zusammenhang zwischen Schulleistung im Fach Deutsch mit den physischen, emotionalen und geistigen Komponenten des Biozyklus

Schulleistung	Y	3	2	3	4	2	3	4	5	6	2
phys. Zyklus	W	0,89	− 0,23	0,14	0,56	0,01	− 0,19	− 0,97	0,46	0,36	0,08
emot. Zyklus	X	− 0,11	0,49	0,95	− 0,43	0,37	− 0,35	0,66	0,28	− 0,77	0,22
geist. Zyklus	Z	0,06	0,55	0,12	− 0,84	0,72	0,17	0,04	− 0,53	− 0,29	0,31

Lösung: A 0 =   3.6110084   Sollen y-Werte berechnet werden (J/N)? J
A 1 = − .60745506   1ter X-Wert ? .89
A 2 = − .58425316   2ter X-Wert ? − .11
A 3 = − 2.1627014   3ter X-Wert ? .06
Korrelationskoeffizient: .28755198   Y = 3.0048792

Programmlisting:

```
3000    REM *** MULTIPLE LINEARREGRESSION ***
3010    REM
3020    REM *** EINGABE ***
3030    INPUT "        Anzahl der Datensätze        N =",N:PRINT
3040    PRINT "        Anzahl der unabhängigen Werte je      "
3045    INPUT "        Datensatz                    M =",M
3050    DIM X(M+1,N),Y(N),Q(M+1,M+2),A(M+2),E(M+2),Z(M)
3060    PRINT
3070    FOR I=1 TO N
3080    PRINT TAB(10)"Werte des ";I;". Datensatzes"
3085    INPUT "             Y-Wert ",Y(I)
3090    FOR K=1 TO M
3100    PRINT TAB(10) K;".";
```

```
3105   INPUT "X-Wert    ",X(K,I)
3110   NEXT K:PRINT
3120   NEXT I
3199   REM
3200   REM *** VERARBEITUNG ***
3210   E(M+2)=0
3220   FOR I=1 TO M+1
3230   FOR J=1 TO M+2 : Q(I,J)=0 :NEXT J
3240   NEXT I
3250   FOR K=1 TO N
3260   E(M+2)=E(M+2)+Y(K)*Y(K)
3270   Q(1,M+2)=Q(1,M+2)+Y(K)
3280   E(1)=Q(1,M+2)
3290   FOR I=1 TO M
3300   Q(1,I+1)=Q(1,I+1)+X(I,K)
3310   Q(I+1,1)=Q(1,I+1)
3320   Q(I+1,M+2)=Q(I+1,M+2)+X(I,K)*Y(K)
3330   E(I+1)=Q(I+1,M+2)
3340   FOR J=I TO M
3350   Q(J+1,I+1)=Q(I+1,J+1)+X(I,K)*X(J,K)
3360   Q(I+1,J+1)=Q(J+1,I+1)
3370   NEXT J: NEXT I: NEXT K
3380   Q(1,1)=N
3390   FOR I=2 TO M+1 : A(I)=Q(1,I) :NEXT I
3400   FOR S=1 TO M+1
3410   T=S
3420   IF Q(T,S) <> 0 THEN 3460
3430   T=T+1
3440   IF T < M+1 THEN 3420
3450   AA=T:GOTO 3850
3460   FOR L=1 TO M+2
3470   SWAP Q(S,L),Q(T,L)
3480   NEXT L
3490   C=1/Q(S,S)
3500   FOR L=1 TO M+2 : Q(S,L)=C*Q(S,L)
3510   NEXT L
3520   FOR T=1 TO M+1
3530   IF T=S THEN 3570
3540   C=-Q(T,S)
3550   FOR L=1 TO M+2
3560   Q(T,L)=Q(T,L)+C*Q(S,L) : NEXT L
3570   NEXT T : NEXT S : S=0
3580   FOR I=2 TO M+1
3590   S=S+Q(I,M+2)*(E(I)-A(I)*E(1)/N)
3600   NEXT I
3610   T=E(M+2)-E(1)/N : C=T-S
3620   F2=N-M-1 : L=S/M : K=C/F2 : F1=M : F=L/K
3630   A=S/T:K=SQR(A):S=SQR(C/F2)
3699   REM
3700   REM *** AUSGABE ***
3710   PRINT
3720   FOR J=1 TO M+1
3800   PRINT TAB(10)"A";J-1;" = ";Q(J,M+2)
3810   NEXT J        : PRINT
3820   PRINT TAB(10)"Korrelationskoeffizient :";K
3840   PRINT:GOTO 3900
3850   PRINT TAB(10)"Keine Lösung !!!":GOTO 3980
```

```
3860   PRINT
3900   INPUT "              Sollen Y-Werte berechnet werden (J/N) ? ",E$
3910   IF E$="N" THEN 3980
3920   Y=Q(1,M+2):PRINT
3930   FOR I=1 TO M
3940   PRINT TAB(10) I;"ter X-Wert   ";:INPUT "",Z(I)
3950   Y=Y+Q(I+1,M+2)*Z(I) : NEXT I:PRINT
3960   PRINT TAB(17)"Y..........= ";Y:PRINT
3970   REM
3980   PRINT
3981   GOSUB 4000
3982   INPUT "              Soll erneut gestartet werden (J/N) ";Y$
3983   IF Y$="J" THEN ERASE X,Y,Q,A,E,Z:GOTO 3000
3984   IF Y$="N" THEN GOTO 3999
3985   PRINT TAB(10)"Falsche Eingabe, bitte ändern !!":GOTO 3982
3998   REM
3999   END
4000   REM *** DRUCK ***
4110   PRINT TAB(10)"Sollen die Ergebnisse ausgedruckt werden ? (J/N) ";
4120   INPUT "",X$
4130   IF X$="J" THEN GOTO 4500
4140   IF X$="N" THEN RETURN
4150   PRINT:PRINT TAB(10)" Falsche Eingabe, bitte ändern !!"
4160   PRINT:GOTO 4110
4500   LPRINT TAB(10)" *** MULTIPLE LINEARREGRESSION ***":LPRINT:LPRINT
4505   LPRINT TAB(10)"Das Ergebnis zu folgenden Eingabedaten":LPRINT
4510   LPRINT TAB(10)"Anzahl der Datensätze...........N = ";N
4520   LPRINT TAB(10)"Anzahl der unabhängigen Werte je"
4530   LPRINT TAB(10)"Datensatz......................M = ";M
4540   LPRINT
4550   FOR I=1 TO N
4560   LPRINT TAB(10)"Werte des ";I;". Datensatzes"
4570   LPRINT TAB(10)"      Y-Wert ";Y(I)
4580   FOR K=1 TO M
4590   LPRINT TAB(10) K;".";
4600   LPRINT "X-Wert   ";X(K,I)
4610   NEXT K
4620   LPRINT
4630   NEXT I
4640   LPRINT TAB(10)" lautet :"
4641   LPRINT TAB(10)" =========":LPRINT
4645   IF AA<M+1 THEN GOTO 4650
4648   LPRINT TAB(10)"Keine Lösung !!!":RETURN
4650   FOR J=1 TO M+1
4660   LPRINT TAB(10)"A";J-1;" = ";Q(J,M+2)
4670   NEXT J :LPRINT
4680   LPRINT TAB(10)"Korrelationskoeffizient :";K
4690   LPRINT
4720   LPRINT TAB(10)"Es wurde folgender Y-Wert berechnet :"
4730   FOR I=1 TO M
4740   LPRINT TAB(10) I;"ter X-Wert   ";Z(I)
4750   NEXT I
4760   LPRINT:LPRINT TAB(17)"Y........ = ";Y:LPRINT
4800   RETURN
```

Das Programm ist so angelegt, daß auch die Standardabweichung mit S ausgedruckt werden kann.

Testlauf:

```
*** MULTIPLE LINEARREGRESSION ***                          y      x₁     x₂

                                                          9.4    2.8    4.5
Das Ergebnis zu folgenden Eingabedaten                    4.1    1.8    1.6
                                                          4.0    4.5    2.3
Anzahl der Datensätze............N =  4                   2.1    1.5    .7
Anzahl der unabhängigen Werte je
Datensatz........................M =  2

Werte des  1 . Datensatzes          Werte des  3 . Datensatzes
       Y-Wert  9.4                          Y-Wert  4
  1 .X-Wert    2.8                     1 .X-Wert    .45
  2 .X-Wert    4.5                     2 .X-Wert    2.3

Werte des  2 . Datensatzes          Werte des  4 . Datensatzes
       Y-Wert  4.1                          Y-Wert  2.1
  1 .X-Wert    1.8                     1 .X-Wert    1.5
  2 .X-Wert    1.6                     2 .X-Wert    .7


  lautet :
  ========

A 0  = -9.70703E-02
A 1  =  .791436
A 2  =  1.62685

Korrelationskoeffizient : 3

Es wurde folgender Y-Wert berechnet :
  1 ter X-Wert   2
  2 ter X-Wert   3

       Y........ =  6.36637
```


Programmaufbau:

Die lineare Ausgleichsfunktion

$$u = a_0 + a_1 \cdot x_1 + a_2 \cdot x_2 + a_3 \cdot x_3 + \dots$$

mit beliebig vielen unabhängigen Veränderlichen x_1, x_2, x_3, ... führt für die Summe der Abweichungsquadrate

$$S = \sum_{i=1}^{n} (u_i - a_0 - a_1 \cdot x_1 - a_2 \cdot y_2 - a_3 \cdot y_3 - \dots)^2 \quad \rightarrow \text{Minimum}$$

zu einem linearen Gleichungssystem.

3.6 Korrelationsanalyse

3.6.1 Rangkorrelation

Urteile, Noten oder Meinungen unterliegen der Ordinal- oder Rangskala und können daher nicht mit den bisher behandelten Verfahren geprüft werden. Sie müssen in eine Rangfolge gebracht werden und können mit Hilfe der Rangkorrelation auf den Grad ihrer Abhängigkeit untersucht werden.

Der Spearman-Rangkorrelationskoeffizient berechnet sich nach

$$r_{Sp} = 1 - \frac{6 \cdot \sum_{i=1}^{n} d_i^2}{n \cdot (n^2 - 1)}$$

Hierbei muß die Anzahl n der eingegebenen Wertepaare größer als 1 sein. Die d_i sind die Differenzen der Rangordnungszahlen, die zu den eingegebenen Wertepaaren gehören. Diese Rangordnungszahlen muß das Programm zunächst durch Sortieren ermitteln.

Beispiele: 1. Von zehn Schülern wurden die Rangplätze am Ende des 4. und am Ende des 6. Schuljahres aufgrund der Zeugnisnoten festgestellt:

Rangplatz 4. Schuljahr	5	1	6	4	10	7	2	9	3	8
Rangplatz 6. Schuljahr	6	2	4	3	7	8	1	10	5	9

Lösung: Stichprobenumfang N = 1Ø
Rangplätze gegeben (J/N) ? J
Rangkorrelationskoeffizient: . 85454545

2. In zwei Testverfahren wurden die folgenden Werte erreicht:

erste Stichprobe		zweite Stichprobe	
Nr.	Wert	Nr.	Wert
1	31	1	33
2	27	2	25
3	12	3	14
4	46	4	45
5	18	5	1Ø
6	25	6	31
7	15	7	16
8	48	8	42

Lösung: Stichprobenumfang N = 8
Rangplätze gegeben (J/N) ? N
Rangkorrelationskoeffizient: .88Ø95238

Bei großen normalverteilten Stichproben besteht eine gute Übereinstimmung zwischen der Produkt-Moment-Korrelation und dem Spearman-Rangkoeffizient. Für kleine n ist aber r_{Sp} nicht brauchbar.

Um zu testen, ob die Rangkorrelation zufällig entstanden ist, kann die t-verteilte Prüfgröße

$$t = r_{Sp} \sqrt{\frac{n-2}{1-\rho^2}}, \quad df = n - 2$$

$(n \geqslant 10)$ benutzt werden.

Sind Rangplätze mehrfach belegt, dann müssen durch eine Durchschnittsbildung die Rangplätze ermittelt werden, oder es muß eine korrigierte Formel

$$T' = \frac{1}{2} \Sigma \, (t_i'^2 - t_i')$$

$$T = \frac{1}{2} \Sigma \, (t_i''^3 - t_i'')$$

$$r_{Sp} = 1 - \frac{6 \, \Sigma \, (n_i' - n_i'')^2}{(n-1) \, n \, (n+1) - (T' + T'')}$$

t_i' Häufigkeit für Mehrfachbelegung in der 1. Rangreihe

t_i'' Häufigkeit für Mehrfachbelegung in der 2. Rangreihe

angewendet werden.

Programmlisting:

```
3000  REM  ***   SPEARMAN - RANGKORRELATION  ***
3010  REM
3020  REM  ***   EINGABE  ***
3030  INPUT "STICHPROBENUMFANG N= ",N
3035  DIM X(N),Y(N),A(N),S(N),R(N),DX(N),DY(N)
3040  INPUT"SIND DIE RANGPLÄTZE GEGEBEN ? (J / N) ",E$
3045  PRINT
3050  PRINT "ERSTE STICHPROBE :"
3060  PRINT "NR.              WERT"
3070  FOR I=1 TO N
3080  PRINT I; : INPUT "              ",X(I)
3090  A(I)=X(I) : S(I)=I : DX(I)=X(I)
3100  NEXT I
3110  IF E$="J" THEN 3170
3120  REM ***   UMRECHNEN IN RANGPLÄTZE  ***
3130  GOSUB 3500
3140  FOR I=1 TO N
3150  T=S(I) : X(T)=R(I)
3160  NEXT I : PRINT
3169  REM
3170  PRINT "ZWEITE STICHPROBE :"
3180  PRINT "NR.              WERT"
3190  FOR I=1 TO N
3200  PRINT I; : INPUT "              ",Y(I)
3210  A(I) = Y(I) : S(I) = I : DY(I)=Y(I)
3220  NEXT I
3230  IF E$ = "J" THEN 3300
3240  REM ***   UMRECHNEN IN RANGPLÄTZE  ***
3250  GOSUB 3500
3260  FOR I=1 TO N
3270  T=S(I) : Y(T)=R(I)
3280  NEXT I : PRINT
3290  REM ***   RANGKORRELATIONSKOEFFIZIENT  ***
3300  D=0
3310  FOR I=1 TO N
3320  D = D + ( X(I) - Y(I) ) * ( X(I) - Y(I) )
```

```
3330    NEXT I
3340    K= 1 - 6*D / N / ( N*N-1 )
3350    PRINT "RANGKORRELATIONSKOEFFIZIENT : ";K
3360    PRINT : GOSUB 4000
3370    PRINT : GOSUB 5000
3390    END
3500    REM  ***   UNTERPROGRAMM  ***
3510    REM  ***   SORTIEREN  ***
3520    FOR J=1 TO N
3530    FOR L=1 TO N-J
3540    IF A(L)  >= A(L+1) THEN 3570
3550    SWAP A(L),A(L+1)
3560    SWAP S(L),S(L+1)
3570    NEXT L
3580    NEXT J
3590    REM  ***   RANGFOLGEBESTIMMUNG  ***
3600    J=1
3610    Z=0
3620    L=J+Z+1
3630    IF L>N THEN 3650
3640    IF A(J) = A(L) THEN Z=Z+1 : GOTO 3620
3650    FOR I=J TO J+Z
3660    R(I) = J+Z/2
3670    NEXT I
3680    J=L
3690    IF J<N THEN 3610
3700    IF A(N-1) <> A(N) THEN R(N)=N
3710    RETURN
4000    REM  ***   DRUCK  ***
4010    PRINT "SOLLEN DIE ERGEBNISSE GEDRUCKT WERDEN ? (J / N)";
4020    INPUT " ",D$ : IF D$="N" THEN RETURN
4030    IF NOT D$="J" THEN PRINT "FALSCHE EINGABE ! " : GOTO 4010
4040    LPRINT "SPEARMAN-RANGKORRELATION" : LPRINT
4050    LPRINT"NR.";TAB(9)"ERSTE STICHPROBE";TAB(30)"ZWEITE STICHPROBE"
4060    FOR I=1 TO N
4070    LPRINT I;TAB(9)DX(I);TAB(30)DY(I)
4080    NEXT I : LPRINT
4090    LPRINT "RANGKORRELATIONSKOEFFIZIENT : ";K : LPRINT
4100    RETURN
5000    REM  ***   WIEDERHOLUNG  ***
5010    PRINT "WÜNSCHEN SIE EINEN WEITEREN PROGRAMMLAUF ? (J / N)";
5020    INPUT " ",W$ : IF W$="N" THEN RETURN
5030    IF W$="J" THEN ERASE X,Y,A,S,R,DX,DY : GOTO 3000
5040    PRINT "FALSCHE EINGABE !" : GOTO 5010
```

```
SPEARMAN-RANGKORRELATION

NR.        ERSTE STICHPROBE        ZWEITE STICHPROBE
 1             31                      33
 2             27                      25
 3             12                      14
 4             46                      45
 5             18                      10
 6             25                      31
 7             15                      16
 8             48                      42

RANGKORRELATIONSKOEFFIZIENT :    .880952
```

3.6.2 Φ-Koeffizient für Vier-Felder-Tafeln

Beziehungen zwischen nominalskalierten Daten lassen sich in Vierfeldertafeln darstellen, wenn jedes Merkmal nur zwei Ausprägungen hat.

		Merkmal X	
		Ausprägung A	Ausprägung B
Merkmal Y	Ausprägung A	a	b
	Ausprägung B	c	d

Der aussagekräftigste Korrelationskoeffizient für nominalskalierte Daten ist der Φ-Koeffizient.

Es gilt

$$\Phi = \frac{|bc - ad|}{\sqrt{(a + b)\,(c + d)\,(a + c)\,(b + d)}} \,.$$

Der so definierte Φ-Koeffizient kann nicht immer alle Werte zwischen 0 und 1 annehmen. In der Praxis bedient man sich zur Berechnung des korrigierten Wertes der folgenden Formeln

$$\Phi^* = \frac{bc - ad}{(b + d)\,(a + b)} \,'$$

Beispiel: Eine Stichprobe von 100 Personen ergab:

	Männer	Frauen
Ungelernte	16	25
Gelernte	41	18

Es ergeben sich:

$$\Phi = \frac{|25 \cdot 41 - 16 \cdot 18|}{\sqrt{41 \cdot 59 \cdot 57 \cdot 43}} \approx \frac{737}{2435} \approx 0{,}303$$

$$\Phi^* = \frac{15 \cdot 41 - 16 \cdot 18}{43 \cdot 41} = \frac{737}{1763} \approx 0{,}418$$

Die Korrelation zwischen Geschlecht und der Tendenz, als Gelernter/Ungelernter zu arbeiten, ist mittelschwach. Die Berechnung von Chi-Quadrat (= $\Phi^2 \cdot n \approx 9{,}2$) zeigt, daß diese Aussage signifikant ist. ■

Programmlisting:

```
3000   REM   ***   VIER-FELDER-KORRELATION   ***
3010   REM
3020   REM  ---   EINGABE   ---
3025   PRINT
3030   INPUT;"A=   ",A  : INPUT "        B=  ",B
3035   PRINT
3040   INPUT;"C=   ",C  : INPUT "        D=  ",D
3100   REM  ---   VERARBEITUNG   ---
3110   E=ABS(B*C-A*D)
3120   F=SQR((A+B)*(C+D)*(A+C)*(B+D))
3130   G=(B+D)*(A+B)
3140   R1=E/F
```

```
3150    R2=E/G
3160    REM
3170    REM  ---  AUSGABE  ---
3180    PRINT
3190    PRINT "PHI-KOEFFIZIENT :       ";R1
3200    PRINT "PHI-STERN-KOEFFIZIENT:";R2
3201    PRINT
3202    GOSUB 4000
3203    PRINT
3205    PRINT"WÜNSCHEN SIE EINEN WEITEREN PROGRAMMLAUF ? (J / N)";
3206    INPUT " ",W$ : IF W$="J" THEN 3000
3207    IF W$="N" THEN END
3208    PRINT "FALSCHE EINGABE !" : GOTO 3205
3210    END
4000    REM --- DRUCK  ---
4010    PRINT "SOLLEN DIE ERGEBNISSE GEDRUCKT WERDEN ? (J / N)";
4020    INPUT" ",D$ : IF NOT D$="J" THEN RETURN
4030    LPRINT "VIER-FELDER-KORRELATION" : LPRINT
4040    LPRINT "A=  ";A,"B=  ";B : LPRINT
4050    LPRINT "C=  ";C,"D= ";D : LPRINT
4060    LPRINT " PHI-KOEFFIZIENT      : ";R1
4070    LPRINT " PHI-STERN-KOEFFIZIENT:";R2
4080    LPRINT : LPRINT : LPRINT : RETURN
```

```
VIER-FELDER-KORRELATION

A=    16        B=    25

C=    41        D=    18

    PHI-KOEFFIZIENT       :  .302676
    PHI-STERN-KOEFFIZIENT: .418037
```

3.6.3 Zweizeilenkorrelation (biseriale, punktbiseriale Korrelation)

Die nach Pearson errechneten Korrelationen haben nur dann einen Wert, wenn jede Variable aus einer hinreichend großen Anzahl von Klassen besteht und gleichzeitig die Regressionsgerade benutzt wird. Für den Fall, daß diese Voraussetzungen nicht erfüllt sind, hat man andere Korrelationsmethoden ausgearbeitet, die mit der Pearson-Korrelation vergleichbare Werte ergeben. Diese Korrelationsmethoden bauen aber ihrerseits wieder auf bestimmten anderen Voraussetzungen auf. Man muß daher genau abwägen und — falls dies möglich ist — untersuchen, ob diese Voraussetzungen erfüllt sind.

Punktbiseriale Korrelation

Der punktbiseriale Korrelationskoeffizient wird zwischen einem nominalskalierten, zweifach abgestuften Merkmal und einem mindestens intervallskalierten, normal verteilten Merkmal bestimmt.

Der punktbiseriale Korrelationskoeffizient wird nach der Formel

$$r_{pb} = \frac{\overline{x}_1 - \overline{x}_2}{(n_1 + n_2) * s} * \sqrt{n_1 * n_2} \qquad s = \text{Standardabweichung}$$

berechnet.

Die Signifikanzprüfung dieser Korrelation erfolgt über die Prüfgröße

$$t = |r_{pb}| * \sqrt{\frac{n_1 + n_2 - 2}{1 - r_{pb}{}^2}}$$

Diese ist t-verteilt mit $df = n_1 + n_2 - 2$ Freiheitsgraden.

Beispiel: Die Beziehung zwischen Geschlecht und Körpergröße soll untersucht werden. Eine Stichprobe an zwanzig Personen ergab:

Geschlecht	w	m	w	m	w	m	m	w	w	m	w	w	m
Größe in cm	166	192	151	172	159	170	169	162	160	159	160	157	176

Geschlecht	m	m	m	m	m	m	w
Größe in cm	180	170	162	179	175	180	157

Die 12 Männer haben eine mittlere Körpergröße von 173, 67 cm, die 8 Frauen von 159.00 cm. Berechnet man die Standardabweichung aller 20 Personen, so erhält man $s = 10.309$ cm.

Aus diesen Angaben wird der punktbiseriale Korrelationskoeffizient berechnet.

$$r_{pb} = \frac{173.67 - 159.00}{(12 + 8) * 10.309} * \sqrt{20 * 8} = 0.900$$

Es handelt sich um eine hohe Korrelation; der Grad der Verbundenheit zwischen Geschlecht und Körpergröße ist demnach hoch.

In diesem Beispiel ergibt sich

$$t = 0.9 * \sqrt{\frac{12 + 8 - 2}{1 - 0.9^2}} = 8.76$$

$$df = 12 + 8 - 2 = 18$$

Dieser t-Wert ist höchst signifikant.   ∎

Biseriale Korrelation

Die Daten des einen Merkmals haben Intervallniveau. Die Daten des anderen Merkmals liegen nur als Alternativdaten vor. Man nimmt dabei an, daß die Daten in Wahrheit normalverteilt sind.

Für den biserialen Korrelationskoeffizienten r_{bis} gilt:

$$r_{bis} = \frac{M_p - M_q}{s} \cdot \frac{p(1 - p)}{z}$$

Dabei bedeutet:

M_p = arithmetisches Mittel der Maßzahlen bei dem einen Alternativmerkmal
M_q = arithmetisches Mittel der Maßzahlen bei dem anderen Alternativmerkmal
p = Verhältnis der Anzahl der Fälle (1. Alternativmerkmal) zu der Gesamtanzahl $p = N_1/N$
s = Standardabweichung der Maßzahlen in der Stichprobe
z = Ordinatenwert in der Normalverteilung, der die Fläche unter der Kurve in die Anteile p und q trennt

Beispiel: Die Tabelle enthält die Punktwerte eines Intelligenztests und die Einschätzung eines Lehrers, ob der betreffende Schüler für den Besuch einer weiterführenden Schule geeignet ist.

Nr.	Punktezahl	Einschätzung
1	6	+
2	4	−
3	5	−
4	9	+
5	10	−
6	8	+
7	7	−
8	2	−
9	10	+
10	11	+
11	8	+
12	7	−

Nr.	Punktezahl	Einschätzung
13	9	+
14	5	−
15	8	−
16	8	+
17	8	+
18	5	−
19	6	−
20	9	+
21	3	−
22	12	+
23	6	−
24	4	−

Lösung: Das Programm Normalverteilung liefert für p = .46 den Wert z = 2.52. Somit ergibt sich:

$$r_{bis} = \frac{8.91 - 5.54}{2,55} \cdot 0,226 = 0,83 \qquad \blacksquare$$

3.6.4 Partielle und multiple Korrelation

Ein Korrelationskoeffizient wird zur Kennzeichnung des Zusammenhangs zwischen zwei Variablen verwendet. Hat man bei einer Reihe von Merkmalsträgern mehr als zwei Variablen erhoben, so lassen sich mehrere Korrelationskoeffizienten berechnen.

Partielle Korrelation

Bei der partiellen Korrelation geht es darum, den Einfluß einer dritten (oder mehrerer) Variablen auf den Zusammenhang zwischen zwei Variablen auszuschalten:

Bei Problemstellungen kann es also vorkommen, daß eine Korrelation zwischen zwei Variablen von anderen Variablen abhängt. Das bedeutet, daß der Korrelationskoeffizient keine Aussage darüber erlaubt, wie der Zusammenhang zwischen den Variablen wirklich aussieht. Dieser Fall tritt häufig bei Zeitreihenproblemen auf, denen stets ein allgemeiner Trend (Zu- oder Abnahme) zugrunde liegt. So findet man z.B. positive Korrelationen (Gemeinsamkeitskorrelationen) zwischen Bevölkerungszahl, Energieproduktion, dem Preisindex und der Zahl der Verkehrsunfälle. Erst über die partielle Korrelation, die die Kontrollvariable konstant hält, kann man Aussagen über die ursprüngliche Korrelation machen.

Liegen drei Variable X1, X2 und X3 vor, so kann man drei Korrelationskoeffizienten berechnen: r_{12}, r_{13} und r_{23}.

Wird X3 (Kontrollvariable) konstant gehalten, so gilt für die Korrelation zwischen X1 und X2:

$$r_{12,3} = \frac{r_{12} - r_{13} \cdot r_{23}}{\sqrt{(1 - r_{13}{}^2)(1 - r_{23}{}^2)}}$$

Wenn vier Variablen vorliegen und die Einflüsse von zwei Variablen ausgeschaltet werden sollen, wird folgende Formel angewendet:

Partielle Korrelation zwischen X_1 und X_2 bei Ausschaltung der Einflüsse von X_3 und X_4 ($r_{12.34}$):

$$r_{12.34} = \frac{r_{12.4} - r_{13.4} \cdot r_{23.4}}{\sqrt{(1 - r_{13.4}{}^2)\,(1 - r_{23.4}{}^2)}}$$

$$= \frac{r_{12.3} - r_{14.3} \cdot r_{24.3}}{\sqrt{(1 - r_{14.3}{}^2)\,(1 - r_{24.3}{}^2)}}$$

Die Überprüfung des partiellen Korrelationskoeffizienten auf Signifikanz erfolgt wie beim normalen Korrelationskoeffizienten. Zu beachten ist, daß die Anzahl der Freiheitsgrade hierbei aber

$$df = n - 3$$

beträgt.

Beispiel: 200 Schüler wurden auf Handgeschicklichkeit in Abhängigkeit vom Körpergewicht untersucht. Man fand r = .45. Die beobachtete Korrelation kann aber nicht unbedingt als kausaler Zusammenhang gedeutet werden. Sie kann vielmehr dadurch erklärt werden, daß Kinder verschiedenen Alters untersucht wurden: Ältere Schüler haben im allg. eine höhere Handgeschicklichkeit und sind zugleich schwerer. Die Korrelationen zwischen den drei Variablen waren:

Körpergewicht und Geschicklichkeit $r_{12} = 0{,}45$
Körpergewicht und Alter $r_{13} = 0{,}85$
Geschicklichkeit und Alter $r_{23} = 0{,}60$

Für die Beziehung „Körpergewicht — Geschicklichkeit" ergibt sich somit die partielle Korrelation

$$r_{12.3} = \frac{.45 - (.85 \cdot .60)}{\sqrt{(1 - .85^2)\,(1 - .60^2)}} = -.142$$

Multiple Korrelation

Bei der multiplen Korrelation will man wissen, wie groß der gemeinsame Zusammenhang zwischen zwei (oder mehreren) Variablen und einer weiteren ist. Große Bedeutung erlangt dieses Verfahren in Verbindung mit der multiplen Regressionsanalyse. Man kann dann z. B. angeben, wie stark die Vorhersagegenauigkeit ansteigt, wenn man weitere Variablen einbezieht.

X_1 sei die Zielgröße, X_2 und X_3 die Einflußgrößen. Danach lassen sich folgende Korrelationskoeffizienten berechnen: r_{12}, r_{13} und r_{23}.

Für den multiplen Korrelationskoeffizienten $r_{1,23}$ gilt

$$r_{1,23} = \sqrt{\frac{r_{12}{}^2 + r_{13}{}^2 - 2r_{12}r_{13}r_{23}}{1 - r_{23}^2}}$$

Beispiel: In einer Klasse wurden die Schüler befragt, wen der Lehrer ,,sehr gern mag'', ,,gern mag'', ,,weiß nicht'', ,,weniger gern mag'' oder ,,überhaupt nicht mag''. Der Lehrer gab zusätzlich seine Beurteilung hinsichtlich der Schulleistung im Rechnen und der Disziplin ab.

Die Variablen sind also:

X_1 = Vermutete Beliebtheit der Schüler beim Lehrer
X_2 = Lehrerurteil über die Disziplin der Schüler
X_3 = Lehrerurteil im Rechnen

Es ergaben sich folgende Korrelationen: $r_{12} = 0,712$, $r_{13} = 0,765$ und $r_{23} = 0,555$.

Wie hängt die vermutete Beliebtheit der Schüler beim Lehrer (Zielgröße) von den beiden anderen Variablen Disziplin- und Leistungseinschätzungen durch den Lehrer (Einflußgrößen) ab?

Lösung: Einsetzen in die Formel ergibt $r_{1,23} = 0,84$.   ■

4 Versuchsplanung und Parameterschätzung

4.1 Auswahl von Stichproben

4.1.1 Zufallsgesteuerte Stichprobenauswahl

Meistens kann man aus zeitlichen, finanziellen und personellen Gründen keine vollständige Grundgesamtheit untersuchen und ist gezwungen, einen Teil der Grundgesamtheit, eine Stichprobe, herauszunehmen und nur ihn zu analysieren und dann Schlüsse auf die Grundgesamtheit (Population) zu ziehen.

Wenn immer möglich, sollten die Stichproben nach dem Zufall ausgewählt werden. Die Zufallsauswahl hilft, die Gleichwertigkeit der untersuchten Gruppen sicherzustellen, und reduziert so mögliche Quellen unbekannter Einflüsse auf die Ergebnisse.

Beispiel: Eine einfache Methode, eine Zufallsstichprobe herzustellen, ist das Losverfahren. Jedes Element der Population bekommt eine Nummer auf einem Zettel. Nach dem Mischen der Zettel entnimmt man blind ein Los nach dem anderen, bis die Stichprobe auf ihre vorgesehene Größe aufgefüllt ist. ∎

In der Praxis geht man vor allem bei größeren Grundgesamtheiten anders vor. Man benutzt vom Computer erzeugte Zufallszahlen. Von den durchnumerierten Karteikarten, Namenslisten usw. der Gesamtheit werden entsprechend den Zufallszahlen die Einheiten für die Stichprobe ausgewählt.

Gleichverteilte Zufallszahlen

Damit eine Folge von Zahlen als gleichverteilt und zufällig bezeichnet werden kann, müssen zwei Forderungen erfüllt sein:

1. Die Wahrscheinlichkeit für das Auftreten muß für jede einzelne Zahl der Folge gleich sein. Die in einem Bereich von p bis q möglichen gleichverteilten Zufallszahlen gehorchen daher einer Gleichverteilung (Bild 4.1).

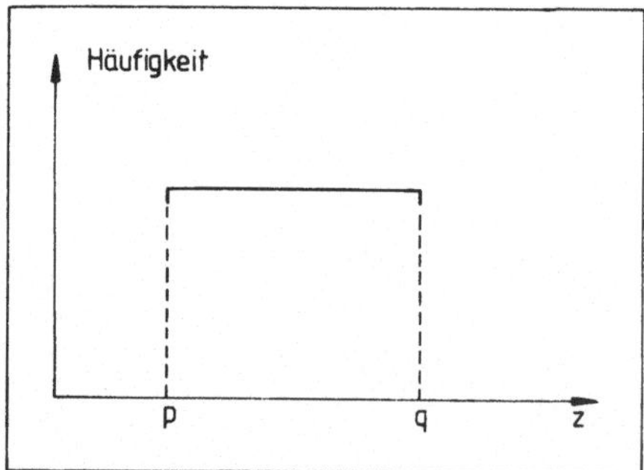

Bild 4.1

Gleichverteilung von Zufallszahlen zwischen p und q

2. Bei der Folge der Zahlen darf kein System erkennbar sein. Eine periodische Wiederkehr von bestimmten Zahlen würde dem Prinzip der Zufallsauswahl widersprechen.

Es besteht die Möglichkeit, mit Hilfe von Rekursionsformeln Zahlen in zufälliger Anordnung zu produzieren. Damit ist zwar prinzipiell eine Vorhersage der Zahlen möglich, die Erzeugung ist also streng genommen nicht mehr dem Zufall überlassen. Die so gewonnenen Zahlenfolgen verhalten sich aber wie echte, z.B. durch Losen erhaltene, Zufallszahlen. Man spricht deshalb von Pseudozufallszahlen.

Durch RND(x) werden Zahlen zwischen 0 und 1 erzeugt, die dann — je nach Problemstellung — in ganze Zufallszahlen innerhalb bestimmter Bereiche umgewandelt werden können.

Bei vielen statistischen Problemstellungen ist man an der zufälligen Anordnung ganzer Zahlen interessiert. Für die Erzeugung ganzer Zufallszahlen Z_i zwischen p und q (einschließlich) gilt dann:

$$Z_i = INT((q + 1 - p) * RND(x) + p)$$

Beispiel: Durch INT (6*RND(1) + 1) lassen sich z.B. Würfelzahlen erzeugen. ■

Zur Erzeugung von Zufallszahlen gibt es viele Verfahren. Geht man beispielweise von einem Computer mit einer 32-bit Wortlänge aus, in der man Zahlen zwischen $- 2147483648 = -2^{31}$ und $+ 2147483648 = + 2^{31}$ darstellen kann, dann liefern die Anweisungen

    IX = IX * 65539
    Z = 0.5 + IX * 0.2328306E-9

annähernd gleichverteilte Zufallszahlen zwischen 0 und 1.

4.1.2 Randomisierung

Bei jedem Experiment muß stets mit nicht vollständig kontrollierten Störeinflüssen gerechnet werden, die die Versuchsergebnisse beeinflussen können. Dabei sind systematische und zufällige Störungen zu unterscheiden. Während sich zufällige Störungen nur in einer Erhöhung der Versuchsstreuungen auswirken, können systematische Störungen das gesamte Versuchsergebnis in Frage stellen, weil es oft nicht möglich ist, den Einfluß der Störung vom Einfluß der untersuchten Ursache zu unterscheiden. Die Grundidee der Randomisierung besteht deshalb darin, möglichst systematische Störeinflüsse durch zufällige Störungen zu ersetzen. Dies geschieht durch Einschaltung von Zufallsgeneratoren, die dafür sorgen, daß sich die Störgrößen zufällig auf die einzelnen Versuchsgruppen verteilen. Mit diesem Verfahren werden die systematischen Fehler zu zufälligen Fehlern, die der statistischen Auswertung zugänglich sind.

Beispiele: 1. Die Wirkung eines bestimmten Medikaments auf die Laufleistung von Mäusen soll untersucht werden. Zur Durchführung des Experiments wäre folgendes Verfahren denkbar: Der Experimentator greift in einen Käfig mit 60 Mäusen hinein und fängt der Reihe nach 30 Mäuse für die Kontrollgruppe. Die verbliebenen 30 Mäuse bilden die Versuchsgruppe. Nach der Behandlung mit dem Medikament zeigen die Versuchsgruppentiere das bessere Laufergebnis.

Spricht dies für die Wirksamkeit des Medikaments?

Ein solcher Schluß ist unzulässig, da es wahrscheinlich ist, daß der Experimentator bei diesem Verfahren zunächst die weniger agilen Tiere fangen wird. Dieser systematische Einfluß überlagert sich der Auswirkung des Medikaments und ist bei dieser Versuchsanlage nicht mehr vom Einfluß des Medikaments zu trennen. Zur Vermeidung solcher Probleme wäre es richtig gewesen, die Tiere den beiden Gruppen zufällig zuzuteilen. Man hätte dafür einen Zufallsgenerator heranziehen können.

2. Vier Weizensorten sollen auf 16 Teilfeldern angebaut werden. Es liegen 16 Felder und
$4*4 = 16$ Einheiten vor. Das Programm liefert beispielsweise:

     Anzahl der Felder N = 16
     Anzahl der Einheiten E = 16
     6 15 9 7 2 5 14 12 1 1Ø 11 16 8 13 3 4

Demnach sind die vier verschiedenen Weizensorten auf folgenden Teilfeldern anzubauen:

Weizensorten	Teilfelder
a	6 – 15 – 9 – 7
b	2 – 5 – 14 – 12
c	1 – 10 – 11 – 16
d	8 – 13 – 3 – 4

3. Auch Zahlenlotto, z. B. 6 aus 49, kann als Randomisierungsprozeß gesehen werden.
Aus 49 Feldern werden 6 Felder (ohne Wiederholung) ausgewählt.

     Anzahl der Felder N = 49
     Anzahl der Einheiten E = 6
     4 13 18 32 38 48

Programmbedienung:

Bei der Auswahl von Versuchspersonen für Stichproben mit Hilfe von Zufallszahlen müssen doppelt bzw. mehrfach auftretende Zahlen aussortiert werden. Dies macht jedoch –
insbesondere bei sehr vielen Zahlen – einige Mühe. Diese Arbeit kann der Rechner über-
nehmen (Programm Randomisierung).

In dem Programm werden die N Felder von 1 bis N numeriert (Programmschritte 4120 bis
4140). Dieser Programmteil kann leicht nach den entsprechenden Problemstellungen abgeändert werden. Von diesen N Feldern werden dann E Einheiten (ohne Wiederholungen)
ausgewählt.

Programmlisting:

```
4000   REM *** RANDOMISIERUNG ***
4010   REM
4015   REM *** EINGABE ***
4020   INPUT "     Anzahl der Felder       N = ",N:PRINT
4030   INPUT "     Anzahl der Einheiten    E = ",E:PRINT
4099   REM
4100   REM *** FELDER BELEGEN ***
4110   DIM FELD(N),DFELD(E)
4120   FOR I=1 TO N
4130   FELD(I)=I
4140   NEXT I
4199   REM
4200   REM *** AUSWAHL ***
4210   LF=N:I=1
4220   FOR K=1 TO E
4230   A=INT(LF*RND(1)+1)
4240   PRINT USING "########"; FELD(A);
4245   DFELD(I)=FELD(A)
4250   FELD(A)=FELD(LF)
4260   LF=LF-1
4265   I=I+1
```

```
4270    NEXT K
4280    GOSUB 5000
4281    INPUT "Soll erneut gestartet werden (J/N) ";Y$
4282    IF Y$="J" THEN GOTO 4286
4283    IF Y$="N" THEN GOTO 4300
4284    PRINT:PRINT TAB(10)"Falsche Eingabe, bitte ändern !!!"
4285    GOTO 4281
4286    ERASE FELD,DFELD:GOTO 4000
4300    END
5000    REM
5010    REM *** AUSDRUCK ***
5030    PRINT :INPUT "Sollen die Ergebnisse ausgedruckt werden (J/N) ";X$
5050    IF X$="J" THEN GOTO 5090
5060    IF X$="N" THEN GOTO 5150
5070    PRINT:PRINT TAB(10)"Falsche Eingabe, bitte ändern !!!"
5080    GOTO 5030
5090    LPRINT TAB(10)"RANDOMISIERUNG":LPRINT:LPRINT
5095    LPRINT TAB(10)"Das Ergebnis zu folgenden Eingabedaten   ":LPRINT
5100    LPRINT TAB(10)"Anzahl der Felder................N = ";N:LPRINT
5110    LPRINT TAB(10)"Anzahl der Einheiten.............E = ";E:LPRINT
5115    LPRINT TAB(10)" lautet :"
5116    LPRINT TAB(10)" =======":LPRINT
5120    FOR Q=1 TO E
5130    LPRINT USING "########";DFELD(Q);
5140    NEXT Q
5150    RETURN
```

```
RANDOMISIERUNG


Das Ergebnis zu folgenden Eingabedaten

Anzahl der Felder................N =  49

Anzahl der Einheiten.............E =  6

 lautet :
 ========

21        38        26        23        44        33
```

4.1.3 Umformung gleichverteilter Zufallszahlen in solche mit anderer Verteilungsfunktion

Für die Umwandlung gleichverteilter Zufallszahlen in solche mit anderer Verteilung haben sich mehrere Konzepte als brauchbar erwiesen, z. B. die Transformation einer gleichverteilten Zufallszahl mit Hilfe der inversen Verteilungsfunktion oder die Komposition von Zufallszahlen mit Hilfe mehrerer gleichverteilter Zufallszahlen.

Normalverteilte Zufallszahlen

Für viele Probleme aus dem Bereich der Statistik ist es nützlich, wenn man künstlich Merkmalswerte simulieren kann, die einer Normalverteilung mit den Parametern μ und σ genügen.

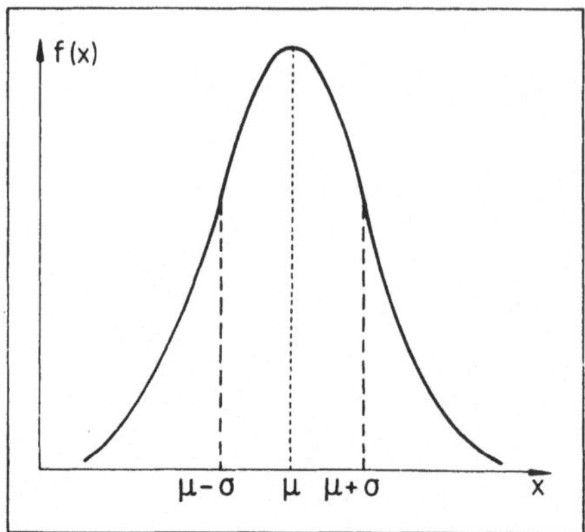

Bild 4.2
Normalverteilung

Mit dem angegebenen Programm ist es möglich, Stichprobenwerte zu berechnen, die einer Normalverteilung mit dem Mittelwert μ und der Streuung σ entstammen. Charakteristisch für die so gewonnenen Zufallzahlen ist, daß die Chance für das Auftreten einer bestimmten Zahl um so größer ist, je näher sie bei dem vorgegebenen Wert liegt.

Sind R_1 und R_2 gleichverteilte Zufallszahlen aus dem Intervall von 0 bis 1, die mit Hilfe von RND(x) erzeugt werden, so liefern die Anweisungen

$$Z_i = \sqrt{-2 \ln R_1} * \cos(2\pi \cdot R_2)$$

$$Z_{i+1} = \sqrt{-2 \ln R_2} * \sin(2\pi \cdot R_1)$$

normalverteilte Zufallszahlen mit dem Mittelwert 0 und der Standardabweichung 1. Durch Multiplikation mit σ und Addition von μ können hieraus (μ, σ)-normalverteilte Zufallszahlen berechnet werden:

$$Z_j = \sigma\, Z_i + \mu.$$

Beispiele:

Mittelwert MU = Ø	Mittelwert MU = 5Ø
Standardabweichung S = 1	Standardabweichung S = 1Ø
Zufallszahlenanzahl N = 15	Zufallszahlenanzahl N = 16
−.18766242	51.492273
−.61904822	52.989632
1.0349354	40.250906
.54380005	58.280249
−.1399292	33.524281
−.45583743	61.831155
.64944911	48.504105
−.41143134	56.277737
−.47981374	42.932669
−.50805189	51.091445
−.67092543	63.486013
−.74992923	66.899193
−1.1491538	32.331686
.76653571	54.201276
.46031253	43.753087
	36.680049

■

Programmlisting:

```
4000   REM *** NORMALVERTEILTE ZUFALLSZAHLEN ***
4010   REM
4020   REM *** EINGABE ***
4030   INPUT "             Mittelwert..........MU = ",MU:PRINT
4040   INPUT "             Standardabweichung ...S = ",S :PRINT
4050   INPUT "             Zufallszahlenanzahl...N = ",N :PRINT
4099   REM
4100   REM *** VERARBEITUNG ***
4101   DIM Z(N),ZZ(N):Q=1
4102   IF N/2=INT(N/2) THEN G=N/2: GOTO 4110
4103   G=N/2+.5
4110   IF N/2=INT(N/2) THEN G=N/2: GOTO 4130
4120   G=N/2+.5
4130   FOR I=1 TO G
4140   R1=RND(1):R2=RND(1)
4150   N1=SQR(-2*LOG(R1))*COS(2*3.141592654*R2)
4160   N2=SQR(-2*LOG(R2))*SIN(2*3.141592654*R1)
4170   Z(I)=S*N1+MU : ZZ(I)=S*N2+MU
4180   GOSUB 4200
4190   NEXT I
4191   GOSUB 5000
4192   INPUT "Soll erneut gestartet werden (J/N) ";Y$
4193   IF Y$="J" THEN GOTO 4196
4194   IF Y$="N" THEN GOTO 4198
4195   PRINT:PRINT TAB(10)"Falsche Eingabe, bitte ändern !!!":GOTO 4192
4196   ERASE Z,ZZ:GOTO 4000
4198   END
4199   REM
4200   REM *** AUSGABE ***
4210   PRINT TAB(10)"Z";Q;TAB(16)"............= ";Z(I)
4220   IF I<=INT(N/2) THEN PRINT TAB(10)"Z";Q+1;TAB(16)"............= ";ZZ(I)
4225   Q=Q+2
4230   RETURN
5000   REM
5010   REM *** AUSDRUCK ***
5020   INPUT "Sollen die Ergebnisse ausgedruckt werden (J/N) ";X$
5040   IF X$="J" THEN GOTO 5080
5050   IF X$="N" THEN RETURN
5060   PRINT:PRINT TAB(10)"Falsche Eingabe, bitte ändern !!!"
5070   GOTO 5020
5080   LPRINT TAB(10)"Normalverteilte Zufallszahlen":LPRINT:LPRINT
5085   LPRINT TAB(10)"Das Ergebnis zu folgenden Eingabedaten   ":LPRINT
5090   LPRINT TAB(10)"Mittelwert............MU = ";MU
5100   LPRINT TAB(10)"Standardabweichung.....S = ";S
5110   LPRINT TAB(10)"Zufallszahlenanzahl....N = ";N
5120   LPRINT:LPRINT TAB(10)"lautet:"
5125   LPRINT TAB(10)"=========":LPRINT
5130   B=1
5140   FOR I=1 TO G
5150   LPRINT TAB(10)"Z";B;TAB(16)"............= ";Z(I)
5160   IF I<=INT (N/2) THEN LPRINT TAB(10)"Z";B+1;TAB(16)"............= "ZZ(I)
5170   B=B+2
5180   NEXT I
5190   RETURN
```

```
NORMALVERTEILTE ZUFALLSZAHLEN


Das Ergebnis zu folgenden Eingabedaten

Mittelwert............MU =   0
Standardabweichung.....S =   1
Zufallszahlenanzahl....N =  15

lautet :
========


Z 1    ............=   .186986
Z 2    ............=   .323999
Z 3    ............= -1.10795
Z 4    ............= -.287329
Z 5    ............= -2.59455E-02
Z 6    ............= -.111748
Z 7    ............= -.3681
Z 8    ............= -.596335
Z 9    ............= -9.57917E-02
Z 10   ............= -.215958
Z 11   ............=  1.20937
Z 12   ............=  1.95742
Z 13   ............= -.854784
Z 14   ............= -.905493
Z 15   ............= -.206755
```

Binomialverteilte Zufallszahlen

Ein Bernoulli-Experiment habe die beiden Ergebnisse x1 und x2 mit den Wahrscheinlichkeiten

$$P(x1) = q \qquad und \qquad P(x2) = p.$$

Man setzt zur Vereinfachung x1 = 0 (Mißerfolg) und x2 = 1 (Erfolg) und simuliert n derartige Experimente mit Hilfe des Programms. Man erzeugt dazu mit RND(x) eine gleichverteilte Zufallszahl R im Intervall (0, 1) und vergleiche sie mit q. Für $R \geq q$ gelte K = 1, für $R < q$ gelte K = 0. Man addiert dann K auf einen Zähler x und wiederholt diesen Vorgang n-mal. Der Zähler x enthält dann eine Zufallszahl, die der Computer ausgibt. Wird dieses Verfahren NA-mal wiederholt, so sind die erzeugten Zufallszahlen binomialverteilt.

Beispiele:

1.	Wahrscheinlichkeit P = .5	2.	Wahrscheinlichkeit P = .9
	Bernoulli-Kette N = 1Ø		Bernoulli-Kette N = 1Ø
	Zufallszahlenanzahl NA = 8		Zufallszahlenanzahl NA = 8
	8		9
	6		8
	6		9
	6		9
	4		9
	3		9
	4		1Ø
	5		8

3. Für p = 0,5 und n = 10 ergab sich bei NA = 10 000 Wiederholungen

Zufallszahl	absolute Häufigkeit	relative Häufigkeit	kumulierte Häufigkeit
Ø	13	.ØØ13	.ØØ13
1	92	.ØØ92	.Ø1Ø5
2	426	.Ø426	.Ø531
3	1116	.1116	.1647
4	21Ø8	.21Ø8	.3755
5	2524	.2524	.6279
6	2Ø41	.2Ø41	.832
7	1114	.1114	.9434
8	451	.Ø451	.9885
9	1Ø7	.Ø1Ø7	.9932
1Ø	8	.ØØØ8	1

Programmlisting:

```
4000  REM *** BINOMIALVERTEILTE ZUFALLSZAHLEN ***
4010  REM
4020  REM *** EINGABE ***
4030  INPUT "            Wahrscheinlichkeit............P = ",P:PRINT
4040  INPUT "            Bernoulli - Kette.............N = ",N:PRINT
4050  INPUT "            Zufallszahlenanzahl..........NA= ",NA:PRINT
4099  REM
4100  REM *** VERARBEITUNG ***
4105  DIM FELD(NA)
4110  FOR J=1 TO NA
4120  K=0
4130  FOR I=1 TO N
4140  R=RND(1)
4150  IF R<1-P THEN 4170
4160  K=K+1
4170  NEXT I
4180  GOSUB 4200
4185  FELD(J)=K
4190  NEXT J
4191  GOSUB 5000
4192  INPUT "Soll erneut gestartet werden (J/N) ";Y$
4193  IF Y$="J" THEN GOTO 4196
4194  IF Y$="N" THEN GOTO 4198
4195  PRINT:PRINT TAB(10)"Falsche Eingabe, bitte ändern !!!":GOTO 4192
4196  ERASE FELD:GOTO 4000
4198  END
4199  REM
4200  REM *** AUSGABE ***
4210  PRINT USING "#####";K;
4220  RETURN
5000  REM
5010  REM *** AUSDRUCK ***
5020  PRINT:INPUT "Sollen die Ergebnisse ausgedruckt werden (J/N) ";X$
5030  IF X$="J" THEN GOTO 5060
5040  IF X$="N" THEN RETURN
5050  PRINT:PRINT TAB(10)"Falsche Eingabe, bitte ändern !!!":GOTO 5020
5060  LPRINT TAB(10)"Binomial verteilte Zufallszahlen":LPRINT:LPRINT
5070  LPRINT TAB(10)"Das Ergebnis zu folgenden Eingabedaten ":LPRINT
```

```
5080   LPRINT TAB(10)"Wahrscheinlichkeit..........P = ";P
5090   LPRINT TAB(10)"Bernoulli - Kette...........N = ";N
5100   LPRINT TAB(10)"Zufallszahlenanzahl.........NA= ";NA
5110   LPRINT:LPRINT TAB(10)"lautet :"
5120   LPRINT TAB(10)"========":LPRINT
5130   FOR Q=1 TO NA
5140   LPRINT USING "######";FELD(Q);
5150   NEXT Q:LPRINT
5160   RETURN
```

```
      Binomialverteilte Zufallszahlen

      Das Ergebnis zu folgenden Eingabedaten

      Wahrscheinlichkeit..........P =    .5
      Bernoulli - Kette...........N =    10
      Zufallszahlenanzahl.........NA=    8

      lautet :
      ========

  8       3       5       8       6       5       4       4
```

Zufallszahlen beliebiger Verteilungen

Man nimmt an, daß ein Wahrscheinlichkeitsmodell oder eine empirisch gewonnene Häufigkeitsverteilung sich mit Hilfe der Wahrscheinlichkeitsverteilung (Summenfunktion, kumulative Wahrscheinlichkeitsverteilung)

$$y = F(x) = P(X \leq x)$$

beschreiben läßt (vgl. Abb. 4.3 a). Darin geben die Funktionswerte y die Wahrscheinlichkeiten dafür an, daß die Zufallsvariable x einen Wert kleiner oder gleich x annimmt.

Bei der Bestimmung von Zufallszahlen, die zu der Wahrscheinlichkeitsfunktion y = F(x) gehören, interessiert jedoch nicht die kumulative Wahrscheinlichkeit y, sondern die Ausprägung x. Diese erhält man aus der Inversen der betreffenden Verteilungsfunktion (Bild 4.3b)

$$x = F^{-1}(y)$$

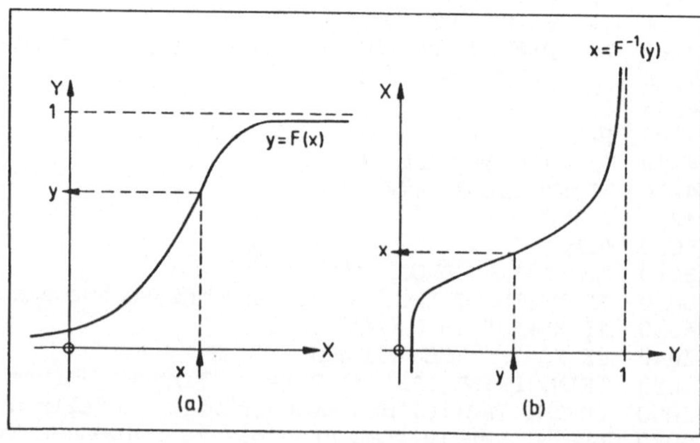

Bild 4.3

Verteilungsfunktion und inverse Verteilungsfunktion

Das Verfahren besteht nun darin, die gleichverteilten Zufallszahlen y im Intervall (0, 1), die durch Pseudo-Zufallszahlen-Generatoren geliefert werden, als Ausprägungen einer unabhängigen Variable Y anzusehen, die über die inverse Verteilungsfunktion $F^{-1}(y)$ auf die abhängige Variable X abgebildet werden. Wenn also irgendeine Zahl y im Intervall (0,1) aus der gleichverteilten Zahlenmenge über die Abbildungsvorschrift $F^{-1}(y)$ transformiert wird, so gehört die erzeugte Zahl x der Zahlenmenge X mit der Verteilungsfunktion F(x) und der Dichtefunktion f(x) an.

Das Problem der Gewinnung von Zufallszahlen x mit einer Verteilungsfunktion y = F(x) aus gleichverteilten Zufallszahlen y reduziert sich somit auf die Bestimmung der inversen Verteilungsfunktion $x = F^{-1}(y)$ und deren Auswertung.

In einigen Fällen gelingt dies durch analytische Lösung.

Die am häufigsten gebrauchte Methode zur Ermittlung von Zufallszahlen mit Hilfe inverser Verteilungsfunktionen geht jedoch unmittelbar von Stützwerten der Verteilungsfunktion aus. Diese gewinnt man bei mathematischen Wahrscheinlichkeitsmodellen (Normalverteilung, Binomialverteilung, etc.) durch Berechnung der gegebenen Verteilungs- oder Dichtefunktionen oder im Fall empirischer Verteilungen durch die Berechnung der kumulativen Häufigkeiten. Mit diesen Stützwerten können die Werte der Zufallszahlen x aus den gleichverteilten Zufallszahlen y unmittelbar durch Interpolation gewonnen werden.

Das nachfolgende BASIC-Unterprogramm realisiert den gesamten Algorithmus.

```
4000    REM *** UNTERPROGRAMM ***
4010    REM ZV=Gleichverteilte Zufallszahl
4020    REM X(I)=Feld der X-Werte
4030    REM Y(I)=Feld der kumulierten Wahrscheinlichkeiten
4050    REM M=Anzahl der Wertepaare
4099    REM
4100    I=0
4110    I=I+1
4120    ZX=X(I)
4230    IF I>=M THEN GOTO 4290
4240    IF ZV>Y(I) THEN GOTO 4110
4250    IF I<=1 THEN GOTO 4290
4260    A=(ZV-Y(I-1))*(X(I)-X(I-1))
4270    B=(Y(I)-Y(I-1))/X(I-1)
4280    ZX=A/B
4290    RETURN
```

Das Unterprogramm ist sowohl für stetige als auch für diskrete Verteilungsfunktionen mit ganzzahligen Ausprägungen für x verwendbar. Zwar wird bei diskreten Funktionen zunächst auch ein reeller Wert ZX für die gesuchte Zufallszahl x erzeugt, jedoch kann man durch Wertzuweisung zu einer Integervariable oder durch Anwendung der Standardfunktion INT den Dezimalbruch abschneiden und somit den nächstkleineren ganzzahligen Wert erzeugen: also IX = INT(ZX).

4.2 Parameterschätzung

Stichprobenuntersuchungen werden durchgeführt, um fehlende Informationen über die Grundgesamtheit zu erhalten. Man unterscheidet dabei Punktschätzungen und Intervallschätzungen. Im ersten Fall wird für den zu schätzenden Parameter eine bestimmte Zahl angegeben. Im zweiten Fall wird ein Intervall spezifiziert, das den wahren Wert des Parameters mit einer bestimmten Wahrscheinlichkeit enthält. Diese Wahrscheinlichkeit nennt man Vertrauenswahrscheinlichkeit S. Außerhalb dieses Intervalls liegt der Parameter mit der sogenannten Irrtumswahrscheinlichkeit $\alpha = 1 - S$.

Bei mehrfacher Anwendung eines Schätzverfahrens werden die Schätzwerte um den wahren Wert streuen. Ein Schätzverfahren kann man deshalb gut nennen, wenn die Schätzgröße folgende sinnvolle Eigenschaften erfüllt:

1. Die Schätzwerte sollen wenigstens im Mittel gleich p sein (Erwartungstreue), d.h. es soll nicht vorkommen, daß systematisch zu große oder kleine Schätzwerte auftreten.

2. Die Schätzwerte sollen möglichst wenig streuen, d.h. die Varianz der Schätzgröße soll möglichst klein sein (minimale Varianz).

3. Je größer der Stichprobenumfang ist, desto sicherer soll der Schätzwert dicht beim wahren p liegen (Konsistenz).

4.2.1 Mittelwert und Standardabweichung

Um den Mittelwert μ einer auf einer Grundgesamtheit definierten Zufallsvariablen X zu schätzen, berechnet man den empirischen Mittelwert der Stichprobe:

$$\overline{x} = \frac{1}{n}(x_1 + x_2 + \dots + x_1)$$

Beispiel: Durch eine Stichprobe soll der Wirkstoffgehalt μ einer Tagesproduktion festgestellt werden. Bei einer Analyse von n = 20 zufällig der Tagesproduktion entnommenen Tabletten ergaben sich folgende Werte x des Wirkstoffs (in mg):

225	230	169	256	207	190	216	222
215	233	198	229	296	210	213	210
211	203	194	288				

Der mittlere Wirkstoffgehalt dieser n = 20 Tabletten beträgt 210,75.

Diesen mittleren Wirkstoffgehalt $\overline{x}$ kann man als Schätzwert für den unbekannten Tageswert μ benutzen. ∎

Häufig benötigt man auch einen Schätzwert für die Varianz σ^2. Wenn μ bekannt ist, liegt es nahe, σ^2 durch die mittlere quadratische Abweichung von μ zu schätzen:

$$\sigma^2 = \frac{1}{n}\sum (x_i - \mu)^2$$

Wenn μ nicht bekannt ist, wird μ durch die Schätzgröße $\overline{x}$ ersetzt. Dadurch wird jedoch die Varianz unterschätzt, und erst mit dem Nenner n − 1 statt n erhält man eine erwartungstreue Schätzgröße:

$$\sigma^2 = \frac{1}{n-1}\sum (x_i - \overline{x})^2$$

Konfidenzintervall für den Mittelwert

Ist die Standardabweichung der Grundgesamtheit bekannt, so ergibt sich für den Mittelwert μ der Grundgesamtheit das Konfidenzintervall (Vertrauensintervall)

$$\left[\overline{X} - z_{\alpha/2} \cdot \frac{\sigma}{\sqrt{n}} \; ; \; \overline{X} + z_{\alpha/2} \cdot \frac{\sigma}{\sqrt{n}}\right]$$

zur Konfidenzwahrscheinlichkeit $1 - \alpha$ oder zum Niveau α.

Beispiel: Im vorigen Beispiel ist $\bar{x}$ = 210.75 ein Schätzwert für den unbekannten Wirkstoff-Tageswert μ. Diese Punktschätzung soll durch die Angabe eines 95 %-Konfidenzintervalls (d.h. α = 5 %) ergänzt werden. Aufgrund langer Erfahrung sei die Standardabweichung σ der einzelnen Zufallsvariablen bekannt: σ = 20.

Für $1 - \alpha$ = 95 %, also $\alpha/2$ = 2.5 %, erhält man mit dem Programm

$$\bar{x} \mp z_{\alpha/2} \cdot \frac{\sigma}{\sqrt{n}} = 210.75 \mp 1.960 \cdot \frac{20}{\sqrt{20}} = \begin{cases} 201.98 \\ 219.52 \end{cases}$$

Dieses Ergebnis könnte so interpretiert werden: Bei etwa 95 % der an diesem Tag produzierten Tabletten wird der Wirkstoffgehalt zwischen 202 und 220 liegen.

Wird eine Konfidenzwahrscheinlichkeit von 99 % gefordert, so erhält man mit $z_{\alpha/2}$ = 2.576 das wesentlich größere Konfidenzintervall von 199 bis 223. ∎

Ist die Varianz σ^2 nicht bekannt, so wird überall σ^2 durch die empirische Varianz ersetzt. Die Zufallsvariable ist dann jedoch nicht mehr normalverteilt, sondern besitzt eine t_{n-1}-Verteilung. Deshalb muß das Quantil der Normalverteilung durch $\alpha/2$-Quantil $t_{n-1;\,\alpha/2}$ der t_{n-1}-Verteilung ersetzt werden.

Ist die zugrunde liegende Verteilung keine Normalverteilung, so ist die Bestimmung von Konfidenzintervallen im allgemeinen mit einem größeren Aufwand verbunden. Da jedoch bei beliebiger Verteilung der Durchschnitt $\bar{X}$ näherungsweise normalverteilt ist, ist das Intervall

$$[\bar{X} - d; \bar{X} + d] \quad \text{mit} \quad d = z_{\alpha/2} \cdot s/\sqrt{n}$$

als näherungsweises Konfidenzintervall geeignet.

Beispiele: 1. Bei einer bestimmten Personengruppe liegt das Durchschnittsgewicht bei 70 kg bei einer Standardabweichung von 5 kg. Berechne das 95 %-Konfidenzintervall für den tatsächlichen Mittelwert, wenn folgende Stichprobenumfänge vorliegen:

   a) 10   b) 50   c) 500

Lösungen: a) Stichprobenumfang 1Ø
            Stichprobenmittel 7Ø
            Standardabweichung 5
            Stat. Sicherheit .95
            Vertrauensintervall = (66.423; 73.577)
        b) Vertrauensintervall = (68.579; 71.421)
        c) Vertrauensintervall = (69.561; 7Ø.439)

2. Jemand erhält den Auftrag, die mittlere Körpergröße einer Bevölkerungsgruppe zu ermitteln, wobei nur die erwachsenen Männer berücksichtigt werden sollen.

Eine Stichprobe an 100 Männern hat ergeben

   x = 173,5   und   s = 6,71

Das Programm liefert für ein 95 %-Konfidenzintervall

Lösung: Vertrauensintervall = (172.169; 174.831)

3. Aus einer Vielzahl von Studenten werden 50 zur Teilnahme an einem mathematischen Eignungstest ausgewählt. Dabei ergibt sich eine mittlere Punktzahl von 425 bei einer Standardabweichung von 30. Bestimme das 95 %-Konfidenzintervall für den tatsächlichen Mittelwert.

Lösung: Vertrauensintervall = (416.472; 433.528)

4. Zur Bestimmung des Durchschnittsgewichts einer bestimmten Art von Getreidesäcken
werden 80 Säcke gewogen. Dabei ergibt sich ein Durchschnittsgewicht von 97 kg bei einer
Standardabweichung von 2 kg. Laut Lieferschein sollten die Säcke aber 100 kg wiegen.
Kann mit hinlänglicher Wahrscheinlichkeit behauptet werden, daß die Lieferfirma die Ge-
treidemenge zu knapp bemißt?

Lösung: Vertrauensintervall = (96.41 97.59)

Die obere Begrenzung des 99 %-Konfidenzintervalls liegt bei 97.5 kg. Wir wissen daher mit
weit über 99 %-iger Sicherheit, daß die Angaben der Lieferfirma falsch sind.   ∎

Programmlisting:

```
4000    REM *** VERTRAUENSINTERVALL MITTELWERT ***
4010    REM
4020    REM *** EINGABE ***
4030    INPUT "            Stichprobenumfang..........",N:PRINT
4040    INPUT "            Stichprobenmittel..........",M:PRINT
4050    INPUT "            Standardabweichung.........",S:PRINT
4060    INPUT "            Stat. Sicherheit...........",P:PRINT
4099    REM
4100    Q=(1-P)/2
4110    DEF FNR(X)=INT(1000*X+.5)/1000
4120    GOSUB 4400
4130    GOSUB 4600
4140    H1=FNR(M-T*S/SQR(N))
4150    H2=FNR(M+T*S/SQR(N))
4160    PRINT
4170    PRINT TAB(10)"Vertrauensintervall = (";H1;" ";H2;")"
4190    PRINT
4191    GOSUB 5000
4192    INPUT "Soll erneut gestartet werden (J/N) ";Y$
4193    IF Y$="J" THEN GOTO 4000
4194    IF Y$="N" THEN GOTO 4199
4195    PRINT:PRINT TAB(10)"Falsche Eingabe, bitte ändern !!!":GOTO 4192
4198    REM
4199    END
4400    REM
4401    REM *** UNTERPROGRAMM ***
4410    C0=2.515517:C1=.802853:C2=.010328
4420    D1=1.432788:D2=.189269:D3=.001308
4430    T=SQR(LOG(1/Q/Q))
4440    C=C0+T*(C1+T*C2)
4450    D=1+T*(D1+T*(D2+T*D3))
4460    X=FNR(T-C/D)
4470    RETURN
4499    REM
4600    REM *** UNTERPROGRAMM ***
4610    F=N-1
4620    G1=(X*X+1)*X/4
4630    G2=((5*X*X+16)*X*X+3)*X/96
4640    G3=(((3*X*X+19)*X*X+17)*X*X-15)*X/384
4650    G4=((((79*X*X+776)*X*X+1482)*X*X-1920)*X*X-945)*X/92160
4660    T=X+G1/F+G2/(F*F)+G3/(F*F*F)+G4/(F*F*F*F)
4670    T=FNR(T)
4680    RETURN
5000    REM
5010    REM *** DRUCK ***
```

```
5020   INPUT "Sollen die Ergebnisse ausgedruckt werden (J/N) ";X$
5030   IF X$="J" THEN GOTO 5060
5040   IF X$="N" THEN RETURN
5050   PRINT TAB(10)"Falsche Eingabe, bitte ändern !!!":GOTO 5020
5060   LPRINT TAB(10)"Vertrauensintervall Mittelwert":LPRINT:LPRINT
5070   LPRINT TAB(10)"Das Ergebnis zu folgenden Eingabedaten   ":LPRINT
5080   LPRINT TAB(10)"Stichprobenumfang............";N
5090   LPRINT TAB(10)"Stichprobenmittel............";M
5100   LPRINT TAB(10)"Standardabweichung...........";S
5110   LPRINT TAB(10)"Stat. Sicherheit.............";P:LPRINT
5120   LPRINT TAB(10)"lautet :"
5130   LPRINT TAB(10)"========":LPRINT
5140   LPRINT TAB(10)"Vertrauensintervall = (";H1;" ";H2;")"
5150   LPRINT:LPRINT
5160   RETURN
```

```
Vertrauensintervall Mittelwert


Das Ergebnis zu folgenden Eingabedaten

Stichprobenumfang............ 10
Stichprobenmittel............ 70
Standardabweichung........... 5
Stat. Sicherheit............. .95

lautet :
========

Vertrauensintervall = ( 66.423   73.577 )
```

Konfidenzintervall für die Standardabweichung

Auch die aus einer gemeinsamen Grundgesamtheit entnommenen unterschiedlichen Stichproben variieren hinsichtlich ihrer Standardabweichungen. Sie weichen in unterschiedlichem Grade von der Standardabweichung der gemeinsamen Population ab. Die Standardabweichungen haben also eine Streuung.

Wie für den Mittelwert μ der Grundgesamtheit, kann man auch für ihre Standardabweichung σ ein Konfidenzintervall angeben:

$$\frac{s}{\sqrt{F_\alpha(n-1;\infty)}} < \sigma < s * \sqrt{F_\alpha(\infty;n-1)}$$

Wenn n hinreichend groß ist, gilt näherungsweise

$$\sigma_s = \frac{s}{\sqrt{2n}}$$

Beispiel: Bei der Zufallsstichprobe hatte sich s = 6,71 ergeben. Das 95 %-Konfidenzintervall (α = 5 %) berechnet sich wie folgt:

$$\frac{6.71}{\sqrt{1.25}} < \sigma < 6.71 * \sqrt{1.29} \qquad 6.00 < \sigma < 7.62 \qquad \blacksquare$$

Vertrauensbereich für Unterschiede zwischen Mittelwerten

Für statistische Analysen sind oft die Unterschiede bedeutsam, die zwischen den Mittelwerten zweier Stichproben bestehen. Dazu ist der Vertrauensbereich für den Unterschied der Mittelwerte beider Stichproben festzustellen. Man berechnet die Standardabweichung zwischen je zwei Mittelwerten unterschiedlicher Populationen. Diese Standardabweichung der Differenzen zwischen Mittelwerten hängt von den Standardabweichungen der beiden Mittelwerte selbst ab. Unter der Voraussetzung ihrer Unabhängigkeit läßt sie sich nach der Formel

$$\sigma_{(\bar{x}_1 - \bar{z}_2)} = \sqrt{\frac{s_1^2}{n_1} + \frac{s_2^2}{n_2}}$$

berechnen.

Dabei ist s_1 die Standardabweichung der ersten Stichprobe, s_2 stellt die Standardabweichung der zweiten Stichprobe dar. Bei ausreichend großen Stichproben und Normalverteilungen gilt für die Grenzen des Vertrauensbereichs

$$[d - z \cdot \sigma_d \;\; ; \;\; d + z \cdot \sigma_d]$$

Beispiel: In einer Großstadt wurde eine repräsentative Stichprobe aufgefordert, auf einer Skala die Sicherheit der öffentlichen Verkehrsmittel einzuschätzen: Die maximale Sicherheit entspricht dem Wert „+ 10", umgekehrt eine äußerste Unsicherheit dem Wert „− 10". Es ergab sich eine deutliche Differenz zwischen Besitzern und Nichtbesitzern von Kraftfahrzeugen.

Kraftfahrzeugbesitzer:

$$n_1 = 232 \quad \bar{x}_1 = 4{,}6 \quad s_1 = 3{,}1$$

Nichtkraftfahrzeugbesitzer:

$$n_2 = 585 \quad \bar{x}_2 = 7{,}4 \quad s_2 = 2{,}4$$

Übertragen wir nun die Differenz auf die Grundgesamtheit mit einer statistischen Sicherheit von 99 %, also z = 2,6. Die beobachtete Differenz d = (4,6−7,4) = 2,8 ist normalverteilt mit der Standardabweichung

$$\sigma_d = \sqrt{\frac{3{,}1^2}{232} + \frac{2{,}4^2}{585}} = 0{,}23$$

Demnach berechnet sich der Konfidenzbereich zu: [2,2; 3,4]

Die Wahrscheinlichkeit, daß die Differenz zwischen den Mittelwerten 2,2 bis 3,4 Einstellungspunkte beträgt, ist also gleich 99 %.   ∎

Bei kleinen Stichproben folgen die Mittelwerte nicht der Normal-, sondern der t-Verteilung mit df = $n_1 + n_2 - 2$.

Beispiel: Wir wollen wissen, wie groß der Unterschied der durchschnittlichen Intelligenz von „Abiturienten" oder von „Nicht-Abiturienten" bzgl. eines Intelligenztestes ist, und auch, ob der Unterschied zwischen den Stichproben verläßlich auf die entsprechenden Grundgesamtheiten übertragen werden kann. Wir wollen eine Stichprobe von 10 Abiturienten mit einer Stichprobe von 15 Nicht-Abiturienten vergleichen.

Mittelwert und Standardabweichung der Punktzahlen der Abiturienten errechnen sich zu: $\bar{x}$ = 22 und s_1 = 2,79. Für die Gruppe „Nicht-Abiturienten" betragen die entsprechenden

Werte $\bar{x}_2 = 19$ und $s_2 = 2,53$. Die Standardabweichung für diese Differenz der Mittelwerte ist

$$\sigma_{(\bar{x}_1 - \bar{z}_2)} = \sqrt{\frac{(2,79)^2}{10} + \frac{(2,53)^2}{15}} = 1,10$$

Für die Mittelwertdifferenz soll ein Vertrauensbereich auf dem 90 %-Niveau der Signifikanz gefordert werden. Da die Zahl der Freiheitsgrade in unserem Beispiel $n_1 + n_2 - 2 = 23$ ist, ergibt sich, daß der gesuchte Vertrauensbereich von

> 1,12 bis 4,88

reicht. Die Wahrscheinlichkeit beträgt also 90 %, daß die Differenz zwischen den Mittelwerten der beiden Grundgesamtheiten innerhalb dieser Grenzen liegt. ■

4.2.2 Konfidenzintervall für Wahrscheinlichkeiten

Wahrscheinlichkeiten werden geschätzt durch die beobachtete relative Häufigkeit.

Beispiel: Die unbekannte Wahrscheinlichkeit p für das Auftreten einer Nebenwirkung bei Anwendung eines bestimmten Medikaments soll empirisch bestimmt werden.

Es werden n = 100 zufällig ausgewählte Patienten mit dem Medikament behandelt, und es wird für jeden Patienten notiert, ob die Nebenwirkung aufgetreten ist oder nicht (Stichprobe). Es wird dann ausgezählt, bei wie vielen der n Patienten die Nebenwirkung auftrat; diese Anzahl sei k = 13.

Es wird die relative Häufigkeit k/n berechnet, also k/n = 13/100. Dieser Wert wird als Schätzwert für die Wahrscheinlichkeit p genommen, also p = 0,13. ■

Um bei nicht zu kleinem Stichprobenumfang n ein Konfidenzintervall für p zu bekommen, kann man die Normalapproximation ausnutzen. Man erhält dann für die Schätzgröße p die Aussage

$$[p - z_{\alpha/2} \cdot \sqrt{p(1-p)/n}; \; p + z_{\alpha/2} \cdot \sqrt{p(1-p)/n}].$$

Die erwartete Größe dieses Fehlers durch die Näherung wird einerseits bei festem p mit wachsendem n immer kleiner und ist andererseits bei festem n für zentrale p-Werte kleiner als für extreme.

Beispiele: 1. Bei einer Repräsentativbefragung geben 53 % von insgesamt 300 befragten Bürgern an, bei der nächsten Wahl für einen bestimmten Kandidaten stimmen zu wollen. Mit welcher Sicherheit kann daraus ein Wahlsieg des betreffenden Politikers prognostiziert werden?

Lösung: Stichprobenumfang 300
Relative Häufigkeit .53
Stat. Sicherheit .95
Vertrauensintervall = (.483; .577)

2. Ein Biologe will wissen, wie hoch der Anteil der Weibchen bei einer bestimmten Vogelart ist. Er stellt fest, daß von 80 beobachteten Exemplaren dieser Gattung 49 Weibchen sind. Wie groß ist das zu diesen Daten gehörige 90 %-Konfidenzintervall für den Anteil der Weibchen?

Lösung: Stichprobenumfang 80
Relative Häufigkeit .61
Stat. Sicherheit .90
Vertrauensintervall = (.539; .677)

3. An einer Universität ist es strittig, ob in der Mensa ein Rauchverbot durchgeführt werden soll. Eine Umfrage fördert zutage, daß sich 58 % von 300 befragten Studenten für eine derartige Maßnahme aussprechen. Wie lautet das zugehörige 95 %-Konfidenzintervall?

Lösung: Vertrauensintervall = (.533; .626)

4. Bei einer Meinungsumfrage ergab sich, daß von 2000 zufällig ausgewählten Wahlberechtigten 5.1 % am nächsten Sonntag die Partei A wählen wollen. Wie groß ist das 90 %-Konfidenzintervall?

Lösung: Vertrauensintervall = (.045; .058)

5. Die Wahrscheinlichkeit p für eine Jungengeburt soll geschätzt werden. Bei 626 373 Geburten waren 321 480 Jungen. So ergibt sich der Schätzwert $p = 321480/626373 \approx 51.32$ %. Wie groß ist das 99 %-Konfidenzintervall?

Lösung: Vertrauensintervall = (.512; .515)

6. Ein Medikament zeigte bei n = 20 Anwendungen genau k = 15 Erfolge. Die unbekannte Erfolgswahrscheinlichkeit p wird also durch p = 15/20 = 75 % geschätzt. Wie groß ist das 90 %-Konfidenzintervall?

Lösung: Vertrauensintervall = (.61; .852)   ■

Programmlisting:

```
4000 REM *** VERTRAUENSINTERVALL HÄUFIGKEIT ***
4010 REM
4020 REM *** EINGABE ***
4030 INPUT "Stichprobenumfang ",N
4040 INPUT "Relative Häufigkeit ",H
4060 INPUT "Stat. Sicherheit ",P
4099 REM
4100 IF P<.5 THEN P=1-P
4105 Q=1-P
4110 DEF FNR(X)=INT(1000*X+.5)/1000
4120 GOSUB 4400
4130 B=1+X*X/N:C=H+X*X/2/N
4135 D=SQR(H*(1-H)/N+X*X/4/(N*N))
4140 H1=FNR((C-X*D)/B)
4150 H2=FNR((C+X*D)/B)
4160 PRINT
4170 PRINT TAB(10)"Vertrauensintervall = (";H1;";";H2;")"
4180 PRINT
4181 GOSUB 5000
4182 INPUT "Soll erneut gestartet werden (J/N)";E$
4183 IF E$="N" THEN GOTO 4195
4184 IF E$="J" THEN GOTO 4000
4185 PRINT:PRINT TAB(10)"Falsche Eingabe, bitte ändern !!!"
4186 GOTO 4182
4195 END
4199 REM
4400 REM *** UNTERPROGRAMM ***
4410 C0=2.515517:C1=.802853:C2=.010328
4420 D1=1.432788:D2=.189269:D3=.001308
4430 T=SQR(LOG(1/Q/Q))
4440 C=C0+T*(C1+T*C2)
4450 D=1+T*(D1+T*(D2+T*D3))
4460 X=FNR(T-C/D)
```

```
4470 RETURN
5000 REM *** DRUCK ***
5010 INPUT "Sollen die Ergebnisse gedruckt werden (J/N)";E$
5020 IF E$="N" THEN RETURN
5030 IF E$="J" THEN GOTO 5100
5040 PRINT:PRINT TAB(10)"Falsche Eingabe, bitte ändern !!!"
5050 GOTO 5000
5100 LPRINT " *** VERTRAUENSINTERVALL HÄUFIGKEIT ***"
5110 LPRINT:LPRINT
5120 LPRINT " Das Ergebnis zu folgenden Eingabedaten  ":LPRINT
5130 LPRINT " Stichprobenumfang.....................";N
5140 LPRINT " Relative Häufigkeit...................";H
5150 LPRINT " Statistische Sicherheit...............";P
5160 LPRINT : LPRINT " lautet :":LPRINT:LPRINT
5170 LPRINT " Vertrauensintervall = (";H1;";";H2;")"
5180 LPRINT:LPRINT
5190 RETURN
```

```
VERTRAUENSINTERVALL HÄUFIGKEIT

Das Ergebnis zu folgenden Eingabedaten

Stichprobenumfang....................... 80
Relative Häufigkeit..................... .61
Statistische Sicherheit............... .9

lautet :

Vertrauensintervall = ( .539 ; .677 )
```

Bei einigen Fragestellungen ist es erforderlich, den Vertrauensbereich für Differenzen zwischen Häufigkeiten zu kennen, wenn diese aus zwei verschiedenen Stichproben stammen. Hierzu steht eine Formel zur Verfügung, die derjenigen für die Differenzen zwischen Mittelwerten entspricht, nämlich

$$\sigma_{(P_1 - P_2)} = \sqrt{\frac{P_1(1-P_1)}{n_1} + \frac{P_2(1-P_2)}{n_1}}$$

$\sigma(P_1 - P_2)$ ist die Standardabweichung der Differenz zwischen zwei Häufigkeiten, P_1 ist die Häufigkeit in der Stichprobe mit n_1 und P_2 die Häufigkeit in der Stichprobe mit n_2 Elementen.

Beispiel: Eine Untersuchung der Häufigkeit von Nicht-Schwimmern ergab Unterschiede zwischen einer aus Jungen und einer aus Mädchen bestehenden Stichprobe. Es soll nun geklärt werden, ob die prozentuale Differenz nur zwischen den beiden Stichproben oder auch zwischen den Grundgesamtheiten der Jungen und Mädchen besteht. Hierzu muß der Vertrauensbereich des gefundenen Unterschiedes errechnet werden. 46 % von 220 Jungen und 33 % von 230 Mädchen erwiesen sich als Schwimmer. Die Standardabweichung für die Differenz zwischen den Häufigkeiten beträgt

$$\sigma_{(P_1 - P_2)} = \sqrt{\frac{46 \cdot 54}{220} + \frac{33 \cdot 67}{230}} = 4,64\ \%.$$

Die Differenz zwischen 46 % und 33 % ist mit 15 % etwas größer als der ermittelte Zufallsbereich.

4.2.3 Vertrauensbereich für Korrelationskoeffizienten

Die Stichprobenverteilung von Pearson-Korrelationen folgt nicht der Normalverteilung. Um den Vertrauensbereich zu bestimmen, muß man zunächst eine Umrechnung in z-Werte vornehmen:

$$z_F = \frac{1}{2} \cdot \ln \frac{1+r}{1-r}.$$

Der Vertrauensbereich wird zunächst für diesen z_F-Wert bestimmt, um dann wieder auf r zurückgerechnet zu werden. Die Vertrauensgrenzen bestimmen sich nach:

$$z_F \pm z \cdot \frac{1}{\sqrt{n-3}}$$

Beispiel: Die Korrelation zwischen Reaktionszeit und Einfallsmenge in einem Assoziationsversuch bei 400 Personen beträgt r = 0,28. Es ist z_F = 0,29. Der Vertrauensbereich berechnet sich für z = 3 zu:

$$0,29 \pm 3 \cdot \frac{1}{\sqrt{397}}$$

Der Vertrauensbereich auf der z_F-Skala erstreckt sich demnach von 0,14 bis 0,43. Transformieren wir die z_F-Werte zurück in r, so ergeben sich die Vertrauensgrenzen: 0,14 bis 0,41. ∎

Es sind z_F und r ungefähr gleich, wenn die Korrelationen niedrig und die Stichproben groß sind. In diesen Fällen können wir von einer Normalverteilung ausgehen, um einen ungefähren Vertrauensbereich zu bestimmen. Die Standardabweichung für r kann dann mit ausreichender Genauigkeit nach

$$\sigma_r = \frac{1-r^2}{\sqrt{n-1}}$$

berechnet werden.

Beispiel: Die Standardabweichung im vorangegangenen Beispiel berechnet sich hiernach zu:

$$\sigma_r = \frac{1-0,29^2}{\sqrt{399}} = 0,046$$

Für z = 3 ergeben sich die Intervallgrenzen 0,29 ± 0,14, also 0,15 und 0,43. ∎

4.2.4 Prognose- und Toleranzintervall

Führt man also eine statistische Erhebung vom Umfang n durch, dann sind die berechneten Kenngrößen $\bar{x}$ und s nur Schätzwerte für die zugehörigen Parameter μ und σ der Grundgesamtheit.

Es ergeben sich folgende Problemstellungen:

a)   Wenn man aus einer Stichprobe des Umfangs n die Kenngrößen $\bar{x}$ und s erhält, in welchem Bereich liegen dann die Kenngrößen μ und σ der Grundgesamtheit? Diese Frage führt zu dem Begriff des Vertrauensbereichs (Konfidenzintervall) von Mittelwert bzw. Standardabweichung.

b)   Welche Aussage kann man über den Mittelwert $\bar{y}$ einer weiteren Stichprobe des Umfangs m machen, wenn bereits eine Stichprobe des Umfangs n mit $\bar{x}$ und s bekannt ist? In welchem Bereich ist eine zukünftige Beobachtung zu erwarten, wenn eine Stichprobe von n Einzelwerten mit $\bar{x}$ und s bereits gegeben ist? Diese Fragestellungen führen zu dem Begriff des Prognoseintervalls.

c)   In welchem Bereich liegt — mit vorgegebener Wahrscheinlichkeit — ein bestimmter Mindestanteil aller die Grundgesamtheit umfassender Werte, wenn von einer Stichprobe die Kenndaten $\bar{x}$, s und n bekannt sind? Diese Problemstellung führt zu dem Begriff des Toleranzintervalls.

Prognoseintervall

Die Prognoseintervalle sind von Bedeutung, wenn man aus einer gegebenen Menge von Daten auf weitere Werte, die bei zukünftigen Messungen anfallen, schließen will.

Gegeben sei aus einer Grundgesamtheit eine Stichprobe von n Merkmalswerten mit den Kenndaten $\bar{x}$ und s. In welchem Bereich wird der Mittelwert $\bar{y}$ einer zweiten Stichprobe von m Einzelwerten liegen, wenn von n Einzelwerten Mittelwert $\bar{x}$ und Streuung s bereits bekannt sind?

Bezeichnet man die statistische Sicherheit für den Bereich, in dem $\bar{y}$ liegen soll, mit S, dann gilt für das Prognoseintervall von $\bar{y}$:

$$\bar{x} - t \cdot s \sqrt{\frac{1}{n} + \frac{1}{m}} < \bar{y} < \bar{x} + t \cdot s \sqrt{\frac{1}{n} + \frac{1}{m}} \; .$$

Dabei ist t die Schranke der t-Verteilung für $f = n - 1$ Freiheitsgrade und die statistische Sicherheit S bei zweiseitiger Fragestellung.

Ein Spezialfall liegt vor, wenn die zweite Stichprobe nur einen Wert umfaßt (m = 1). Man erhält dann die Beziehung

$$\bar{x} - t \cdot s \sqrt{\frac{n + 1}{n}} < y < \bar{x} + t \cdot s \sqrt{\frac{n + 1}{n}} \; .$$

Beispiel: Bei einer Bestimmung des Rückstandes von Pflanzenschutzmitteln in Milch wurden folgende Gehalte gemessen:

4,3   5,6   4,8   5,2   5,3   4,9   4,5   4,1   5,3   5,6

Wenn eine weitere Messung durchgeführt wird, in welchem Bereich wird dann der Wert zu erwarten sein? (S = 95 %)

1. Schritt. Bestimmung von $\bar{x}$ und s aus den Meßwerten mit Hilfe des Programms *Arithmetisches Mittel, mittlere quadratische Abweichung und Standardabweichung:*

$\bar{x} = 4,96$
$s = 0,53$

2. Schritt: Für die statistische Sicherheit von 95 % und die Anzahl der Freiheitsgrade $f = n - 1 = 10 - 1 = 9$ ergibt sich t = 2,262.

3. Schritt. Durch Einsetzen in die Formel ergibt sich:

$$4,96 - 2,262 \cdot 0,530 \sqrt{\frac{11}{10}} < y < 4,96 + 2,262 \cdot 0,530 \sqrt{\frac{11}{10}}$$

$$4,96 - 1,26 \qquad\qquad < y < 4,96 + 1,26$$

$$3,70 < y < 6,22$$

Das weite Prognoseintervall kommt durch die starke Streuung der Werte der ersten Stichprobe zustande. ∎

Zweiseitiges Toleranzintervall

Fragt man nach den ober- und unterhalb des Mittelwertes $\bar{x}$ liegenden Grenzen, innerhalb derer mit der statistischen Sicherheit S der Anteil A aller Werte der Grundgesamtheit liegen, so ist für eine Stichprobe aus n Einzelwerten mit den Kenndaten $\bar{x}$ und s dieser Bereich durch die folgenden Grenzen gegeben (zur Bedeutung von χ^2 s. Kapitel 5):

$$\begin{aligned} \text{Untere Grenze: } & \bar{x} - cs \\ \text{Obere Grenze: } & \bar{x} + cs \end{aligned} \quad \text{mit} \quad c = r \sqrt{\frac{n-1}{\chi^2_{(P=1-S,\, f=n-1)}}}.$$

Dabei ist r durch die folgende Gleichung definiert:

$$S = \frac{1}{\sqrt{2\pi}} \int_{1/\sqrt{n}-r}^{1/\sqrt{n}+r} e^{-x^2/2}\, dx.$$

Da diese Gleichung nicht explizit nach r auflösbar ist, müssen die Werte für c entweder einer Tabelle entnommen werden oder näherungsweise berechnet werden. Dies kann über eine ähnliche Beziehung wie bei der Berechnung der t-Werte erfolgen. Es gilt:

$$c = e^{(a_0 + s_1 x + a_2 x^2 + a_3 x^3 + a_4 x^4)} \quad \text{mit} \quad x = 1/n.$$

In der Tabelle sind für $2 < n < 200$ die Konstanten a_0 bis a_4 zur Berechnung der c-Werte für verschiedene Anteile A und unterschiedliche Sicherheiten S zusammengestellt.

Tabelle: Konstanten a_0 bis a_4 zur Berechnung von $c = e^{a_0 + x\,(a_1 + x\,(a_2 + x\,(a_3 + a_4\, x)))}$ für die Ermittlung des zweiseitigen Toleranzintervalls

Anteil A der Grundgesamtheit, der im Toleranzintervall liegt	Statistische Sicherheit S	a_0	a_1	a_2	a_3	a_4
90 %	90 %	0,550687	4,920606	−14,621770	43,166676	−31,691270
	95 %	0,565496	6,202816	−18,568440	55,691234	−40,330114
	99 %	0,595186	8,654870	−24,681903	78,279082	−55,388595
95 %	90 %	0,725483	4,930747	−14,841064	43,667466	−32,084027
	95 %	0,740679	6,191356	−18,654434	56,038456	−40,792249
	99 %	0,769291	8,696865	−25,083116	79,200673	−56,145660
99 %	90 %	0,998790	4,932015	−15,040250	43,900816	−32,125845
	95 %	1,014286	6,187547	−18,820085	56,154767	−40,689296
	99 %	1,042184	8,706428	−25,462568	80,269801	−57,191221

Beispiel: Aus der laufenden Produktion von Maschinenschrauben wird eine Stichprobe vom Umfang 25 entnommen. Man findet $\bar{x} = 50{,}02$ mm und $s = 0{,}08$ mm. In welchem Bereich werden mit 99 % Sicherheit mindestens 95 % der zukünftigen Schraubenlängen liegen, wenn die Produktion sich nicht ändert?

Für die Grenzen des Toleranzintervalls erhält man

$$\bar{x} \leftrightarrow cs = 50{,}02 - 2{,}95 \cdot 0{,}08 = 49{,}784 \approx 49{,}78 \ (\text{mm})$$
$$\bar{x} + cs = 50{,}02 + 2{,}95 \cdot 0{,}08 = 50{,}256 \approx 50{,}26 \ (\text{mm})$$

$\blacksquare$

Einseitiges Toleranzintervall

Gegeben sind n Merkmalswerte einer Stichprobe aus einer Grundgesamtheit mit den Kenndaten $\bar{x}$ und s. Gefragt ist nach einem Grenzwert, oberhalb bzw. unterhalb dessen mit der statistischen Sicherheit S der Anteil A der Merkmalswerte der Grundgesamtheit liegt. Es gilt:

Untere Grenze: $x - ks$
Obere Grenze: $x + ks$

$$\text{mit} \quad k = \frac{2(n-1)}{2(n-1) - z_s^2} \left[z_A + \frac{z_s}{\sqrt{2(n-1)}} \sqrt{2\frac{n-1}{n} + z_A^2 - \frac{z_s^2}{n}} \right].$$

Dabei sind z_S und z_A die Schranken der Normalverteilung bei einseitiger Fragestellung. Der Anteil A stellt eine Mindestangabe dar: Es liegen mindestens A aller Einzelwerte oberhalb bzw. unterhalb der entsprechenden Schranke.

Beispiel: Aus der laufenden Produktion von Stahlkugeln wurde eine Stichprobe vom Umfang n = 100 entnommen. Sie ergab:

$$\bar{x} = 159{,}2 \, g \quad \text{und} \quad s = 0{,}35 \, g.$$

Bestimme die obere Grenze, unterhalb derer mit 95 % Sicherheit mindestens 99 % der produzierten Stahlkugeln liegen.

Es liegen mit 95 % Sicherheit 99 % der noch zu produzierenden Stahlkugeln unter
$\bar{x} + ks = 159{,}2 + 2{,}68 \cdot 0{,}35 \approx 160{,}14 \, g.$

$\blacksquare$

4.3 Umfang von Stichproben

4.3.1 Stichprobenumfang zur Bestimmung von Mittelwerten

Bei der Planung von statistischen Erhebungen stellt sich insbesondere die Frage: Wie viele Messungen sind mindestens durchzuführen, damit der Mittelwert x der Stichprobe um nicht mehr als einen bestimmten Betrag d — bei vorgegebener statistischer Sicherheit — vom Mittelwert der Grundgesamtheit abweicht?

Es sind zwei Fälle zu unterscheiden:

a) Die Streuung σ ist bekannt,

b) die Streuung σ ist unbekannt.

Stichprobenumfang bei bekannter Streuung

Sind von der Grundgesamtheit μ und σ bekannt, dann kann man in der Gleichung für den Vertrauensbereich den t-Wert durch die Schranke z der Normalverteilung und die geschätzte Streuung s durch die Standardabweichung σ der Grundgesamtheit ersetzen. Es gilt:

$$\bar{x} - \frac{z(S) \cdot \sigma}{\sqrt{n}} \leqslant \mu \leqslant \bar{x} + \frac{z(S) \cdot \sigma}{\sqrt{n}}.$$

Durch Umformung erhält man dann für die statistische Sicherheit S:

$$|\bar{x} - \mu| = \frac{z(S) \cdot \sigma}{\sqrt{n}} \, .$$

Die Auflösung dieser Gleichung nach n liefert die Beziehung

$$n = \frac{z^2(S) \cdot \sigma^2}{(\bar{x} - \mu)^2} \, .$$

Der berechnete n-Wert stellt den minimalen Stichprobenumfang dar, der mindestens erforderlich ist, damit der wahre Mittelwert μ mit der statistischen Sicherheit S um nicht mehr als einen vorgegebenen Betrag $d = |\bar{x} - \mu|$ vom Wert $\bar{x}$ abweicht.

Der so berechnete n-Wert ist im allgemeinen keine ganze Zahl. Da der Stichprobenumfang aber nur ganzzahlig sein kann, ist das effektiv benötigte n die kleinste ganze Zahl, die größer als das so berechnete n ist:

$$n = \text{INT} \left(1 + \frac{z^2(S) \cdot \sigma^2}{d^2} \right).$$

Die Schranke z ist die Integralgrenze der Normalverteilung bei zweiseitiger Fragestellung und kann mit dem Programm *Schranken der Normalverteilung* ermittelt werden.

Beispiel: Eine bestimmte Methode zum Nachweis von Cadmium in pflanzlichem Gewebe hat eine Streuung von 0,1 mg pro kg untersuchten Gewebes. Wie viele Wiederholungsmessungen sind durchzuführen, wenn der Mittelwert x um nicht mehr als 0,05 mg vom tatsächlichen Gehalt abweichen darf? Die Sicherheit der Aussage soll mit 95 % geschehen.

    Stat. Sicherheit .95
    Genauigkeit .Ø5
    Standardabweichung .1
    Stichprobenumfang 11

Der Mindestumfang der Stichprobe (Anzahl der Wiederholungsmessungen) muß also 11 betragen.   ■

Programmlisting:

```
4000 REM *** STICHPROBENUMFANG ***
4010 REM
4020 INPUT "Statistische Sicherheit    ",W
4030 INPUT "Genauigkeit                ",D
4040 INPUT "Standardabweichung         ",ST:PRINT:PRINT
4050 REM
4060 GOSUB 5000
4070 N=INT(1+Z*Z*ST*ST/D/D)
4080 PRINT TAB(10)"Stichprobenumfang    ";N:PRINT
4090 REM
4091 GOSUB 6000
4092 INPUT "Soll erneut gestartet werden (J/N) ";E$
4093 IF E$="N" THEN GOTO 4100
4094 IF E$="J" THEN PRINT:PRINT: GOTO 4000
4095 PRINT:PRINT TAB(10)"Falsche Eingabe, bitte ändern !"
4096 GOTO 4092
4100 END
4110 REM
```

```
4120 REM *** UNTERPROGRAMM ***
5000 REM *** SCHRANKEN NORMALVERTEILUNG ***
5030 C0=2.515517
5040 C1=.802853
5050 C2=.010328
5060 D1=1.432788
5070 D2=.189269
5080 D3=.001308
5110 E=1
5210 IF E=2 THEN W=.5+W/2
5220 IF W<.5 THEN Q=W:GOTO 5240
5230 Q=1-W
5240 T=SQR(-LOG(Q*Q))
5250 S=C0+T*(C1+T*C2)
5260 N=1+T*(D1+T*(D2+T*D3))
5270 Z=T-S/N
5280 IF E=2 THEN 5399
5290 IF W<.5 THEN Z=-Z
5399 RETURN
6000 REM *** DRUCK ***
6005 PRINT
6010 INPUT "Sollen die Ergebnisse gedruckt werden (J/N) ";E$
6020 IF E$="N" THEN PRINT:RETURN
6030 IF E$="J" THEN 6100
6040 PRINT:PRINT TAB(10)" Falsche Eingabe, bitte ändern !!!"
6050 GOTO 6000
6100 LPRINT " Stichprobenumfang "
6110 LPRINT:LPRINT
6120 LPRINT " Das Ergebnis zu folgenden Eingabedaten   ":LPRINT
6130 LPRINT " Statistische Sicherheit...............";W
6140 LPRINT " Genauigkeit..........................";D
6150 LPRINT " Standardabweichung....................";ST
6160 LPRINT:LPRINT " lautet :":LPRINT:LPRINT
6170 LPRINT " Stichprobenumfang.............";N
6180 LPRINT:LPRINT
6185 PRINT
6190 RETURN
```

```
Stichprobenumfang


Das Ergebnis zu folgenden Eingabedaten

Statistische Sicherheit.................. .95
Genauigkeit............................. .05
Standardabweichung...................... .1


lautet :


Stichprobenumfang.............. 11
```

Stichprobenumfang bei unbekannter Streuung

Wenn von einer Grundgesamtheit sowohl μ als auch σ unbekannt sind, dann lassen sich für Mittelwert und Streuung nur die Schätzwerte $\bar{x}$ und s angeben. Für den Wert μ gilt dann:

$$\bar{x} - \frac{t(S, f = n - 1) \cdot s}{\sqrt{n}} \leqslant \mu \leqslant \bar{x} + \frac{t(S, f = n - 1) \cdot s}{\sqrt{n}} \, .$$

Mit $d = \bar{x} - \mu$ folgt dann:

$$n = \text{INT} \left(1 + \frac{t^2 (S, f = n - 1) \cdot s^2}{d^2} \right).$$

Da auch der t-Wert von n abhängt, kann die Beziehung nicht explizit berechnet werden. Weiterhin ist zu berücksichtigen, daß σ unbekannt ist. Das Problem kann man lösen, wenn man für σ eine obere Schranke s^o annimmt und diese mit der Standardabweichung s der Stichprobe gleichsetzt. Man berechnet dann nacheinander für n = 2, n = 3, n = 4 usw. den Ausdruck

$$d' = \frac{t(S, f = n - 1)}{\sqrt{n}} \cdot s^o$$

Dieses Verfahren führt man solange fort, bis der Wert d' kleiner wird als die vorgegebene Differenz $d = \bar{x} - \mu$. Der Wert n stellt dann den minimalen Stichprobenumfang dar.

Beispiel: Wir betrachten das voranstehende Beispiel und machen dabei die Annahme, daß die Standardabweichung σ der Grundgesamtheit noch nicht bekannt sei. Aus einigen Einzelmessungen wird s abgeschätzt zu s = 0,15 mg. Die Abweichung d zwischen tatsächlichem Mittelwert μ und Mittelwert $\bar{x}$ der Stichprobe soll nicht mehr als 0,05 mg betragen. Wie groß muß die Stichprobe (Anzahl der Wiederholungsmessungen) sein, wenn die Aussage mit der statistischen Sicherheit von 95 % erfolgen soll?

Lösung: Stat. Sicherheit .95
          Genauigkeit .Ø5
          Max. Streuung .15
          Stichprobenumfang 27

          Die Anzahl der Wiederholungsmessungen muß mindestens 27 betragen.   ■

Programmlisting:

```
4000 REM *** STICHPROBENUMFANG ***
4010 REM *** STREUUNG UNBEKANNT ***
4020 REM
4025 REM *** EINGABE ***
4026 REM
4030 INPUT "Statistische Sicherheit      ",W1
4040 INPUT "Genauigkeit                  ",D
4050 INPUT "Maximale Streuung            ",ST:PRINT:PRINT
4060 N=2
4070 DF=N-1:W=W1:GOSUB 5000
4080 DS=T*ST/SQR(N)
4090 IF DS<D THEN 4200
4100 N=N+1:W=W1:GOTO 4070
4200 PRINT TAB(10)"Stichprobenumfang        ";N
4210 GOSUB 6000
4211 INPUT "Soll erneut gestartet werden (J/N)";E$
4212 IF E$="N" THEN GOTO 4220
```

```
4213 IF E$="J" THEN PRINT:PRINT:GOTO 4000
4214 PRINT:PRINT TAB(10)"Falsche Eingabe, bitte ändern !!!"
4215 GOTO 4211
4219 REM
4220 END
4230 REM
5000 REM *** UNTERPROGRAMM ***
5010 E=1
5020 C0=2.515517:C1=.802853:C2=.010328
5030 D1=1.432788:D2=.189269:D3=.0013
5040 IF E=2 THEN W=.5+W/2
5050 IF W<.5 THEN Q=W:GOTO 5170
5060 Q=1-W
5170 T=SQR(-LOG(Q*Q))
5180 S=C0+T*(C1+T*C2)
5190 NP=1+T*(D1+T*(D2+T*D3))
5200 Z=T-S/NP
5210 IF E=2 THEN Z=Z
5230 IF W<.5 THEN Z=-Z
5240 G1=(Z*Z+1)*Z/4
5250 G2=((5*Z*Z+16)*Z*Z+3)*Z/96
5260 G3=(((3*Z*Z+19)*Z*Z+17)*Z*Z-15)*Z/384
5270 G4=((((79*Z*Z+776)*Z*Z+1482)*Z*Z-1920)*Z*Z-945)*Z/92160
5280 T=Z+G1/DF+G2/(DF*DF)+G3/(DF*DF*DF)+G4/(DF*DF*DF*DF)
5290 RETURN
6000 REM *** DRUCK ***
6005 PRINT
6010 INPUT "Sollen die Ergebnisse gedruckt werden (J/N) ";E$
6020 IF E$="N" THEN PRINT:RETURN
6030 IF E$="J" THEN 6100
6040 PRINT:PRINT TAB(10)"Falsche Eingabe, bitte ändern !!!"
6050 GOTO 6000
6100 LPRINT " *** STICHPROBENUMFANG / STREUUNG UNBEKANNT ***"
6110 LPRINT:LPRINT
6120 LPRINT " Das Ergebnis zu folgenden Eingabedaten  ":LPRINT
6130 LPRINT " Statistische Sicherheit.................";W1
6140 LPRINT " Genauigkeit.............................";D
6150 LPRINT " Maximale Streuung.......................";ST
6160 LPRINT:LPRINT " lautet :":LPRINT:LPRINT
6170 LPRINT " Stichprobenumfang.......................";N
6180 LPRINT:LPRINT:PRINT
6190 RETURN
```

```
STICHPROBENUMFANG / STREUUNG UNBEKANNT


Das Ergebnis zu folgenden Eingabedaten

Statistische Sicherheit.................. .95
Genauigkeit.............................. .05
Maximale Streuung........................ .15


lautet :


Stichprobenumfang........................ 27
```

4.3.2 Stichprobenumfang für Häufigkeitsbestimmungen

Viele Erhebungen sollen lediglich Häufigkeiten einschätzen, die zum Beispiel in Gestalt von Prozentzahlen ausgewiesen werden. Es soll nun der Umfang einer Stichprobe derart bestimmt werden, daß der Konfidenzbereich zu einem gewonnenen P die Länge 2d annimmt. Es gilt dann für den Stichprobenumfang

mit Zurücklegen

$$n \geqslant \frac{t^2 \cdot P \cdot Q}{d^2} \qquad \text{mit } Q = 1 - P$$

ohne Zurücklegen

$$n \geqslant \frac{t^2 \cdot P \cdot Q \cdot N}{(N - 1)\, e^2 + t^2 \cdot P \cdot Q} \qquad \text{mit } Q = 1 - P \text{ und } N = \text{Umfang der Grundgesamtheit}$$

Ist der Anteil P nicht bekannt, dann wird der ungünstigste Fall $P = Q = 0,5$ eingesetzt.

4.3.3 Stichprobenumfang bei Korrelationsanalysen

Da der Wert

$$t = \frac{r}{\sqrt{1 - r^2}} \cdot \sqrt{n - 2}$$

einer t-Verteilung mit $df = n - 2$ Freiheitsgraden folgt, lassen sich daraus für eine jeweils vorgegebene Irrtumswahrscheinlichkeit und bei bekannten Freiheitsgraden diejenigen r-Werte berechnen, für die die Nullhypothese gerade noch als gültig angenommen werden kann.

Beispiel: Das Programm (Kap. 5) der t-Verteilung liefert:

Korrelations- koeffizient r	statistische Sicherheit S		
	95 %	99 %	99,9 %
.10	400	700	1200
.20	100	170	280
.30		75	120

5 Wahrscheinlichkeitsverteilungen

Die Werte, die bei einem Zufallsexperiment auftreten können, treten mit einer gewissen Wahrscheinlichkeit auf. Ist diese Wahrscheinlichkeitsverteilung bekannt, dann kann man mit Hilfe der Statistik die Bedeutsamkeit empirischer Abweichungen von den theoretisch bestimmten Werten bestimmen.

5.1 Binomialverteilung

Ein (einstufiger) *Bernoulli-Versuch* ist ein Zufallsversuch mit genau zwei möglichen Ergebnissen, die man mit Erfolg und Mißerfolg bezeichnet.

Die Abfolge von n voneinander unabhängigen Bernoulli-Versuchen mit jeweils gleicher Erfolgswahrscheinlichkeit nennt man n-stufigen Bernoulli-Versuch oder *Bernoulli-Kette*. Beispiele hierfür sind das 5-malige Werfen einer Münze oder das Ziehen von n Karten mit Zurücklegen aus einem Kartenspiel.

Mit der *Binomialverteilung* wird die Wahrscheinlichkeit berechnet, daß in einem n-stufigen Bernoulli-Versuch ein Ereignis mit der Einzelwahrscheinlichkeit p genau k-mal auftritt.

$$B_n(k) = \binom{n}{k} p^k q^{n-k} = \frac{n!}{k!(n-k)!} p^k q^{n-k}$$

Dabei ist

    n Anzahl der Versuche

    k Zahl der Versuche, in denen das Ereignis eintritt

    p Wahrscheinlichkeit, daß das Ereignis bei einem Einzelversuch eintritt

$q = 1 - p$ Wahrscheinlichkeit, daß das Ereignis bei einem Einzelversuch nicht eintritt

Bei der Berechnung aufeinanderfolgender Einzelwahrscheinlichkeiten ist die Anwendung einer Rekursionsformal zweckmäßig

$$B_n(k+1) = \frac{n-k}{k+1} \cdot \frac{p}{q} \cdot B_n(x),$$

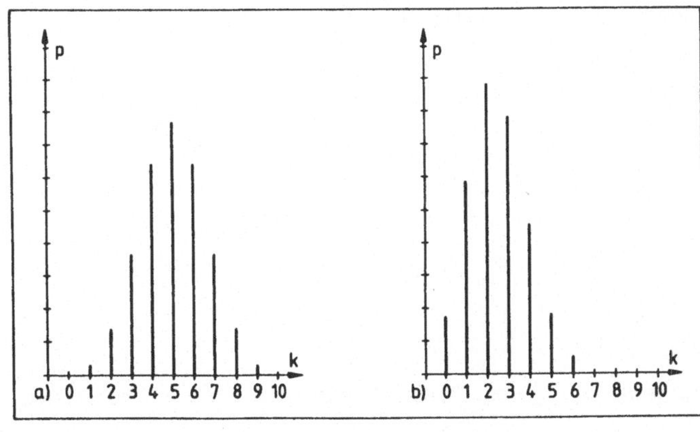

Bild 5.1 Binomialverteilung
a n = 10; p = 0,5;
b) n = 10; p = 0,25

wobei der Beginn (Initialisierung) erfolgt mit

$$B_n(0) = q^n$$

Der Erwartungswert der Binomialverteilung ist

$\mu = np$ und die Standardabweichung $\sigma = \sqrt{n \cdot p \cdot (1 - p)}$

Beispiel: In einem Energieversorgungssystem sind n = 50 Kraftwerksblöcke mit der Ausfallwahrscheinlichkeit p = 3 % an der Energiebereitstellung beteiligt.

a)   Wie groß ist die Wahrscheinlichkeit, daß genau 6 Blöcke gleichzeitig ausfallen?

b)   Wie groß ist die Wahrscheinlichkeit dafür, daß 10 oder mehr Blöcke gleichzeitig ausfallen?

Lösung: a)   Anzahl N der Stufen = 5Ø
                 Wahrscheinlichkeit P = .Ø3
                 Betrachtete Anzahl K = 6
                 Wahrscheinlichkeit für genau K Ereignisse = 3.Ø32682E-Ø3

           b)   Anzahl N der Stufen = 5Ø
                 Wahrscheinlichkeit P = .03
                 Betrachtete Anzahl K = 1Ø
                 Wahrscheinlichkeit für mindestens K Ereignisse = 1.9636618E-Ø6   ■

Programmbedienung:

Eingabe der

  — Anzahl der Stufen n
  — Einzelwahrscheinlichkeit p
  — betrachteten Anzahl k

Ausgabe der Wahrscheinlichkeit, daß das Ereignis

  — genau k-mal auftritt
  — höchstens k-mal auftritt
  — mindestens k-mal auftritt

Programmlisting:

```
5000   REM *** BINOMIALVERTEILUNG ***
5010   REM
5020   REM *** EINGABE ***
5030   INPUT "Anzahl der Stufen............N=",N
5040   INPUT "Wahrscheinlichkeit...........P=",P
5050   INPUT "Betrachtete Anzahl...........K=",K
5060   PRINT
5099   REM
5100   REM *** VERARBEITUNG ***
5110   Q=1-P
5120   S=0
5130   FOR I=0 TO K
5140   GOSUB 11300
5150   B=BK * P^I * Q^(N-I)
5160   S= S+B
5170   NEXT I
5175   T=1-S+B
5199   REM
5200   REM *** AUSGABE ***
5210   PRINT "Wahrscheinlichkeit für genau ";K;" Ereignisse:        ";B:PRINT
```

```
5220   PRINT "Wahrscheinlichkeit für höchstens ";K;" Ereignisse:    ";S:PRINT
5230   PRINT "Wahrscheinlichkeit für mindestens ";K;" Ereignisse: ";T:PRINT
5240   PRINT
5250   GOSUB 15000
5260   INPUT "Soll erneut gestartet werden (J/N) ";W$
5270   IF W$="J" OR W$="j" THEN GOTO 5280
5271   IF W$="N" OR W$="n" THEN GOTO 5300
5272   PRINT "Falsche Eingabe, bitte ändern !!!":GOTO 5260
5280   ERASE X,Y:GOTO 5000
5299   REM
5300   END
11300  REM *** UNTERPROGRAMME ***
11310  BK=1:KK=I
11320  IF I>N/2 THEN KK=N-I
11330  IF KK=0 THEN 11370
11340  FOR L=1 TO KK
11350  BK = BK/L*(N-KK+L)
11360  NEXT L
11370  RETURN
15000  REM *** DRUCKAUSGABE  ***
15010  INPUT "Sollen die Ergebnisse ausgedruckt werden (J/N)?",DRUCK$
15020  IF DRUCK$="J" OR DRUCK$="j" THEN 15030 ELSE RETURN
15030  LPRINT"     ***   Binomialverteilung  ***"
15050  LPRINT:LPRINT "Das Ergebnis zu folgenden Eingabedaten   ":LPRINT
15070  LPRINT
15080  LPRINT "Anzahl der Stufen:          n= ";N
15090  LPRINT "Einzelwahrscheinlichkeit: p= ";P
15100  LPRINT "Betrachtete Anzahl:         k= ";K
15110  LPRINT
15120  LPRINT "  lautet :"
15130  LPRINT "  ========":LPRINT
15140  LPRINT "Wahrscheinlichkeit für genau       ";K;" Ereignisse: ";B
15150  LPRINT "Wahrscheinlichkeit für höchstens   ";K;" Ereignisse: ";S
15160  LPRINT "Wahrscheinlichkeit für mindestens ";K;" Ereignisse: ";T
15170  LPRINT
15200  RETURN
```

Testlauf:

```
BINOMIALVERTEILUNG


Das Ergebnis zu folgenden Eingabedaten


Anzahl der Stufen:          n=   50
Einzelwahrscheinlichkeit: p=   .03
Betrachtete Anzahl:         k=   6

   lautet :
   ========

Wahrscheinlichkeit für genau         6  Ereignisse:   3.0327E-03
Wahrscheinlichkeit für höchstens     6  Ereignisse:   .999301
Wahrscheinlichkeit für mindestens   6  Ereignisse:   3.73138E-03
```

Die Binomialverteilung mit dem Erwartungswert $\mu = n\,p$ und der Varianz $\sigma = \sqrt{npq}$ kann für $n\,p > 4$ und $nq > 4$ durch eine $np - \sqrt{npq}$-Normalverteilung angenähert werden (s. auch 5.4).

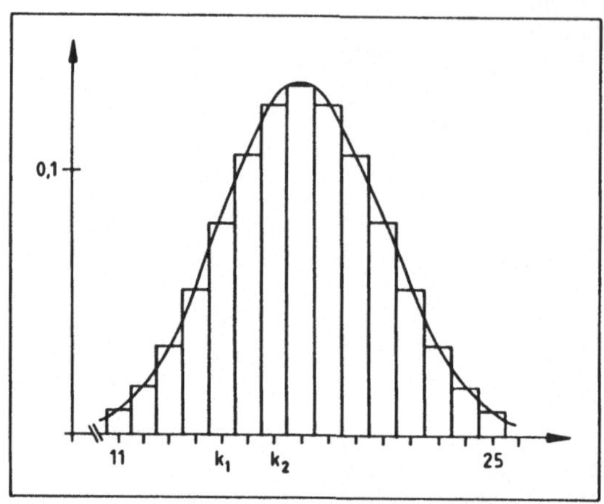

Bild 5.2
Approximation der
Binomialverteilung
durch eine Normal-
verteilung

Das Binomialmodell (Urnenmodell „mit Zurücklegen") kann oft auch dann verwendet werden, wenn eigentlich das hypergeometrische Modell (Urnenmodell „ohne Zurücklegen") angebracht wäre (5.2). Werden nämlich der Urneninhalt N und die Anzahl M der markierten Kugeln größer, so kommt es immer weniger darauf an, ob die gerade entnommene Kugel zurückgelegt wird oder nicht Beide Modelle führen dann zu den gleichen Wahrscheinlichkeiten.

Aufgaben

1. Wie groß ist die Wahrscheinlichkeit, bei 10 Würfen mit einem regelmäßigen Würfel genau 3 mal eine sechs zu würfeln?

Lösung: 0.155095

2. a) Wie groß ist die Wahrscheinlichkeit, daß bei 20 Geburten 10 Mädchen und 10 Jungen geboren werden? Die Wahrscheinlichkeit der Geburt eines männlichen Säuglings sei genauso groß wie die eines weiblichen ($p = 0.5$).

b) Wie wahrscheinlich ist es, daß die Anzahl der Mädchen zwischen 9 und 12 (je einschließlich) liegt?

Lösung: a) 0.0176 b) 0.617

3. Eine Frau weiß, daß sie in 60 % der Fälle ihren Partner im Tennis schlagen kann. Wie groß ist die Wahrscheinlichkeit dafür, daß sie

a)   die nächsten drei Spiele für sich entscheiden kann?

b)   mindestens zwei der nächsten drei Spiele gewinnt?

Lösung: a) 0.216 b) 0.648

4. Ein Versandhaus stellte durch Beobachten fest, daß auf 100 versandte Kataloge 10 Bestellungen eingehen. Wie groß ist die Wahrscheinlichkeit, daß

a)   keine Bestellungen,

b)   genau zwei Bestellungen

eingehen?

Lösung: a) 0.1216 b) 0.2852

5. Aus einer Kiste werden Transistoren entnommen. 10 % dieser Transistoren sind defekt.

a)   Wie groß ist die Wahrscheinlichkeit, daß bei drei Versuchen genau drei defekte Transistoren
        gezogen werden?

b)   Wie groß ist die Wahrscheinlichkeit, daß alle drei Transistoren gut sind?

Lösung: a) 0.001   b) 0.792

6. Ein Gerät besteht aus 6 verschiedenen Bauteilen. Der Hersteller weiß, daß normalerweise jedes
hundertste Bauteil defekt ist. Wie groß ist die Wahrscheinlichkeit, daß ein ganzes Gerät einwandfrei
arbeitet?

Lösung: 0.53

7. Eine bestimmte Therapie mit einer Erfolgswahrscheinlichkeit von p = 80 % wird bei 16 Patienten
angewendet mit k = 14 Erfolgen. Wie wahrscheinlich ist nach dem Binomialmodell

a)   dieses Ergebnis?

b)   ein mindestens so gutes Ergebnis?

Lösung: a) 0.21   b) 0.35

5.2 Hypergeometrische Verteilung

Bei vielen Zufallsversuchen, wie dem Ziehen der Lottozahlen oder dem Ziehen von Spiel-
karten, werden die gezogenen Kugeln oder Karten nicht wieder zurückgelegt. Ein Modell
für solche Zufallsversuche ist das Urnenschema ohne Zurücklegen: Wird ein Urnenversuch
so durchgeführt, daß die gezogenen Kugeln nicht wieder in die Urne zurückgelegt werden,
so ändert sich systematisch bei jedem Zug die Wahrscheinlichkeit. Die Wahrscheinlichkeitsverteilung bei derartigen Versuchen ist durch die hypergeometrische Verteilung gegeben.

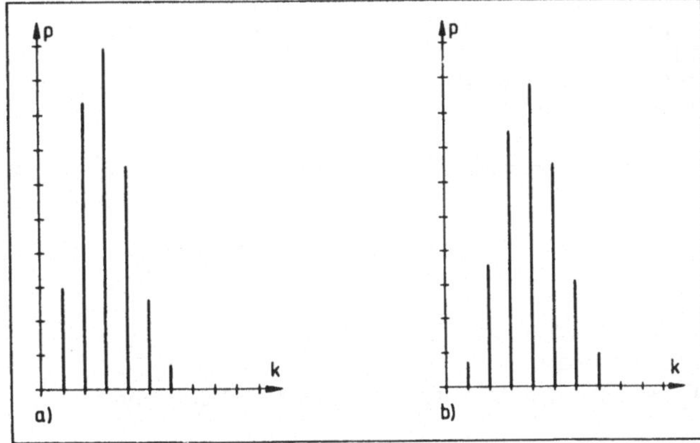

Bild 5.3 Hypergeometrische Verteilung a) G = 100, N = 30, k = 10; b) G = 100, N = 20, k = 10

Gegeben ist eine Grundgesamtheit von G Elementen, unter denen M Elemente eine bestimmte Eigenschaft A haben bzw. ein bestimmtes Ereignis darstellen. Die hypergeometrische Verteilung

$$H(N, M, n, k) = \frac{\binom{M}{k} \cdot \binom{G-M}{N-k}}{\binom{G}{N}}$$

gibt die Wahrscheinlichkeit an, daß bei einer Stichproben-Entnahme von N Elementen (Ziehen ohne Zurücklegen) genau k Elemente die Eigenschaft A besitzen bzw. das Ereignis A in der Stichprobe genau k-mal eintritt.

Das Programm berechnet die hypergeometrische Verteilung über die Rekursionsformel:

$$P(k+1) = \frac{M-k}{k+1} \cdot \frac{N-k}{G-M-N+k+1} \cdot P(k)$$

Dabei wird von

$$P(0) = \frac{\binom{G-M}{N}}{\binom{G}{N}}$$

ausgegangen.

Der Erwartungswert der hypergeometrischen Verteilung ist

$$\mu = N \cdot \frac{M}{G} \qquad \text{und die Varianz} \qquad \sigma^2 = \frac{N \cdot M \cdot (G-M) \cdot (G-N)}{G^2 \cdot (G-1)} \, .$$

Beispiel: Eine Sendung von 100 Transistoren enthält 12 unbrauchbare Transistoren. Wie groß ist die Wahrscheinlichkeit, daß bei einer Entnahme von 10 Stück

    a) genau 3; b) höchstens 3 c) mindestens 3

Transistoren fehlerhaft sind?

Lösung: Gesamtzahl der Elemente G = 100
           Anzahl der Elemente mit der betrachteten Eigenschaft in der Grundmenge M = 12
           Größe der Stichprobe N = 10
           Anzahl der Elemente mit der betrachteten Eigenschaft in der Stichprobe K = 3
           a) Wahrscheinlichkeit H = 8.0682221E-02
           b) Summenwahrscheinlichkeit S = .98258109
           c) Wahrscheinlichkeit für mindestens K Ereignisse 9.8101127E-02

Programmbedienung:

Eingabe

    — Gesamtzahl der Elemente G
    — Anzahl der Elemente mit der betrachteten Eigenschaft M
    — Anzahl der Versuche N (Stichprobe)
    — Anzahl der Elemente mit der betrachteten Eigenschaft in der Stichprobe k

Ausgabe

Wahrscheinlichkeit für

    — genau k
    — höchstens k
    — mindestens k

Elemente mit der betrachteten Eigenschaft in der Stichprobe.

Bei der Eingabe der Daten ist darauf zu achten, daß $G \geqslant M$, $G \geqslant N$, $M \geqslant K$ und $N \geqslant K$ ist. K darf null sein, aber nicht negativ.

Programmlisting:

```
5000  REM *** HYPERGEOMETRISCHE VERTEILUNG ***
5010  REM
5020  REM *** EINGABE ***
5030  INPUT "Gesamtzahl der Elemente der Grundmenge:  G= ";G
5035  PRINT "Anzahl der Elemente mit der betrachteten "
5040  INPUT "Eigenschaft in der Grundmenge:          M= ";M
5050  INPUT "Größe der Stichprobe:                    N= ";N
5055  PRINT "Anzahl der Elemente mit der betrachteten "
5060  INPUT "Eigenschaft in der Stichprobe:          K= ";K
5070  PRINT:PRINT
5099  REM
5100  REM *** VERARBEITUNG ***
5110  REM
5120  X=M:Y=0:GOSUB 11300
5130  H=BK
5140  X=G-M:Y=N:GOSUB 11300
5150  H=H*BK
5160  X=G:Y=N:GOSUB 11300
5170  H=H/BK:S=H
5180  IF K=0 THEN 5300
5199  REM
5200  FOR J=1 TO K
5210  H=H*(M-J+1)*(N-J+1)/J/(G-M-N+J)
5220  S=S+H
5230  NEXT J
5235  T=1-S+H
5299  REM
5300  REM *** AUSGABE ***
5310  PRINT "Wahrscheinlichkeit:............................ H=  ";H
5320  PRINT "Summenwahrscheinlichkeit:...................... S=  ";S
5330  PRINT "Wahrscheinlichkeit für mindestens ";K;" Ereignisse: ";T
5335  PRINT
5340  GOSUB 15000
5350  INPUT "Soll erneut gestartet werden (J/N) ";W$
5360  IF W$="J" OR W$="j" THEN  GOTO 5370
5365  IF W$="N" OR W$="n" THEN GOTO 5390
5366  PRINT "Falsche Eingabe, bitte ändern !!!":GOTO 5350
5370  GOTO 5000
5390  END
5400  REM
11300 REM ***BINOMIALKOEFFIZIENTEN ***
11310 BK=1:KK=Y
11330 IF KK=0 THEN GOTO 11370
11340 FOR L=1 TO KK
11350 BK = BK/L*(X-L+1)
11360 NEXT L
11370 RETURN
15000 REM *** DRUCK ***
15010 INPUT "Sollen die Ergebnisse ausgedruckt werden (J/N) ";DRUCK$
15020 IF DRUCK$="J" THEN 15050
15030 IF DRUCK$="N" THEN RETURN
15040 PRINT "Falsche Eingabe, bitte ändern !!!":GOTO 15010
15050 LPRINT" Hypergeometrische Verteilung "
15060 LPRINT:LPRINT
15070 LPRINT "Das Ergebnis zu folgenden Eingabedaten  ":LPRINT
```

```
15080 LPRINT "Gesamtzahl der Elemente in der Grundmenge:....G= ";G
15090 LPRINT "Anzahl der Elemente mit der betrachteten "
15100 LPRINT "Eigenschaft in der Grundmenge:...............M= ";M
15110 LPRINT "Größe der Stichprobe:........................N= ";N
15120 LPRINT "Anzahl der Elemente mit der betrachteten "
15130 LPRINT "Eigenschaft in der Stichprobe:..............K= ";K
15140 LPRINT:LPRINT "lautet :"
15150 LPRINT "========"
15160 LPRINT
15170 LPRINT "Wahrscheinlichkeit:.................................H= ";H
15180 LPRINT "Summenwahrscheinlichkeit:..........................S= ";S
15190 LPRINT "Wahrscheinlichkeit für mindestens ";K;" Ereignisse: ";T
15210 RETURN
```

Testlauf:

```
Hypergeometrische Verteilung

Das Ergebnis zu folgenden Eingabedaten

Gesamtzahl der Elemente in der Grundmenge:...G=  20
Anzahl der Elemente mit der betrachteten
Eigenschaft in der Grundmenge:..............M=  8
Größe der Stichprobe:.......................N=  6
Anzahl der Elemente mit der betrachteten
Eigenschaft in der Stichprobe:..............K=  3

lautet :
========

Wahrscheinlichkeit:...............................H=  .317853
Summenwahrscheinlichkeit:.........................S=  .862745
Wahrscheinlichkeit für mindestens  3  Ereignisse:  .455108
```

Eine Erweiterung der hypergeometrischen Verteilung kann man auf folgende Weise vollziehen. Wir hatten festgestellt, daß die einzelnen Züge eines Bernoulli-Experiments dadurch ihre Unabhängigkeit verloren, daß die entnommenen Kugeln nicht zurückgelegt wurden. Legen wir umgekehrt beim Zug einer weißen (schwarzen) Kugel noch weitere Kugeln der gleichen Art zusätzlich in die Urne, so kann man diese Abhängigkeit verstärken. Man gelangt dann zur *Polyaschen Verteilung*, sie ist für die Untersuchung der Ausbreitung von Epidemien (bei der das Auftreten eines Krankheitsfalles dessen späteres Wiederauftreten begünstigt) von Bedeutung.

Aufgaben

1. Wie groß ist die Wahrscheinlichkeit für genau K (k = 0, k = 1) bzw. mindestens K Erfolge? Es sei
    G = 100 und N = 10

    a) M = 30   b) M = 20   c) M = 10

    Lösung:

a) K	genau	mindestens		b) K	genau	mindestens	c) K	genau	mindestens
0	.023	1.000		0	.095	1.000	0	.330	1.000
1	.113	.977		1	.268	.905	1	.408	.700

2.   Um festzustellen, wie viele Tiere (Vögel, Fische) einer Spezies in einem bestimmten Ökosystem leben, kann man einige dieser Tiere fangen, markieren und wieder freilassen. Nach einiger Zeit, wenn sich diese Tiere mit der Gesamtpopulation vermischt haben, werden wiederum Tiere eingefangen, und es wird festgestellt, wie viele Tiere dieser Stichproben markiert sind.

Dieses Rückfangexperiment kann idealisierend durch ein Urnenmodell beschrieben werden, und das Modell kann dann dazu benutzt werden, um aus den erhaltenen Daten die Gesamtzahl der Tiere im Ökosystem zu schätzen.

Dieses Vorgehen soll an kleinen Zahlen demonstriert werden. Man geht von einem Urnenmodell aus mit

G   unbekannte Anzahl der Tiere   } Urne (Ökosystem)
M = 3 Anzahl der markierten Tiere darin
N = 4 Anzahl der eingefangenen Tiere   } Stichprobe
K = 1 Anzahl der markierten Tiere darin

Wie groß ist die Wahrscheinlichkeit für verschiedene Werte von G? (zwischen 6 und 15)

Lösung:

G	Wahrscheinlichkeit		G	Wahrscheinlichkeit
6	0.2000		11	0.5091
7	0.3429		12	0.5091
8	0.4286		13	0.5035
9	0.4762		14	0.4945
10	0.5000		15	0.4945

Da die Wahrscheinlichkeit für die beobachtete Stichprobe bei G = 11 und G = 12 am größten ist, bezeichnet man diese „wahrscheinlichsten" Werte auch als Maximum-Likelihood-Schätzungen für die unbekannte Anzahl G der Tiere. Diese Schätzung ist hier nicht eindeutig, sondern liefert zwei Schätzwerte.

3.   Wie groß ist die Wahrscheinlichkeit für x richtige Zahlen beim Zahlenlotte ‚7 aus 38'?

Lösung: x = 1   H = 0,408;   x = 2   H = 0,283,   x = 3   H = 0,087
             x = 4   H = 0,012;   x = 5   H = 0,00077,   x = 6   H = 0,000017

4.   Durch Erfahrung wurde festgestellt, daß der Ausschußanteil einer Schraubenfabrikation p = 0,03 ist.

Wie groß ist die Wahrscheinlichkeit, in einer Stichprobe von n = 100 Stück (ohne Zurücklegen) aus einem Lagerbestand von 5000 Stück weniger als 3 fehlerhafte Schrauben zu erhalten?

Lösung: Es liegt das Modell einer hypergeometrischen Verteilung vor.
            Summenwahrscheinlichkeit = 0.423

5.3 Poisson-Verteilung

Der Poisson-Prozeß ist ein in der Praxis häufig vorkommender Prozeß. Er tritt dann auf, wenn folgende Bedingungen erfüllt sind:

1.   Die Wahrscheinlichkeit dafür, daß in einem kleinen Zeit- oder Raumintervall genau ein Ereignis eintritt, ist proportional zur Länge des Zeit- oder Raumintervalls.

2.   Die Wahrscheinlichkeit, daß in einem kleinen Zeit- oder Raumintervall mehrere Ereignisse eintreten, ist sehr klein.

3.   Die Anzahlen der in getrennten Zeit- oder Raumintervallen eintretenden Ereignisse sind voneinander unabhängig.

Ein Beispiel für einen solchen Poisson-Prozeß ist die Anzahl der Defekte bei einem fabrikneuen Wagen. Die Wahrscheinlichkeit für die verschiedenen möglichen Ergebnisse bei einem Poisson-Prozeß wird durch die Poisson-Verteilung beschrieben:

$$P(\mu, K) = \frac{\mu^K}{K!}\, e^{-\mu}$$

Das Programm berechnet die Poisson-Verteilung für gegebenes μ mit der Rekursionsformel

$$P(\mu, K) = \frac{\mu}{K} \cdot P(K - 1)$$

Der Ausgangswert der Rekursion ist $P(\mu, 0) = e^{-\mu}$.

Für den Erwartungswert der Poisson-Verteilung gilt:

$$\mu = n \cdot p$$

Die Varianz ist

$$\sigma^2 = \mu.$$

Es liegen durchschnittlich

68,27 % aller Merkmalswerte im Bereich $\pm\, 1\sigma$
95,44 % aller Merkmalswerte im Bereich $\pm\, 2\sigma$
99,73 % aller Merkmalswerte im Bereich $\pm\, 3\sigma$

Charakteristisch für die Poisson-Verteilung ist, daß sie im Gegensatz zur Normalverteilung schief ist. Mit größer werdendem μ nähert sich jedoch die Poisson-Verteilung immer mehr einer Normalverteilung an.

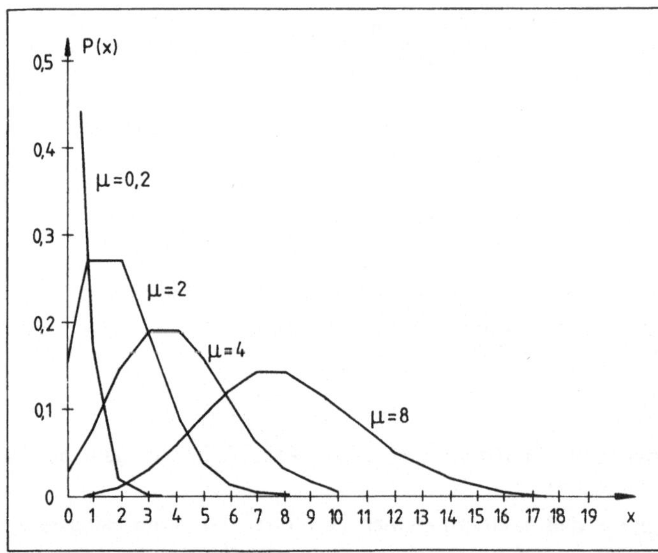

Bild 5.4
Poisson-Verteilung für
verschiedene μ-Werte

Beispiele: 1. Ein radioaktives Präparat hat eine mittlere Zählrate von 12 Impulsen pro Minute.

a)   Wie groß ist die Wahrscheinlichkeit dafür, daß genau 12 Impulse registriert werden?

b)   Wie wahrscheinlich ist es, daß höchstens 12 Impulse gezählt werden?

c)   Wie wahrscheinlich ist es, daß gar keine Impulse festgestellt werden?

Der letzte Fall hätte zur Folge, daß man das Meßgerät für defekt halten könnte, obwohl die Messung in Wirklichkeit einwandfrei wäre.

Lösung:

a) Bekannte Häufigkeit des Ereignisses = 12
    Zahl der Ereignisse = 12
    Wahrscheinlichkeit, daß das Ereignis genau k-mal eintritt = .11436792

Die Wahrscheinlichkeit, exakt 12 Impulse zu zählen, beträgt also nur rund 11,4 %. Das bedeutet, daß die mittlere Impulsrate in nur einem von 9 Fällen auch tatsächlich eintritt.

b) Summenwahrscheinlichkeit = .57596525

Die Wahrscheinlichkeit, daß 0, 1,..., 12 Impulse gezählt werden, beträgt ca. 58 %.

c) Bekannte Häufigkeit des Ereignisses = 12
    Zahl der Ereignisse = 0
    Wahrscheinlichkeit, daß das Ereignis genau k-mal eintritt = 6.1442123E-06

Die Wahrscheinlichkeit, überhaupt keine (k = 0) Impulse zu registrieren, beträgt 0,0006 %. Dieser Fall tritt im Mittel einmal unter ca. 162000 Messungen auf. Es ist also äußerst selten, daß ein defektes Zählrohr vorgetäuscht wird, obwohl der Meßwert in Wirklichkeit exakt ist.

2. De Solla Price stellte 1963 fest, daß die Zahl der doppelt, dreifach usw. gemachten wissenschaftlichen Entdeckungen nach Poisson verteilt ist. De Solla Price glaubte, dies durch die Beobachtung belegen zu können, daß Wissenschaftler zwar einen starken Drang zur eigenen Veröffentlichung hätten, jedoch nur ein geringes Bedürfnis verspürten, die Veröffentlichungen anderer zu lesen.

Anzahl der gleichzeitigen Entdeckungen	Fälle von gleichzeitiger Entdeckung	Vorhersage aus Poisson-Verteilung
2	179	184
3	51	61
4	17	15
5	6	3
≥ 6	8	1

Programmbedienung:

Eingabe

  — Mittelwert μ (bekannte Häufigkeit)
  — Anzahl der betrachteten Ereignisse K

Ausgabe

  — Wahrscheinlichkeit für genau K Ereignisse
  — Wahrscheinlichkeit für höchstens K Ereignisse
  — Wahrscheinlichkeit für mindestens K Ereignisse

Programmlisting:

```
5000    REM *** VERARBEITUNG ***
5010    REM
5020    REM ***EINGABE ***
5030    INPUT "Bekannte Häufigkeit (Mittelwert) :      ",MU
5040    INPUT "Anzahl der betrachteten Ereignisse :      ",K
5045    PRINT
5099    REM
5110    P=EXP(-MU)
5120    S=P
5130    IF K=0 THEN 5200
5140    FOR I=1 TO K
```

```
5150   P=P*MU/I
5160   S=S+P
5170   NEXT I
5180   T=1+P-S
5199   REM
5200   REM *** AUSGABE ***
5210   PRINT
5220   PRINT "Wahrscheinlichkeit für genau ";K;" Ereignisse:..... ";P
5230   PRINT "Summenwahrscheinlichkeit:........................ ";S
5240   PRINT "Wahrscheinlichkeit für mindestens ";K;" Ereignisse:.";T
5250   PRINT
5255   GOSUB 6000
5260   INPUT "Soll erneut gestartet werden (J/N) ";W$
5270   IF W$="J" THEN GOTO 5000
5280   IF W$="N" THEN END
5290   PRINT "Falsche Eingabe, bitte ändern !!!":GOTO 5260
5299   REM
5300   END
6000   REM *** DRUCKEN ***
6010   INPUT "Sollen die Ergebnisse ausgedruckt werden (J/N) ";DRUCK$
6020   IF DRUCK$="J" THEN 6050
6030   IF DRUCK$="N" THEN RETURN
6040   PRINT "Falsche Eingabe, bitte ändern !!!":GOTO 6010
6050   LPRINT"        ***    Poisson - Verteilung    ***   "
6060   LPRINT:LPRINT
6070   LPRINT "Das Ergebnis zu folgenden Eingabedaten   ":LPRINT
6080   LPRINT "Bekannte Häufigkeit des Ereignisses:................";MU
6090   LPRINT "Zahl der Ereignisse:................................";K
6100   LPRINT
6110   LPRINT "lautet :"
6120   LPRINT "=======":LPRINT
6130   LPRINT "Wahrscheinlichkeit für genau ";K;" Ereignisse:......";P
6140   LPRINT "Summenwahrscheinlichkeit:.........................";S
6150   LPRINT "Wahrscheinlichkeit für mindestens ";K;" Ereignisse:.";T
6160   RETURN
```

Testlauf:

```
 POISSON-VERTEILUNG


 Das Ergebnis zu folgenden Eingabedaten

 Bekannte Häufigkeit des Ereignisses:............... 18
 Zahl der Ereignisse:............................... 25

 lautet :
 =======

 Wahrscheinlichkeit für genau  25  Ereignisse:...... 2.36519E-02
 Summenwahrscheinlichkeit:.......................... .955393
 Wahrscheinlichkeit für mindestens  25  Ereignisse:. 6.82592E-02
```

Aufgaben

1. Wie groß ist die Wahrscheinlichkeit für genau bzw. höchstens K Ergebnisse bei

   a) $\mu = 0.2$ mit K = 0, 1, 2,

   b) $\mu = 2$ mit K = 0, 1, 2,

   Lösung:

a) K	genau	höchstens		b) K	genau	höchstens
0	.819	.819		0	.135	.135
1	.164	.982		1	.271	.406
2	.016	.999		2	.271	.677

2. Bei der Kundenberatung eines Kaufhauses sprechen in einer Stunde im Mittel 18 Kunden vor. Wie groß ist die Wahrscheinlichkeit, daß genau 3 Kunden in einer beliebigen Stunde vorsprechen?

   Lösung: $1.5 \cdot 10^{-5}$

3. Es wird angenommen, daß ein Buch mit 500 Seiten 50 Druckfehler enthält.

   a) Wie groß ist die Wahrscheinlichkeit, daß ein Kapitel von 30 Seiten zwei oder mehr Druckfehler enthält?

   b) Wie groß ist die Wahrscheinlichkeit, wenn das Kapitel 50 Seiten umfaßt?

   c) Wie groß ist die Wahrscheinlichkeit, daß eine zufällig herausgesuchte Seite keinen Druckfehler enthält?

   Lösung: a) 0.577 b) 0.875 c) 0.905

4. Eine Sekretärin macht im Durchschnitt bei 1000 Wörtern nur einen Tippfehler. Im Durchschnitt enthält eine Seite genau 250 Wörter.

   Wie groß ist die Wahrscheinlichkeit dafür, daß eine einzelne Seite 0, 1, 2, 3,... Fehler enthält?

   Lösung: $\mu = 250/1000 = 0.25$

Fehlerzahl pro Seite	Wahrscheinlichkeit
0	.778
1	.195
2	.024
3	.002
4	.000

5. Die Wahrscheinlichkeit, daß bei einer Impfung mit einen bestimmten Serum eine Gegenreaktion auftritt, beträgt p = 0.0005.

   a) Wie wahrscheinlich ist es, daß genau 5 Personen eine Gegenreaktion zeigen (erwartete Häufigkeit: $\mu = 5000 * p = 2.5$)?

   b) Wie groß ist die Wahrscheinlichkeit P, daß maximal bei 5 Personen eine Gegenreaktion auftritt?

   Lösung: a) Die Wahrscheinlichkeit, daß 5 Personen eine Gegenreaktion zeigen, ist 6.7 %.

         b) Die Wahrscheinlichkeit, daß max. 5 Personen eine Gegenreaktion zeigen, ist 94.3 %.

6. Bei der Produktion eines bestimmten Typs von integrierten Schaltkreisen beträgt der Ausschußanteil p = 0.012. Es ist die Wahrscheinlichkeit zu bestimmen, daß sich unter 200 produzierten Schaltkreisen 3 fehlerhafte befinden. Wie groß ist die Wahrscheinlichkeit, daß bei der Produktion von 200 Schaltkreisen maximal 4 fehlerhafte auftreten (erwartete Häufigkeit $\mu = 200 * p = 2.4$)?

   Lösung: Die Wahrscheinlichkeit für genau 3 bzw. max. 4 fehlerhafte Teile beträgt 20,98 % bzw. 90,41 %.

7. Ein Händler möchte seinen Wagen verkaufen. Deswegen gibt er in einer Zeitung, die etwa 9000 Abonnenten hat, eine entsprechende Anzeige auf. Wie groß ist die Wahrscheinlichkeit, daß sich 0, 1, 2, 3, 4,.... Leute auf diese Annonce hin melden, wenn normalerweise jeder 4000ste Leser reagiert?

   Lösung: $\mu = 2.25$

Zahl der Antworten	Wahrscheinlichkeit	Zahl der Antworten	Wahrscheinlichkeit
0	.105	4	.112
1	.237	5	.050
2	.266	6	.018
3	.200		

Sehr wahrscheinlich kann der Inserent also mit 1 bis 3 Antworten auf seine Annonce rechnen.

8. Eine Vermittlungszentrale wird in der Zeit T = 1 Stunde durchschnittlich sechsmal verlangt, d.h. np = c = 6.

Wie groß ist die Wahrscheinlichkeit, daß die Zentrale eine Stunde lang unbenutzt bleibt, wenn ein Poisson-Prozeß vorliegt?

Lösung: P = 0,003

5.4 Normalverteilung

5.4.1 Eigenschaften

Im Gegensatz zu den bisher behandelten diskreten Verteilungen ist die Normalverteilung eine stetige Verteilung. Für die Bedeutung der Normalverteilung gibt es mehrere Gründe:

- Viele Merkmalswerte, die bei statistischen Erhebungen oder naturwissenschaftlichen Experimenten auftreten, sind (wenigstens annähernd) normalverteilt.

- Besitzt eine eingipflige Grundgesamtheit Verteilung, so führt die Annahme, es liege eine Normalverteilung vor, in zahlreichen Fällen zu sinnvollen, praktisch brauchbaren Ergebnissen.

- Viele nicht-normalverteilte Zufallsgrößen lassen sich durch eine geeignete Transformation in die Normalverteilung überführen.

- Viele andere Verteilungen gehen im Grenzfall in die Normalverteilung über.

Das Bild der Normalverteilung ist eine glockenförmige Kurve.

Der Parameter μ gibt die Stelle des Maximums an; es ist der Erwartungswert (Mittelwert) der Verteilung. Die Standardabweichung der Verteilung ist durch σ gegeben. Es ist σ der Abstand von μ zum Wendepunkt der Kurve. Ist σ klein, dann ist die Kurve hoch und spitz. Ist σ groß, dann ist die Kurve breit und flach (Bild 5.5).

Für $\mu = 0$ und $\sigma = 1$ liegt die standardisierte Normalverteilung vor.

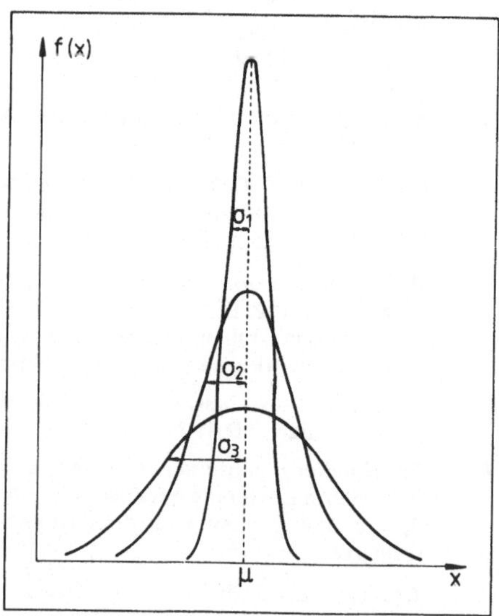

Bild 5.5 Graphen von Normalverteilungen

Die Dichtefunktion $f(x)$ der Normalverteilung (Gaußverteilung) ist definiert durch

$$f(x) = \frac{1}{\sqrt{2\pi}} \, e^{-\frac{1}{2}\left(\frac{x-\mu}{\sigma}\right)^2} \qquad \begin{aligned} \mu &= \text{Mittelwert} \\ \sigma &= \text{Standardabweichung} \end{aligned}$$

Die Umrechnung von einer beliebigen Normalverteilung mit μ und σ auf die standardisierte Normalverteilung geschieht durch:

$$z = \frac{x - \mu}{\sigma} \; .$$

Programmbedienung:

Eingabe:

- Mittelwert MU
- Standardabweichung S
- Variable X

Ausgegeben wird der Funktionswert $f(x)$.

Anschließend erscheint die Abfrage „Weitere Werte? (J/N)". Wenn J gewählt wird, erfolgt ein Sprung zu neuer Variableneingabe, d.h. Mittelwert und Standardabweichung bleiben gleich. Sollen auch Mittelwert und Standardabweichung verändert werden, so kann das Programm erneut mit RUN gestartet werden, oder der Sprungbefehl in 5310 wird geändert in 5030 (statt 5050).

Programmlisting:

```
5000   REM *** Dichte    Normalverteilung ***
5010   REM
5020   REM *** EINGABE DER WERTE ***
5021   DIM F(100),X(100)
5030   INPUT "Mittelwert          MU= ";MU
5040   INPUT "Standardabweichung S = ";S
5041   I=0
5050   PRINT
5051   I=I+1
5060   INPUT;"Variable  X=";X
5061   X(I)=X
5070   PRINT
5099   REM
5100   REM ***  VERARBEITUNG DER DATEN  ***
5110   Z=(X-MU)/S
5130   F=EXP(-Z*Z/2)/SQR(2*3.14159265)
5199   REM
5200   REM ***  AUSGABE  ***
5210   PRINT "F(";X;") = ";F
5211   F(I)=F
5220   PRINT
5230   GOSUB 5300
5231   GOSUB 6000
5232   INPUT "Soll erneut gestartet werden ? (J/N)";E$
5233   IF E$="J" THEN ERASE F,X:GOTO 5000
5234   IF E$="N" THEN END
5235   PRINT "Falsche Eingabe !":GOTO 5232
5290   END
5299   REM
```

```
5300    INPUT "Weitere Werte ? (J/N) ";E$
5310    IF E$="J" THEN 5050
5320    IF E$="N" THEN RETURN
5330    PRINT " Falsche Eingabe !" :GOTO 5300
6000    REM
6010    REM *** DRUCK ***
6020    INPUT "Soll das Ergebnis gedruckt werden ? (J/N)";E$
6030    IF E$="N" THEN RETURN
6040    IF E$="J" THEN GOTO 6100
6050    PRINT "Falsche Eingabe":GOTO 6020
6100    LPRINT:LPRINT " Dichte Normalverteilung ":LPRINT
6110    LPRINT:LPRINT "Folgende Werte wurden eingegeben :"
6120    LPRINT " Mittelwert............=";MU
6130    LPRINT " Standardabweichung....=";S
6140    LPRINT:LPRINT "Folgende Daten ergaben sich:"
6150    LPRINT "Es wurden ";I;" Werte berechnet mit folgenden Werten "
6160    N=I
6170    FOR I=1 TO N
6180    LPRINT "F(";X(I);")=";F(I)
6190    NEXT I:LPRINT:RETURN
```

Testlauf:

```
Dichte Normalverteilung

Folgende Werte wurden eingegeben :
 Mittelwert............= 0
 Standardabweichung....= 1

Folgende Daten ergaben sich:
Es wurden  3  Werte berechnet mit folgenden Werten
F( 0 )= .398942
F( 1 )= .241971
F( 2 )= .053991
```

5.4.2 Verteilungsfunktion, Integration der Normalverteilung

Für viele Anwendungen benötigt man die Fläche unter der Normalverteilung. Da dieses Integral nicht explizit lösbar ist, benötigt man in jedem Fall Näherungsverfahren.

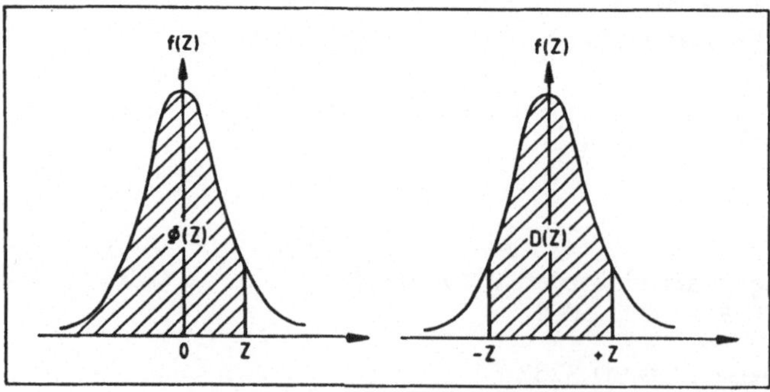

Bild 5.6 a) Verteilungsfunktion (Fläche von – Unendlich bis z)   b) Fläche von – z bis + z

Das Programm berechnet zwei verschiedene Flächen:

1.   Fläche von $-\infty$ bis z, die sogenannte Verteilungsfunktion

2.   Fläche von $-z$ bis $+z$ (Bild 5.5b)

Beispiel: Eine Glühbirne hat eine mittlere Brenndauer von $\mu = 1000$ h und eine Standardabweichung von $\sigma = 100$ h.

Wie groß ist die Wahrscheinlichkeit, daß eine beliebige Glühbirne zwischen 1000 und 1200 Stunden durchbrennt?

Lösung: Das Verhältnis der schraffierten Fläche zur Gesamtfläche ist die Wahrscheinlichkeit dafür, daß die Glühbirne in dem gegebenen Zeitraum ausfällt.

1. Schritt: Standardisierung

$$z_1 = \frac{1000 - 1000}{100} = 0 \qquad z_2 = \frac{1200 - 1000}{100} = 2$$

2. Schritt: Wir bestimmen die Werte der Verteilungsfunktion für $z = 2$ und $z = 0$

Variable Z = 2   Variable Z = 0
Fläche bis Z = .97724994   Fläche bis Z = .50000004

3. Schritt. Die Differenz der betreffenden Flächen unter dem Graphen gibt die gesuchte Wahrscheinlichkeit an:

$$W = 0{,}977 - 0{,}500 = 0{,}477 \approx 48\,\%$$

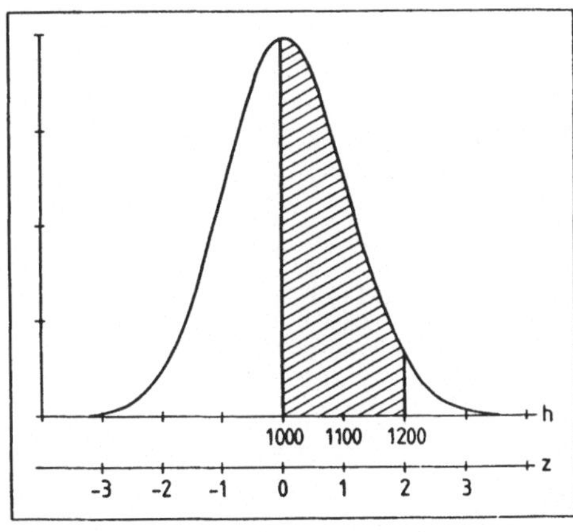

Bild 5.7
Wahrscheinlichkeit für das Ausfallen einer
Glühbirne zwischen 1000 h und 1200 h

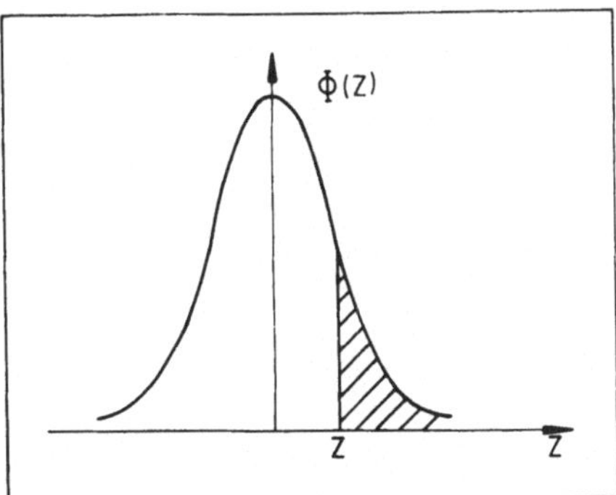

Bild 5.8 $F = 0{,}5 - \frac{1}{2}\,\Phi(z)$

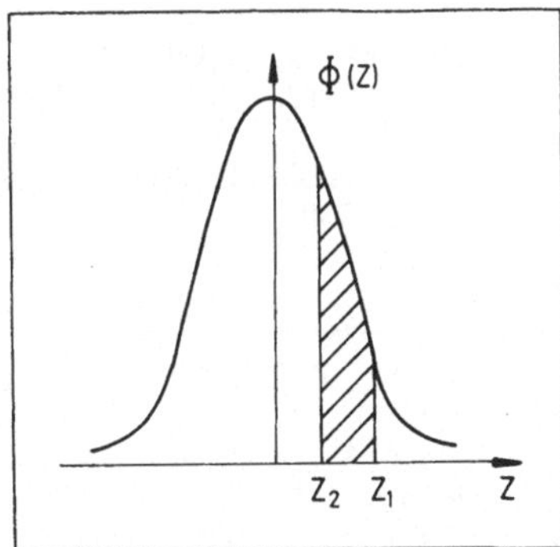

Bild 5.9 $F = \frac{1}{2}(\Phi(z_1) - \Phi(z_2))$

Das angegebene Programm kann zur Berechnung verschiedenartiger Flächen unter der
Normalverteilung herangezogen werden.

Programmbedienung:

Eingabe der Variablen z
Abfrage, welche Fläche (1) oder (2) berechnet werden soll.
Ausgabe der entsprechenden Fläche.
Abfrage, ob weitere Werte berechnet werden sollen.

Programmlisting:

```
5000    REM *** Integration der Normalverteilung ***
5010    REM
5020    REM *** KONSTANTEN ***
5025    DIM D(100),V(100),Z(100),E(100)
5030    K=1/SQR(2*3.141592653)
5040    A1=0.31938153
5050    A2=-0.35656378
5060    A3=1.7814779
5070    A4=-1.821256
5080    A5=1.3302744
5090    C=0.2316419
5099    REM
5100    REM *** EINGABE DER WERTE ***
5109    L=0
5110    INPUT;"VARIABLE  Z=";Z:PRINT
5111    L=L+1:Z(L)=Z
5120    INPUT "VERTEILUNGSFUNKTION (1)  ODER FLÄCHE VON -Z BIS Z (2) ";E
5125    E(L)=E
5199    REM
5200    REM ***  VERARBEITUNG DER DATEN ***
5220    T=1/(1+C*ABS(Z))
5230    R=K*EXP(-Z*Z/2)*T*(A1+T*(A2+T*(A3+T*(A4+T*(A5)))))
5240    V=R
5250    IF Z>=0 THEN V=1-R
5255    V(L)=V
5260    IF E=1 THEN 5400
5299    REM
5300    D=ABS(V-0.5)*2
5301    D(L)=D
5310    GOTO 5430
5399    REM
5400    REM ***  AUSGABE  ***
5410    PRINT "FLÄCHE BIS Z=";V
5420    GOSUB 5500
5430    PRINT "FLÄCHE VON -Z bis +Z : ";D
5440    GOSUB 5500
5450    GOSUB 7000
5460    INPUT "SOLL ERNEUT GESTARTET WERDEN (J/N)";E$
5470    IF E$="N" THEN END
5480    IF E$="J" THEN ERASE V,D,Z : GOTO 5000
5490    END
5500    REM *** UNTERPROGRAMME ***
5505    PRINT
5510    INPUT "WEITERE WERTE (J/N)";E$
5520    PRINT
```

```
5530    IF E$="J" THEN 5110
5535    IF E$="N" THEN RETURN
5540    PRINT "FALSCHE EINGABE !":GOTO 5510
5550    RETURN
7000    REM
7010    REM *** DRUCK ***
7020    INPUT "SOLL DAS ERGEBNIS GEDRUCKT WERDEN (J/N)";E$
7030    IF E$="N" THEN RETURN
7040    IF E$="J" THEN GOTO 7100
7050    PRINT "FALSCHE EINGABE !":GOTO 7020
7100    LPRINT " *** INTEGRATION NORMALVERTEILUNG ***":LPRINT:LPRINT
7105    FOR I=1 TO L
7110    LPRINT " Z.............................=";Z(I)
7120    IF E(I)=2 THEN GOTO 7300
7200    LPRINT "FLÄCHE BIS Z....................=";V(I)
7210    GOTO 7305
7300    LPRINT "FLÄCHE VON -Z BIS Z..............=";D(I)
7305    LPRINT
7310    NEXT I
7320    RETURN
```

Testlauf:

```
INTEGRATION NORMALVERTEILUNG

   Z.................................= 1
FLÄCHE BIS Z......................= .841345

   Z.................................=-1
FLÄCHE BIS Z......................= .158655

   Z.................................= 2
FLÄCHE BIS Z......................= .97725

   Z.................................= 1
FLÄCHE VON -Z BIS Z..............= .682689

   Z.................................= 2
FLÄCHE VON -Z BIS Z..............= .9545
```

Programmaufbau:

Für die Fläche $\Phi(z)$ unter der Standardnormalverteilung gilt näherungsweise:

$$\Phi(z) = \begin{cases} Q(z) & \text{für } x < 0 \\ 1 - Q(z) & \text{für } x \geq 0 \end{cases} \qquad D(z) = ABS(0,5 - Q(z))/2$$

mit

$$Q(z) = f(z)\,(a_1 t + a_2 t^2 + a_3 t^3 + a_4 t^4 + a_5 t^5),$$

wobei

$$t = \frac{1}{1 + rz} \quad \text{mit } r = 0{,}2316419$$

und $f(z)$ die Normalverteilung sind. Eine Umformung mit Hilfe des Horner-Schemas ergibt:

$$Q(z) = f(z) \cdot t(a_1 + t(a_2 + t(a_3 + t(a_4 + a_5 t))))$$

mit $a_1 = 0,31938153$ $a_2 = -0,356563782$ $a_5 = 1,330274429$
      $a_3 = 1,781477937$ $a_4 = -1,821255978$

Die Polynomapproximation liefert gute Werte bis $z = 20$.

Statt der Polynomapproximation kann auch eine Reihenentwicklung vorgenommen werden:

$$\Phi(z) = f(z) \left(\frac{z}{1} + \frac{z^3}{1 \cdot 3} + \frac{z^5}{1 \cdot 3 \cdot 5} + \frac{z^7}{1 \cdot 3 \cdot 5 \cdot 7} + \dots \right).$$

Für die Reihe gilt die Rekursionsformel

$$G_1 = z \quad \text{und} \quad G_{k+1} = \frac{z^2}{2k + 1} \, G_k.$$

Die Reihenentwicklung wird abgebrochen, wenn G_k kleiner als eine vorgegebene Schwelle ϵ ist.

5.4.3 Schranken der Normalverteilung

Ist die Wahrscheinlichkeit, also die Fläche unter der Kurve, vorgegeben, so können die *Schranken* der Normalverteilung bestimmt werden:

—   z-Wert zu gegebener Wahrscheinlichkeit bei linker Grenze $-\infty$ (1)

—   z-Wert zu gegebener Wahrscheinlichkeit bei symmetrischen Grenzen   (2)

Beispiel: In 5000 Messungen wurde der Eiweißgehalt im Blutserum bestimmt. Es ergab sich eine Normalverteilung mit $\mu = 75$ g/dm^3 und = 5 g/dm^3. Zwischen welchen symmetrisch gewählten Grenzen liegen 95 % der Versuchsergebnisse?

Lösung: 1. Schritt. Bestimmung der Grenzen bei der Standardnormalverteilung
            Wahrscheinlichkeit W = .95
            Linke Schranke — unendlich (1) oder Schranken symmetrisch (2)? 2
            Schranke Z = 1.9603949

            2. Schritt. Umrechnen auf den gegebenen Mittelwert und die gegebene Standardabweichung.

            $x = \mu \pm \sigma z$
            $65,2 \leqslant x \leqslant 84,8$

            95 % der Werte liegen zwischen 65,2 und 84,8 g/dm^3.   ∎

Programmbedienung:

Eingabe der Wahrscheinlichkeit
Abfrage, ob linke Grenze bei — Unendlich liegen soll oder ob die Grenzen symmetrisch liegen sollen.
Ausgabe der zur Wahrscheinlichkeit gehörenden Grenze z.

Programmlisting:

```
5000   REM *** SCHRANKEN NORMALVERTEILUNG ***
5010   REM
5020   REM *** KONSTANTEN ***
5030   C0=2.515517
5040   C1=0.802853
5050   C2=0.010328
5060   D1=1.432788
5070   D2=0.189269
5080   D3=0.001308
5099   REM
```

```
5100   REM *** EINGABE ***
5110   INPUT"Wahrscheinlichkeit W= ",W : WW = W
5120   INPUT"Linke Schranke -unendlich (1) oder Schranken symmetrisch (2)";E
5130   IF E=1 OR E=2 THEN 5199
5140   PRINT "Falsche Eingabe !   1  oder  2 !"   :   GOTO 5120
5199   REM
5200   REM *** VERARBEITUNG ***
5210   IF E=2 THEN W=0.5+W/2
5220   IF W<0.5 THEN Q=W :GOTO 5240
5230   Q=1-W
5240   T=SQR(-LOG(Q*Q))
5250   S=C0+T*(C1+T*C2)
5260   N=1+T*(D1+T*(D2+T*D3))
5270   Z=T-S/N
5280   IF E=2 THEN 5500
5290   IF W<0.5 THEN Z=-Z
5399   REM
5500   REM *** AUSGABE ***
5510   PRINT
5520   PRINT "Schranke Z........= ";Z
5530   GOSUB 6000
5540   INPUT "Soll erneut gestartet werden (J/N) ";W$
5550   IF W$="J" THEN GOTO 5000
5560   IF W$="N" THEN GOTO 5590
5570   PRINT "Falsche Eingabe, bitte ändern !!!":GOTO 5540
5589   REM
5590   END
6000   REM
6010   REM *** DRUCK ***
6020   INPUT "Soll das Ergebnis ausgedruckt werden (J/N) ";DRUCK$
6030   IF DRUCK$="J" THEN 6060
6040   IF DRUCK$="N" THEN RETURN
6050   PRINT "Falsche Eingabe, bitte ändern !!!":GOTO 6020
6060   LPRINT"  ***  Schranken Normalverteilung  ***  "
6070   LPRINT :LPRINT
6080   LPRINT "Das Ergebnis zu folgendem Eingabewert "
6090   LPRINT "Wahrscheinlichkeit W= ";WW
6095   LPRINT "Linke Schranke -unendlich (1) oder Schranken symmetrisch (2)";E
6100   LPRINT "lautet :"
6110   LPRINT "========":LPRINT
6120   LPRINT "Schranke Z= ";Z
6130   LPRINT
6140   RETURN
```

Testlauf:

```
Schranken Normalverteilung


Das Ergebnis zu folgendem Eingabewert
Wahrscheinlichkeit W=  .95
Linke Schranke -unendlich (1) oder Schranken symmetrisch (2) 2
lautet :
========

Schranke Z=  1.9604
```

Aufbau des Programms:

Um die Schranken der Standardnormalverteilung zu bestimmen, verwendet das Programm die folgende Näherung:

Es ist $W = 0{,}5 + W/2$ im Fall 2.

$$t = \begin{cases} \sqrt{\ln \dfrac{1}{W^2}} & \text{falls } 0 < W \leqslant 0.5 \\[2em] \sqrt{\ln \dfrac{1}{(1-W)^2}} & \text{falls } 0.5 < W < 1 \end{cases}$$

Dann wird berechnet:

$$z = t - \frac{c_0 + c_1 t + c_2 t^2}{1 + d_1 t + d_2 t^2 + d_3 t^3}$$

mit
$$c_0 = 2{,}515517 \qquad d_1 = 1.432788$$
$$c_1 = 0{,}802853 \qquad d_2 = 0{,}189269$$
$$c_2 = 0{,}010328 \qquad d_3 = 0{,}001308$$

Dann gilt $z = \begin{cases} -z \text{ falls } 0 < W \leqslant 0{,}5 \\ z \text{ falls } 0{,}5 < W < 1 \end{cases}$

5.4.4 Lognormalverteilung

Einführung

Merkmale, die sich multiplikativ aus Einzeleffekten zusammensetzen, treten vor allem dann auf, wenn zufällige Störungen, Fehler oder Einflüsse nicht direkt auf das Ergebnis, sondern bereits auf die Meßstrecke oder auf den Wirkungsmechanismus einwirken. Wenn bei solchen Merkmalen die Ausprägungen auf positive Werte beschränkt sind, dann werden sie durch eine log-Transformation in Merkmale überführt, die über alle Werte verteilt sind und sich additiv aus vielen Effekten zusammensetzen:

$$\log x = \mu + \sigma \cdot Z$$

Die Dichte der Lognormalverteilung steigt zunächst steil an, hat an der Stelle $x = e^{\mu - \sigma^2}$ ein Maximum und läuft rechts flacher aus als die Normalverteilung:

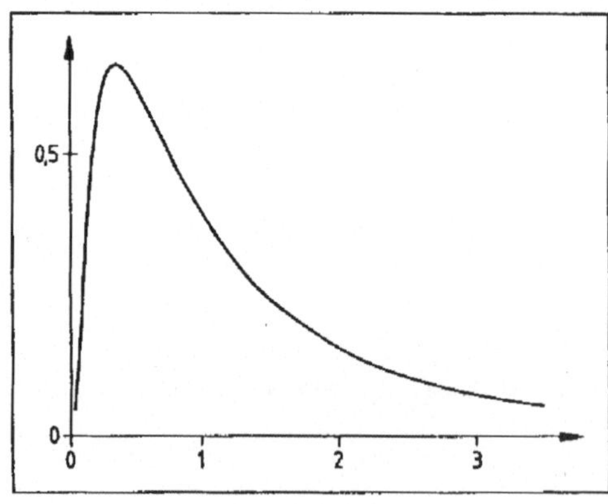

Bild 5.10
Dichte der Lognormal-
verteilung mit $\mu = 0$, $\sigma = 1$

Der Median liegt an der Stelle e^{μ} und Erwartungswert und Varianz berechnen sich zu

$$E(x) = e^{\mu + \frac{\sigma^2}{2}} \qquad V(x) = e^{2\mu + 2\sigma^2} - e^{2\mu + \sigma^2}$$

Hierbei sind μ und σ^2 der Erwartungswert bzw. die Varianz der normalverteilten Zufallsvariable ln X.

Beispiel: Bei einem Krebsforschungsexperiment ergaben sich in der Gruppe der Tiere, die mit Benzpyren (Dosis 8.0 μg) behandelt wurden, folgende Überlebenszeiten seit Auftreten eines Tumors:

$$7, \ 12, \ 6, \ 9, \ 7, \ 7, \ 13, \ 10, \ 8, \ 4, \ 10, \ 10, \ 9, \ 5, \ 9, \ 4.$$

Stehen diese Daten im Widerspruch zu der Annahme, daß die Überlebenszeit X in dieser Situation lognormalverteilt ist?

Lösung: Unter der Annahme der Lognormalverteilung für X werden die Parameter μ und σ^2 geschätzt. Unter Verwendung der transformierten Werte $y_1 = \ln x_1$ ergibt sich hier

$$\mu \approx 2.04 \quad \text{und} \quad \sigma \approx 0.343$$

Man kann jetzt die tatsächlich beobachtete Verteilung mit der Lognormalverteilung mit den Parametern μ und σ^2 vergleichen:

Überlebenszeit (geordnet) x	Häufigkeit	kumulierte Häufigkeit H_x	relative kumulierte Häufigkeit H_x/n
4	2	2	0.1250
5	1	3	0.1875
6	1	4	0.2500
7	3	7	0.4375
8	1	8	0.5000
9	3	11	0.6875
10	3	14	0.8750
11	0	14	0.8750
12	1	15	0.9375
13	1	16	1.0000
	n = 16		

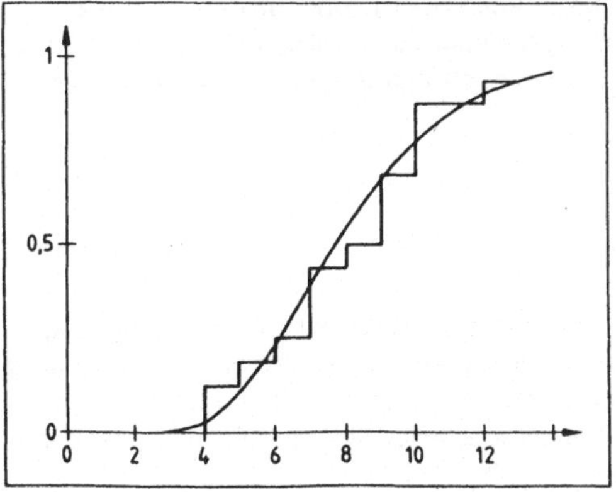

Bild 5.11
Empirische Verteilungsfunktion und Verteilungsfunktion einer Lognormalverteilung

Die Näherung ist durchaus befriedigend.

Für Berechnungen können die Programme der Normalverteilung benutzt werden. Die Dichte f(x) der Lognormalverteilung ist

$$f(x) = \frac{1}{\sigma x} \cdot \varphi(z) \quad \text{mit} \quad z = \frac{\ln x - \mu}{\sigma}$$

wobei $\varphi(z)$ Dichte der Standardnormalverteilung ist.

Die Verteilungsfunktion F(x) der Lognormalverteilung kann mit Hilfe der Verteilungsfunktion $\Phi(x)$ der Standardnormalverteilung berechnet werden:

$$F(x) = \Phi((\ln x - \mu)/\sigma) \quad \text{für} \quad x > 0.$$

Testlauf:

$m = 1 \quad \sigma^2 = 1$

$f(.1) = 0.02 \quad f(.6) = 0.21 \quad f(1) = 0.24$

5.5 Prüfverteilungen

Bei Signifikanztests wird jeweils überprüft, ob ein aufgrund von Stichproben gewonnenes Ergebnis zufällig zustande gekommen oder signifikant ist.

Zu diesem Zweck wird, je nach Art des statistischen Tests, nach verschiedenen Formeln eine bestimmte Prüfgröße berechnet. Diese Prüfgrößen werden in der Literatur meist mit einheitlichen Buchstaben bezeichnet. So gibt es die vier Prüfgrößen z, t, F und χ^2 (griechisch: Chi-Quadrat), die bei vielen statistischen Tests auftreten. Einige sind in der folgenden Übersicht zusammengestellt.

Prüfgröße	Statistischer Test
z	U-Test, WILCOXON-Test
t	t-Test
F	F-Test, Varianzanalyse
χ^2	Chi-Quadrat-Test, H-Test, FRIEDMAN-Test

Diese Prüfgrößen folgen jeweils einer bestimmten Verteilung, nämlich z der Standardnormalverteilung, t der t-Verteilung von STUDENT, F der F-Verteilung von FISHER und χ^2 der Chi-Quadrat-Verteilung von HELMERT-PEARSON. Diese Prüfverteilungen erlauben es, aus der gefundenen Prüfgröße und den gegebenen Stichprobenumfängen die zugehörige Irrtumswahrscheinlichkeit zu bestimmen, die über Ablehnung oder Beibehaltung der Nullhypothese entscheidet. Diese Größen spielen auch in anderen Stellen der Statistik eine Rolle, z.B. bei Konfidenzintervallen.

5.5.1 t-Verteilung nach Student

Die t-Verteilung ist der Standardnormalverteilung ähnlich. Sie ist stetig, symmetrisch und glockenförmig.

Die Funktionswerte der t-Verteilung sind im Gegensatz zur Standardnormalverteilung noch von einem Parameter df abhängig. Bei den Tests, deren Prüfgrößen einer t-Verteilung folgen, ist neben dieser Prüfgröße t somit auch noch der Parameter df zu bestimmen. Diesen Parameter nennt man Anzahl der Freiheitsgrade; er errechnet sich in einfacher Weise aus den jeweiligen Stichprobenumfängen.

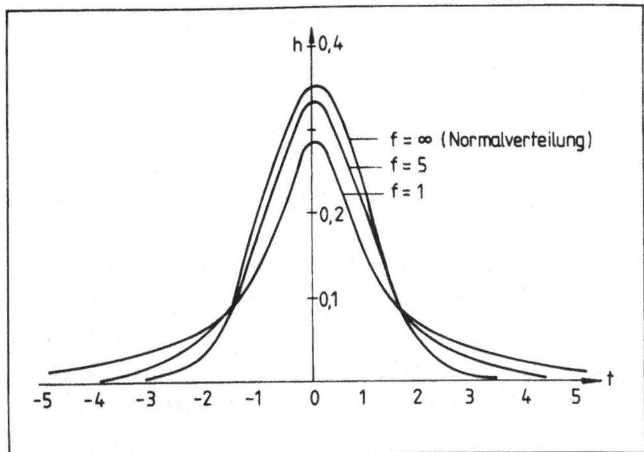

Bild 5.12
t-Verteilung für verschiedene
Freiheitsgrade f

Die Dichtefunktion dieser Verteilung, die auf den englischen Statistiker Gosset zurück-
geht, der sie unter dem Pseudonym Student veröffentlichte, lautet:

$$\varphi(t) = \frac{\Gamma\left(\frac{n+1}{2}\right)}{\Gamma\left(\frac{n}{2}\right) * \sqrt{n*\pi}} * \left(1 + \frac{t^2}{n}\right)^{-\frac{n+1}{2}},$$

wobei n = df die Anzahl der Freiheitsgrade ist. Für df $\geq$ 2 ist der Mittelwert der t-Vertei-
lungen Null; für df $\geq$ 3 ist ihre Varianz gleich df/(df − 2), die für großes df gleich Eins
wird.

Integration der t-Verteilung

Das Programm berechnet bei vorgegebenem t-Wert und vorgegebener Anzahl von Freiheitsgraden die Fläche unter der Kurve und somit die Wahrscheinlichkeit.

Die Berechnung des Integrals $P(t) = \int\limits_{-\infty}^{t} f(y)\, dy$ erfolgt nach den Formeln:

$$\Phi_n(x) = \frac{1}{2} + S_0, \quad \text{für gerades } n,$$

$$\Phi_n(x) = \frac{1}{2} + \frac{1}{\pi} \cdot \tan^{-1}(a) + S_1,$$

für ungerades n, $S_1 = 0$ für $n = 1$

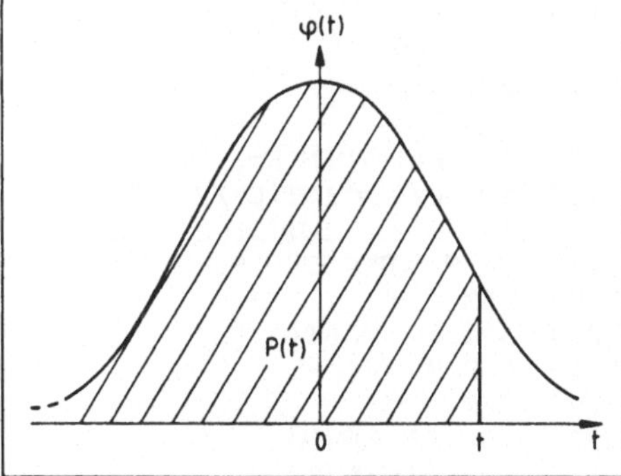

Bild 5.13
Zur Integration der t-Verteilung

Hierbei ist $a = x/\sqrt{n}$, $b = 1 + a^2$.
Die Größen

$$S_0 = c_0 + c_2 + \ldots + c_{n-2} \quad \text{bzw.} \quad S_1 = c_1 + c_3 + \ldots + c_{n-2}$$

ergeben sich rekursiv aus der Folge

$$c_0 = a/2\sqrt{b}, \quad c_1 = a/(b\pi), \quad c_k = c_{k-2}\left(1 - \frac{1}{k}\right)/b$$

durch Summation über alle Folgenglieder $c_0, \ldots, c_{n-2}$ mit geradem bzw. ungeradem Index.

Programmbedienung:

Das Programm berechnet die Verteilungsfunktion (Fläche (Integral) von − Unendlich bis zum gegebenen Wert t): Kennzahl 1. Außerdem wird die Fläche zu symmetrischen Grenzen von − t bis + t bestimmt: Kennzahl 2.

Eingabe

  − Anzahl der Freiheitsgrade df
  − Variable t

Abfrage, ob die Verteilungsfunktion (Grenzen − Unendlich bis t) = 1 oder die Fläche bei symmetrischen Grenzen − t bis + t (2) bestimmt werden soll.

Ausgabe der zugehörigen Wahrscheinlichkeit (= Fläche unter dem Graphen der Funktion).

Programmlisting:

```
5000   REM *** INTEGRATION  T-VERTEILUNG ***
5005   L=0
5010   REM
5020   REM ***  EINGABE ***
5023   DIM DDF(50),TT(50),EE(50),WW(50)
5025   PI=3.14159265
5027   L=L+1
5030   INPUT"Freiheitsgrade DF =",DF
5031   DDF(L)=DF
5040   INPUT"Variable T= ",T
5041   TT(L)=T
5050   PRINT
5060   INPUT"Verteilungsfunktion (1) oder Fläche von -T bis +T (2)";E
5070   EE(L)=E
5099   REM
5100   REM ***  VERARBEITUNG  ***
5110   A=T/SQR(DF)
5120   B=1+A*A
5130   REM
5140   IF DF=1 THEN F=1
5150   IF DF/2 = INT(DF/2) THEN F=2
5160   IF DF/2 > INT(DF/2) THEN F=3
5170   ON F GOTO 5200,5300,5400
5199   REM
5200   R=0.5 + ATN(A)/PI
5210   GOSUB 5600
5299   REM
5300   S0=A/2/SQR(B)
5310   C0=A/2/SQR(B)
```

```
5320    FOR I=2 TO DF-2 STEP 2
5330    C0=C0*(1-1/I)/B
5340    S0=S0+C0
5350    NEXT I
5360    R=0.5+S0
5370    GOSUB 5600
5399    REM
5400    S1=A/B/PI
5410    C1=A/B/PI
5420    FOR I=3 TO DF-2 STEP 2
5430    C1=C1*(1-1/I)/B
5440    S1=S1+C1
5450    NEXT I
5460    R=0.5+ATN(A)/PI+S1
5470    GOSUB 5600
5499    REM
5500    REM *** AUSGABE ***
5505    WW(L)=W
5510    PRINT "Wahrscheinlichkeit W= ";W
5520    PRINT
5530    GOSUB 5700
5531    GOSUB 7000
5532    INPUT "SOLL ERNEUT GESTARTET WERDEN (J/N)";E$
5533    IF E$="N" THEN END
5534    IF E$="J" THEN ERASE DDF,WW,TT,EE :GOTO 5000
5535    PRINT "FALSCHE EINGABE!":GOTO 5532
5539    REM
5540    END
5599    REM
5600    REM *** UNTERPROGRAMME ***
5610    IF E=1 THEN W=R:GOTO 5500
5620    W=(R-.5)*2
5630    RETURN
5699    REM
5700    REM *** UNTERPROGRAMM ***
5710    PRINT
5720    INPUT "WEITERE WERTE (J/N)";E$
5730    IF E$="J" THEN 5025
5740    RETURN
7000    REM
7010    REM *** DRUCK ***
7020    INPUT "SOLL DAS ERGEBNIS GEDRUCKT WERDEN (J/N)";E$
7030    IF E$="N" THEN RETURN
7040    IF E$="J" THEN GOTO 7060
7050    PRINT "FALSCHE EINGABE !":GOTO 7020
7060    LPRINT" Integration der T-Verteilung "
7070    LPRINT :LPRINT
7075    FOR I=1 TO L
7080    LPRINT "Zahl der Freiheitsgrade .....................: ";DDF(I)
7090    LPRINT "Variable t...................................: ";TT(I):LPRINT
7100    LPRINT"Verteilungsfunktion (1) bzw Fläche von -T bis +T (2)"
7105    LPRINT "Gewählt wurde :";EE(I)
7110    LPRINT "Wahrscheinlichkeit W.........................: ";WW(I)
7120    LPRINT:NEXT I
7130    RETURN
```

Testlauf:

```
Integration der t-Verteilung

Zahl der Freiheitsgrade .......................:   10
Variable t.....................................:   .54

Verteilungsfunktion (1) bzw Fläche von -t bis +t (2)
Gewählt wurde : 1
Wahrscheinlichkeit W...........................:   .699493

Zahl der Freiheitsgrade .......................:   17
Variable t.....................................:   1.74

Verteilungsfunktion (1) bzw Fläche von -t bis +t (2)
Gewählt wurde : 1
Wahrscheinlichkeit W...........................:   .950035

Zahl der Freiheitsgrade .......................:   101
Variable t.....................................:   1.29

Verteilungsfunktion (1) bzw Fläche von -t bis +t (2)
Gewählt wurde : 1
Wahrscheinlichkeit W...........................:   .900001

Zahl der Freiheitsgrade .......................:   21
Variable t.....................................:   2.52

Verteilungsfunktion (1) bzw Fläche von -t bis +t (2)
Gewählt wurde : 2
Wahrscheinlichkeit W...........................:   .980102
```

Schranken der t-Verteilung

Zu vorgegebenem Wert für die Wahrscheinlichkeit soll der zugehörige t-Wert bestimmt werden. Das Programm benutzt eine Näherung über die Normalverteilung (s. auch 5.6.4).

Programmbedienung:

Eingabe

    — Anzahl der Freiheitsgrade
    — Wahrscheinlichkeit (statistische Sicherheit)

Abfrage: Schranke zur Verteilungsfunktion (1) oder Schranke bei symmetrischen Grenzen (2)

Ausgabe: Schranke t zu der vorgegebenen Wahrscheinlichkeit.

Programmlisting:

```
5000   REM *** SCHRANKEN  t - VERTEILUNG ***
5010   REM
5020   REM ***   EINGABE ***
5030   INPUT"Anzahl der Freiheitsgrade..... :",DF
5040   INPUT"Wahrscheinlichkeit ...........W=",W : WW = W
5050   INPUT"Verteilungsfunktion (1) oder Schranken symmetrisch (2)";E
5060   IF E=1 OR E=2 THEN 5099
5070   PRINT "Falsche Eingabe !" :   GOTO 5050
5099   REM
5110   C0=2.515517:C1=0.802853:C2=0.010328
5120   D1=1.432788:D2=0.189269:D3=0.001308
5130   IF E=2 THEN W=0.5+W/2
5140   IF W<0.5 THEN Q=W :GOTO 5160
5150   Q=1-W
5160   T=SQR(-LOG(Q*Q))
5170   S=C0+T*(C1+T*C2)
5180   N=1+T*(D1+T*(D2+T*D3))
5270   Z=T-S/N
5280   IF E=2 THEN Z=Z
5290   IF W<0.5 THEN Z=-Z
5299   REM
5300   REM *** SCHRANKEN t-VERTEILUNG ***
5312   G1=(Z*Z+1)*Z/4
5320   G2=((5*Z*Z+16)*Z*Z+3)*Z/96
5330   G3=(((3*Z*Z+19)*Z*Z+17)*Z*Z-15)*Z/384
5340   G4=((((79*Z*Z+776)*Z*Z+1482)*Z*Z-1920)*Z*Z-945)*Z/92160
5350   T=Z+G1/DF+G2/DF/DF+G3/DF/DF/DF+G4/DF/DF/DF/DF
5360   REM
5370   REM *** AUSGABE ***
5380   PRINT:PRINT "Schranke t.......= ";T:PRINT
5390   GOSUB 6000
5391   INPUT "Soll erneut gestartet werden (J/N) ";W$
5392   IF W$="J" THEN PRINT:PRINT:GOTO 5000
5393   IF W$="N" THEN GOTO 5399
5394   PRINT "Falsche Eingabe, bitte ändern !!!":GOTO 5391
5398   REM
5399   END
6000   REM
6010   REM *** DRUCK ***
6020   INPUT "Soll das Ergebnis ausgedruckt werden (J/N) ";DRUCK$
6030   IF DRUCK$="J" THEN 6060
6040   IF DRUCK$="N" THEN RETURN
6050   PRINT "Falsche Eingabe, bitte ändern !!!":GOTO 6020
6060   LPRINT" Schranken der t-Verteilung ":LPRINT:LPRINT
6070   LPRINT"Das Ergebnis zu folgenden Eingabedaten   ":LPRINT
6080   LPRINT "Anzahl der Freiheitsgrade: ";DF
6090   LPRINT "Wahrscheinlichkeit: ...... ";WW
6095   LPRINT "Verteilungsfunktion (1) oder Schranken symmetrisch (2)";E
6100   LPRINT "lautet :"
6110   LPRINT "========":LPRINT
6120   LPRINT "Schranke ..............t= ";T
6130   LPRINT
6140   RETURN
```

Testlauf:

```
SCHRANKEN T-VERTEILUNG

Das Ergebnis zu folgenden Eingabedaten

Anzahl der Freiheitsgrade:   10
Wahrscheinlichkeit: ......   .9
Verteilungsfunktion (1) oder Schranken symmetrisch (2) 1
lautet :
========

Schranke ...............T=   1.37239
```

5.5.2 F-Verteilung von Fisher

Die F-Verteilung ist von zwei Freiheitsgraden f_1 und f_2 abhängig. Diese Freiheitsgrade f_1 und f_2 bestimmen die Form der Verteilung. Die F-Verteilung ist unsymmetrisch und reicht von $F = 0$ bis $F = \infty$ (Bild 5.14).

Die Dichte beschreibt für positive Argumente im Fall $m \leq 2$ eine monoton fallende Kurve und im Fall $m > 2$ eine schiefe Glockenkurve mit einem Maximum bei $f_2 (f_1 - 2)/f_1 (f_2 + 2) < 1$.

Die F-Verteilung geht für

$$f_1 = 1, t = \sqrt{F} \quad \text{in die t-Verteilung}$$
$$f1 = 1, f_2 = \infty, z = \sqrt{F} \quad \text{in die Normalverteilung}$$

Die Dichtefunktion der F-Verteilung lautet:

$$f(F) = \frac{\Gamma\left(\frac{f_1 + f_2}{2}\right)}{\Gamma\left(\frac{f_1}{2}\right) * \Gamma\left(\frac{f_2}{2}\right)} * f_1^{\frac{f_1}{2}} * f_2^{\frac{f_2}{2}} * F^{\frac{f_1 - 2}{2}} * (f_1 * F + f_2)^{-\frac{f_1 + f_2}{2}}$$

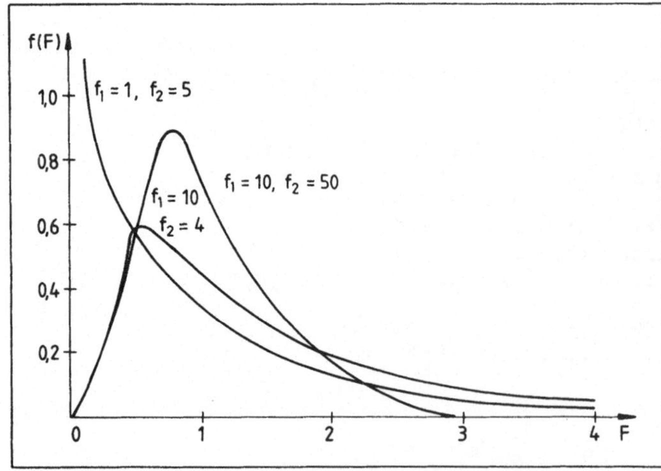

Bild 5.14
F-Verteilung für verschiedene Freiheitsgrade f_1 und f_2

Integration der F-Verteilung

Neben der Lösung des F-Integrals über eine Reihenentwicklung gibt es eine relativ einfache Näherung:

$$S = 0{,}50 + \frac{1}{2} \int_{-z}^{+z} \text{Normalverteilung} \quad \text{mit} \quad z = \frac{F^{1/3}\left(1 - \dfrac{2}{9f_2}\right) - \left(1 - \dfrac{2}{9f_1}\right)}{\sqrt{\dfrac{2}{9f_1} + F^{2/3}\dfrac{2}{9f_2}}} \ .$$

Das Integral der Normalverteilung kann dabei mit Hilfe des Programms *Integration der Normalverteilung* gelöst werden. Der Rechenaufwand ist erheblich geringer als bei der Integration der F-Verteilung über eine Reihenentwicklung. Ein Nachteil ist aber die geringere Genauigkeit, insbesondere bei kleinen Freiheitsgraden oder wenn der Flächeninhalt ungefähr 1 ist.

Das Programm berechnet den zugehörigen z-Wert, der dann mit dem Programm *Integration der Normalverteilung* weiter verarbeitet wird.

Programmlisting:

```
5000    REM *** INTEGRATION F-VERTEILUNG ***
5010    REM
5015    REM *** EINGABE ***
5020    INPUT "Freiheitsgrad F1 = ",F1
5030    INPUT "Freiheitsgrad F2 = ",F2
5040    INPUT "Variable .....F  = ",F
5098    PRINT
5099    REM
5100    REM *** BERECHNUNG ***
5110    A=F^(1/3)*(1-2/9/F2)-(1-2/9/F1)
5120    D=SQR(2/9/F1+F^(2/3)*2/9/F2)
5230    Z=A/D
5299    REM
5300    PI=3.141592653 :K=1/SQR(2*PI):C=0.2316419
5310    A1=0.31938153:A2=-0.35656378
5320    A3=1.7814779:A4=-1.821256
5330    A5=1.3302744
5340    T=1/(1+C*ABS(Z))
5350    R=K*EXP(-Z*Z/2)*T*(A1+T*(A2+T*A3+T*(A4+T*(A5))))
5360    U=R
5370    IF Z>=0 THEN U=1-R
5380    D=ABS(U-0.5)*2
5385    W=0.5+D/2
5399    REM ***  AUSGABE  ***
5400    PRINT:PRINT "Wahrscheinlichkeit W = ";W
5410    PRINT
5420    GOSUB 6000
5430    INPUT "Soll erneut gestartet werden (J/N) ";W$
5440    IF W$="J" THEN GOTO 5000
5450    IF W$="N" THEN GOTO 5500
5460    PRINT "Falsche Eingabe, bitte ändern !!!":GOTO 5430
5499    REM
5500    END
6000    REM *** DRUCK ***
6010    INPUT "Soll das Ergebnis ausgedruckt werden (J/N) ";DRUCK$
6020    IF DRUCK$="J" THEN 6050
6030    IF DRUCK$="N" THEN RETURN
6040    PRINT "Falsche Eingabe, bitte ändern !!!":GOTO 6010
6050    LPRINT" ***   Integration der F-Verteilung   *** ":LPRINT:LPRINT
```

```
6060  LPRINT "Das Ergebnis zu folgenden Eingabedaten  ":LPRINT
6070  LPRINT "Freiheitsgrad F1..........:    ";F1
6080  LPRINT "Freiheitsgrad F2..........:    ";F2
6090  LPRINT "Variable F................:    ";F
6100  LPRINT "lautet :"
6110  LPRINT "========":LPRINT
6120  LPRINT "Wahrscheinlichkeit........: ";W
6130  LPRINT
6140  RETURN
```

Testlauf:

```
INTEGRATION F-VERTEILUNG

Das Ergebnis zu folgenden Eingabedaten

Freiheitsgrad F1..........:    30
Freiheitsgrad F2..........:    20
Variable F................:    1.93
lautet :
========

Wahrscheinlichkeit........:    .946878
```

5.5.3 Chi-Quadrat-Verteilung von Helmert und Pearson

Die χ^2-Funktion kann nur positive Werte annehmen. Sie ist von einem Freiheitsgrad f abhängig.

Die Kurven sind unsymmetrisch und zwar linkssteil. Für f = 1 und f = 2 sind sie J-förmig, wobei sich die Kurve für f = 1 der Ordinate asymptotisch nähert. Ab f = 3 beginnt die Funktion im Ursprung und nähert sich mit wachsendem f der Normalverteilung (Bild 5.15).

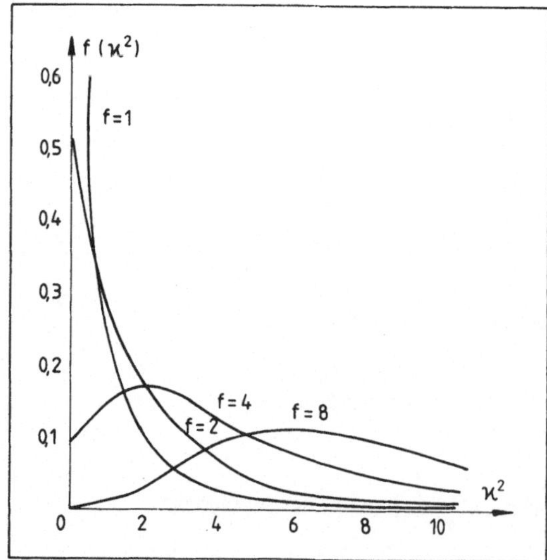

Bild 5.15 χ^2-Verteilung für verschiedene Freiheitsgrade

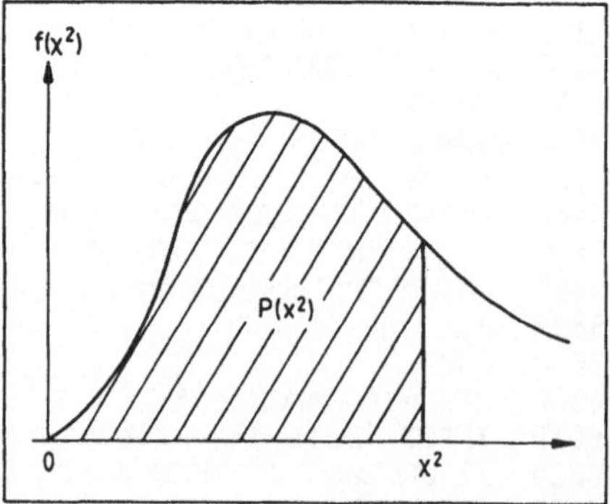

Bild 5.16 Zur Integration der χ^2-Verteilung

Die Dichtefunktion ist festgelegt durch:

$$f(\chi^2) = \frac{1}{2^{\frac{f}{2}} \cdot \Gamma\left(\frac{f}{2}\right)} \cdot (\chi^2)^{\frac{f-2}{2}} \cdot e^{\frac{-x^2}{2}} \; ,$$

Dabei ist f die Anzahl der Freiheitsgrade.

Integration der Chi-Quadrat-Verteilung

Um die Wahrscheinlichkeit zu bestimmen, höchstens ein bestimmtes χ^2 zu erreichen, muß die Fläche unter der Kurve bis χ^2 bestimmt werden.

Dieses Programm berechnet nach Eingabe eines Chi-Quadrat-Werts und eines Freiheitsgrads F die zugehörige Wahrscheinlichkeit.

Wenn sowohl x^2 als auch F sehr groß sind, kann ein Rechner-Überlauf auftreten.

Programmlisting:

```
5000    REM *** INTEGRATION CHI-QUADRAT  ***
5010    REM
5015    PI=3.141592653
5020    REM *** EINGABE ***
5030    INPUT "Freiheitsgrad .......F=",F
5040    INPUT "Variable CHI-Quadrat..=",CHI
5045    PRINT
5099    REM
5100    REM *** BERECHNUNG ***
5110    J=1
5120    FOR I=F TO 2 STEP -2
5130    J=J*I
5140    NEXT I
5150    P=INT((F+1)/2)
5160    X=CHI^P*EXP(-CHI/2)/J
5170    IF INT(F/2)=F/2 THEN Y=1:GOTO 5190
5180    Y=SQR(2/(CHI*PI))
5190    S=1 : T=1 : G=F
5200    G=G+2 : T=T*CHI/G
5210    IF T<0.0000001 THEN 5300
5220    S=S+T : GOTO 5200
5300    REM
5310    REM *** AUSGABE ***
5320    W=X*Y*S
5330    PRINT:PRINT "Wahrscheinlichkeit ....= ";W
5340    PRINT
5350    GOSUB 6000
5360    INPUT "Soll erneut gestartet werden (J/N) ";W$
5370    IF W$="J" THEN GOTO 5000
5380    IF W$="N" THEN GOTO 5400
5390    PRINT "Falsche Eingabe, bitte ändern !!!":GOTO 5360
5399    REM
5400    END
6000    REM
6010    REM *** DRUCK ***
6020    INPUT "Soll das Ergebnis ausgedruckt werden (J/N) ";DRUCK$
```

```
6030   IF DRUCK$="J" THEN GOTO 6060
6040   IF DRUCK$="N" THEN RETURN
6050   PRINT "Falsche Eingabe, bitte ändern !!!":GOTO 6020
6060   LPRINT" ***   Integration der CHI-Quadrat-Verteilung  ***":LPRINT:LPRINT
6070   LPRINT "Das Ergebnis zu folgenden Eingabedaten  ":LPRINT
6080   LPRINT "Freiheitsgrad .........F=";F
6090   LPRINT "Variable CHI-Quad.......=";CHI
6100   LPRINT "lautet :"
6110   LPRINT "========":LPRINT
6120   LPRINT "Wahrscheinlichkeit......=";W
6130   LPRINT
6140   RETURN
```

Testlauf:

```
INTEGRATION CHI-QUADRAT-VERTEILUNG

Das Ergebnis zu folgenden Eingabedaten

Freiheitsgrad .........F= 10
Variable CHI-Quad.......= 4.87
lautet :
========

Wahrscheinlichkeit......= .100309
```

Programmaufbau:

Die Chi-Quadrat-Verteilungsfunktion wird über die folgende Reihenentwicklung berechnet:

$$P(x) = \int_0^x f(t)\, dt = \left(\frac{x}{2}\right)^{\frac{\nu}{2}} \frac{e^{-\frac{x}{2}}}{\Gamma\left(\frac{\nu+2}{2}\right)} \left[1 + \sum_{k=1}^{\infty} \frac{x^k}{(\nu+2)(\nu+4)\dots(\nu+2k)}\right]$$

Dabei gilt für geradzahliges f

$$\Gamma\left(\frac{\nu}{2}\right) = \left(\frac{\nu}{2}-1\right)!$$

und für ungeradzahliges f

$$\Gamma\left(\frac{\nu}{2}\right) = \left(\frac{\nu}{2}-1\right)\left(\frac{\nu}{2}-2\right)\dots\left(\frac{1}{2}\right)\Gamma\left(\frac{1}{2}\right) \quad \text{mit} \quad \Gamma\left(\frac{1}{2}\right) = \sqrt{\pi}$$

Die Reihenentwicklung wird abgebrochen, wenn das Reihenglied kleiner als 10^{-7} ist (Programmzeile 5210).

5.5.4 Approximation der Prüfverteilungen durch die Normalverteilung

Die Verteilungsfunktionen der Prüfverteilungen können durch die Standardnormalverteilung approximiert werden. Dieses Verfahren werden wir an einigen Stellen benutzen. Für die Verteilungsfunktion F (x) der Prüfverteilungen gilt näherungsweise

$$F(x) \approx \Phi(d\sqrt{c}),$$

wobei c und d von x und den Parametern der Verteilung abhängen.

Für die t- und die F-Verteilung sind c und d von der Form:

$$c = \frac{1 + Q \cdot G(S/NP) + P \cdot G(T/NQ)}{(N + 1/6)PQ} \, ,$$

$$d = S + \frac{1}{6} - \left(N + \frac{1}{3}\right)P + 0.02\left[\frac{Q}{S + 0.5} - \frac{P}{T + 0.5} + \frac{Q - 0.5}{N + 1}\right].$$

Hierbei ist G die Hilfsfunktion:

$$G(x) = (1 - x^2 + 2x \cdot \ln x)/(1 - x)^2, \quad \text{für } x > 0, x \neq 1,$$

$$G(0) = 1, \quad G(1) = 0,$$

und die Hilfsgrößen S, T, N, P, Q sind in der folgenden Tabelle angegeben (m, n = Anzahl der Freiheitsgrade).

	Verteilung	
	t_n	$F_{m,n}$
S =	$(n-1)/2$	$(n-1)/2$
T =	$(n-1)/2$	$(m-1)/2$
N =	$n-1$	$(m+n)/2 - 1$
P =	$\dfrac{1}{2}\left(1 - \dfrac{x}{\sqrt{n + x^2}}\right)$	$\dfrac{n}{mx + n}$
Q =	$\dfrac{1}{2}\left(1 + \dfrac{x}{\sqrt{n + x^2}}\right)$	$\dfrac{mx}{mx + n}$

Es ist stets: $S + T = N, \ P + Q = 1$.

Für die t_n-Verteilung ergibt sich folgende Vereinfachung:

$$d = \pm \left(n - \frac{2}{3} + \frac{1}{10n}\right), \text{ mit ,,+'' bei } x \geq 0 \text{ und ,,--'' sonst,}$$

$$C = \frac{\ln(1 + x^2/n)}{n - 5/6}.$$

Für die χ^2-Verteilung ist c von der Form

$$c = [1 + G(S/M)]/M,$$

wobei sich S, M, d ergeben aus:

$$S = (n-1)/2$$

$$M = x/2$$

$$d = \frac{x}{2} - \frac{n}{2} + \frac{1}{3} - \frac{1}{25n}$$

6 Testverfahren für metrische Daten

Ein wichtiger Teil der in der Statistik gebräuchlichen Verfahren dient der Überprüfung von Hypothesen. Hierbei ist jedoch zu beachten:

- Es können nur Unterschiede zweier Größen statistisch geprüft werden, also etwa der Unterschied zwischen zwei Mittelwerten. Ist ein Unterschied statistisch nicht erkennbar, dann kann die Gleichheit der beiden zu vergleichenden Größen lediglich nicht widerlegt werden. Grundsätzlich ist ein strenger Beweis oder eine strenge Widerlegung einer aufgestellten Hypothese mit statistischen Methoden nicht möglich.

- Für das Beibehalten oder Verwerfen einer Hypothese kann man stets nur eine mehr oder weniger große Wahrscheinlichkeit angeben, die dafür spricht, daß eine Hypothese zutrifft oder falsch ist.

6.1 Grundbegriffe des Testens

6.1.1 Nullhypothese und Alternativhypothese

Zur Durchführung eines statistischen Tests wird zunächst eine Nullhypothese aufgestellt. Sie wird im allgemeinen mit dem Symbol H_0 bezeichnet. Diese wird gegenüber einer Alternativhypothese H_1 getestet. Wenn H_0 verworfen wird, kann H_1 angenommen werden. H_1 stellt also die Behauptung dar, die akzeptiert wird, wenn H_0 zurückgewiesen wird.

Beispiel: Wenn man die Mittelwerte von zwei verschiedenen gegebenen Stichproben berechnet, so werden diese mehr oder weniger differieren.

Die Nullhypothese ist die Hypothese, daß in Wirklichkeit kein Unterschied besteht; der festgestellte Unterschied ist dann durch Zufall zu erklären.

Die Alternativhypothese H_1 besagt, daß ein Unterschied zwischen den Stichproben besteht.

6.1.2 Signifikanzniveau und statistische Sicherheit

Stellt man eine Hypothese auf, die mit statistischen Methoden geprüft werden soll, so interessiert, ob eine vorliegende Stichprobe die Hypothese stützt oder nicht. Ein Verfahren, das für jede Stichprobe die Entscheidung, ob das Stichprobenergebnis die Hypothese stützt oder nicht, herbeiführt, heißt statistischer Test. Der statistische Test zeigt, mit welcher Sicherheit man die Nullhypothese verwerfen kann, d. h. mit welcher Wahrscheinlichkeit man den Unterschied der beiden zu vergleichenden Größen feststellen kann. Dies geschieht mit einer vorgegebenen Irrtumswahrscheinlichkeit. Diese gibt an, in wieviel Prozent aller Fälle die Nullhypothese widerlegt wird, obwohl sie zutrifft. Die Irrtumswahrscheinlichkeit, die bei der Entscheidung über vorläufige Beibehaltung oder Ablehnung von H_0 zulässig sein soll, bezeichnet man als *Signifikanzniveau.* Im allgemeinen wird auf einem Signifikanzniveau von 5 % oder 1 % gearbeitet.

Beispiel: Mit einem statistischen Testverfahren hat man herausgefunden, daß der Unterschied zwischen den Testergebnissen zweier Stichproben, z. B. Jungen und Mädchen in einem Intelligenztest, nur mit 1 %iger Wahrscheinlichkeit durch Zufall zu erklären ist. Wir können uns auf den Standpunkt stellen, daß 1 % zu wenig sind, um an einen Zufall zu glauben. Wir verwerfen daher die Nullhypothese H_0, daß in Wahrheit nämlich der Unterschied Null ist. Daher nehmen wir die Alternativhypothese an und sagen:

Der Unterschied zwischen Jungen und Mädchen in dem Intelligenztest ist signifikant.

Die Wahrscheinlichkeit, daß wir uns mit dieser Behauptung irren, beträgt dabei dann 1 %. ∎

Durch das Signifikanzniveau wird ein kritischer Bereich (Ablehnungsbereich) festgelegt. Fällt ein Testergebnis in diesen Bereich, dann wird die Nullhypothese abgelehnt. Fällt das Testergebnis in den nicht-kritischen Bereich (Annahmebereich), dann wird die Nullhypothese nicht abgelehnt. Man sagt dann auch, die Nullhypothese wird angenommen. Die Wahrscheinlichkeit hierfür, die statistische Sicherheit S des Tests, ist $S = 1 - \alpha$. Mit der Wahl eines bestimmten Wertes für S wird festgelegt, ab wann man die Nullhypothese als widerlegt anerkennen will.

Als Entscheidungsgrundlage wird im allgemeinen genommen:

$S < 0{,}95$ — Abweichungen zwischen beobachteten und erwarteten Werten sind zufällig, keine Unterschiede zwischen Verteilung der Grundgesamtheit und erwarteter Verteilung nachweisbar.

$0{,}95 \leq S < 0{,}99$ — Unterschiede zwischen Verteilung der Grundgesamtheit und der erwarteten Verteilung sind wahrscheinlich.

$0{,}99 \leq S < 0{,}999$ — Unterschiede zwischen der Verteilung der Grundgesamtheit und der erwarteten Verteilung sind statistisch gesichert.

$0{,}999 \leq S$ — Unterschiede sind statistisch stark gesichert.

Die Programme sind so angelegt, daß sie die nominelle statistische Sicherheit bestimmen, die zu dem Testergebnis gehört.

6.1.3 Ein- und zweiseitige Tests

Hypothesen, in denen die Richtung etwaiger erwarteter Unterschiede nicht festgelegt ist, nennt man zweiseitig oder ungerichtet. Die Alternativhypothese besteht dann in der Behauptung, daß überhaupt ein Unterschied zwischen zwei Stichproben besteht.

Die Nullhypothese wird abgelehnt, wenn das Testergebnis zu groß oder zu klein ist. Der kritische Bereich zerfällt dann in zwei Teilintervalle (Bild 6.1).

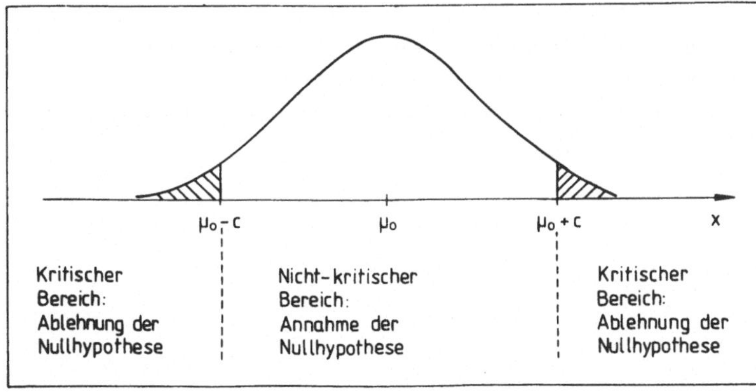

Bild 6.1 Annahme- und Ablehnungsbereich einer Hypothese

Beispiele: 1. Wird die Hypothese „Die Wahrscheinlichkeit für das Auftreten von Wappen beim Werfen einer Münze ist 0,5" zweiseitig getestet, dann kann als Ergebnis des Tests herauskommen, daß die Hypothese verworfen wird, weil die Anzahl der geworfenen Wappen zu groß oder zu klein ist.

2. Grundschulkinder, die nach einer bestimmten Methode unterrichtet worden sind, können sich nach zweijährigem Unterricht von anderen gleichaltrigen Schülern unterscheiden. Ihre Rechtschreibeleistungen können besser oder schlechter sein als die von Schülern, die anders unterrichtet worden sind. Der Test sollte zweiseitig erfolgen. ■

Hypothesen, in denen die Richtung etwaiger erwarteter Unterschiede festgelegt ist, nennt man einseitig. Die Hypothese wird nur dann abgelehnt, wenn je nach Richtung der Hypothese das Testergebnis entweder zu groß oder zu klein ist. Der kritische Bereich besteht nur aus einem Intervall (Bild 6.2).

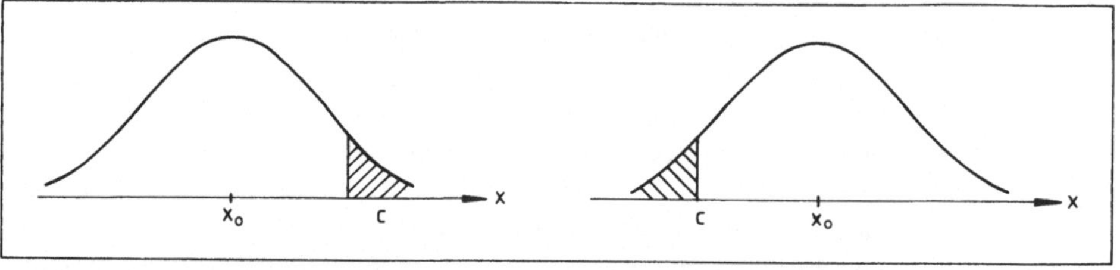

Bild 6.2 Schema von einseitigen Tests

Beispiele: 1. Soll die Festigkeit eines Materials getestet werden, so wird man nicht prüfen, ob die Festigkeit nach oben oder unten von dem Sollwert abweicht. Man wird vielmehr testen, ob mindestens die Sollfestigkeit erreicht wird.

2. Wenn ein Luftgewehrhersteller eine Treffsicherheit von 70 % garantiert, dann wird man nicht testen, ob die Treffsicherheit von 70 % abweicht, sondern ob die Treffsicherheit mindestens 70 % beträgt.

3. Wenn ein neues Medikament B gegenüber einem älteren Medikament A getestet werden soll, dann wird man prüfen, ob B wirksamer als A ist. ■

6.1.4 Fehler erster und zweiter Art

Bei der empirischen Prüfung von Hypothesen können zwei Arten von Fehlern auftreten:

Eine an sich richtige Nullhypothese wird zugunsten einer Alternativhypothese verworfen (Alpha-Fehler bzw. Fehler erster Art).

Eine an sich richtige Alternativhypothese wird zugunsten der Nullhypothese verworfen (Beta-Fehler bzw. Fehler zweiter Art).

Bei einem Testverfahren gibt es insgesamt zwei Paare von Möglichkeiten:

Testentscheidung	In Wirklichkeit gilt	
	Nullhypothese H_0	Gegenhypothese H_1
Nullhypothese wird nicht abgelehnt	H_0 trifft in Wirklichkeit zu, und H_0 wird nach Durchführung des Tests *angenommen.* richtige Entscheidung	Obgleich H_0 in Wirklichkeit *nicht* zutrifft, also H_1 zutrifft, wird H_0 nach Durchführung des Tests *angenommen.* Fehler 2. Art
Nullhypothese wird abgelehnt	Obgleich H_0 in Wirklichkeit zutrifft, wird H_0 nach Durchführung des Tests *abgelehnt.* Fehler 1. Art	H_0 trifft in Wirklichkeit *nicht* zu, und H_0 wird nach Durchführung des Tests *abgelehnt.* richtige Entscheidung

Beispiel: Wird bei einem Vergleich festgestellt, daß ein neues Medikament besser, obwohl es in Wirklichkeit dem alten gleichwertig ist, so liegt ein Fehler 1. Art vor. Stellt sich durch den Vergleich heraus, daß beide Medikamente gleichwertig sind, obwohl tatsächlich das neue besser ist, so wird ein Fehler 2. Art begangen. ∎

Die beiden Fehlentscheidungen entsprechenden Wahrscheinlichkeiten bezeichnet man als Risiko.

Das Risiko I, eine gültige Nullhypothese abzulehnen, ist gleich der Irrtumswahrscheinlichkeit α (alpha).

Das Risiko II, die Wahrscheinlichkeit, eine falsche Nullhypothese beizubehalten, wird mit β (beta) bezeichnet.

Bei jedem Testverfahren muß geprüft werden, ob ein Fehler 1. oder ein Fehler 2. Art schwerwiegendere Konsequenzen hat. Je höher man das Signifikanzniveau für die Prüfung einer Nullhypothese ansetzt, desto größer wird die Wahrscheinlichkeit, daß man einen Beta-Fehler begeht. Oft kann man diesen Schwierigkeiten durch pragmatisches Handeln entgehen:

- Wenn der Fehler 1. Art folgenschwer ist, dann wird man als Signifikanzniveau $\alpha = 0,01$ oder $\alpha = 0,001$ wählen.

- Wenn der Fehler 2. Art folgenschwer ist, dann wird man als Signifikanzniveau $\alpha = 0,05$ oder $\alpha = 0,10$ wählen.

- Wenn die Nullhypothese eine allgemein anerkannte Theorie enthält, wenn ihr Verwerfen ernste Folgen (z.B. finanzieller Art) hat, setzt man das Signifikanzniveau streng an, d.h. man fordert hohe Signifikanz auf dem 1 %- oder sogar auf dem 0,1 %-Niveau.

- Wenn die Nullhypothese eine in der Fachwelt bis dahin allgemein bestrittene Auffassung widerspiegelt, wenn ihre Beibehaltung ernste Folgen hat, setzt man das Signifikanzniveau milde an, d.h. man verwirft die Nullhypothese z.B. schon auf dem 10 %- oder auf dem 25 %-Niveau.

- Sind die Prioritäten unsicher und kann man mögliche Folgen nicht abschätzen, testet man auf einem mittleren Signifikanzniveau, etwa 5 %.

Beispiele: 1. Bei einer gerichtsmedizinischen Untersuchung sollen Farbspuren an der Kleidung eines verdächtigen Täters mit dem Lack eines Kraftfahrzeugs verglichen werden, in dem ein Verbrechen begangen worden ist. Der Täter gilt als überführt, wenn nachgewiesen werden kann, daß beide Farbproben in ihren Eigenschaften übereinstimmen. Man untersucht die erste Farbprobe mehrmals und erhält den Mittelwert $\bar{x}_1$. Entsprechend erhält man für die zweite Farbprobe als Mittelwert der Untersuchungen $\bar{x}_2$.

Würde man zu Unrecht die Gleichheit der beiden Farbproben annehmen, d.h. also vorhandene Unterschiede zwischen $\bar{x}_1$ und $\bar{x}_2$ als zufällig ansehen, dann würde man den Verdächtigen zu Unrecht verurteilen, wenn in Wahrheit beide Farbproben nicht der gleichen Grundgesamtheit entstammen. Der gemachte Fehler 2. Art wäre ein folgenschwerer Fehler.

2. Wird eine größere Lieferung bei der Annahme durch eine Stichprobe kontrolliert, so testet man die Hypothese, daß die Sendung den Lieferbedingungen entspricht. Wird die Sendung aufgrund des Tests als „entspricht nicht den Lieferbedingungen" zurückgewiesen, so kann es durchaus sein, daß die Sendung in Wirklichkeit doch den Lieferbedingungen entspricht. Bei diesem Verhalten begeht man einen Fehler 1. Art (Produzentenrisiko). Es kann aber auch sein, daß die Sendung aufgrund des Tests angenommen wird, obwohl sie in Wirklichkeit nicht den Lieferbedingungen entspricht. Bei diesem Verhalten begeht man einen Fehler 2. Art (Konsumentenrisiko). ∎

In der Praxis werden die Gewinne und Verluste berücksichtigt, die von fehlerhaften Entscheidungen verursacht werden, einschließlich der Kosten des Prüfungsverfahrens, die von der Art und vom Umfang der Stichprobe abhängen können.

6.1.5 Kriterien für die Auswahl statistischer Verfahren

Bevor man Hypothesen mit statistischen Verfahren auf ihre Gültigkeit überprüft, muß man sich über einige Fragen klar werden, von denen es abhängt, welches Prüfverfahren für die betreffende Problemstellung geeignet ist.

1. Auf welchem Meßniveau befinden sich die erhobenen Daten? Man unterscheidet sogenannte *parametrische* und *nichtparametrische* statistische Verfahren.

Statistische Verfahren, die unter der Voraussetzung metrischer Daten mit bekannter Verteilung (im allgemeinen Normalverteilung) arbeiten, werden parametrische Verfahren genannt.

Kann man Normalverteilung nicht voraussetzen, muß man zur Feststellung von Unterschieden oder Zusammenhängen andere Verfahren einsetzen, die nicht mit Parametern arbeiten. Man nennt diese Methoden nichtparametrisch oder verteilungsfrei.

Diese Methode wird man immer dann anwenden, wenn die Normalverteilung bei metrischen Daten nicht gesichert ist oder wenn es sich um Rangdaten (Ordinalniveau) bzw. um Nominaldaten (Häufigkeiten) handelt.

2. Wie groß ist der Stichprobenumfang?

Auch wenn sich die Meßdaten auf Intervallniveau befinden, empfiehlt es sich, bei kleinen Stichproben ($N \leq 10$) mit nichtparametrischen Verfahren zu arbeiten.

3. Liegt eine einseitige (gerichtete) oder eine zweiseitige (ungerichtete) Fragestellung vor?

4. Wie viele Stichproben sollen miteinander verglichen werden? Es gibt grundsätzlich drei verschiedene Möglichkeiten:

a) Eine Stichprobe wird mit einer theoretischen Verteilung verglichen.

b) Zwei Stichproben werden miteinander verglichen.

c) Mehr als zwei (k) Stichproben werden gleichzeitig miteinander verglichen.

5. Haben wir es mit abhängigen oder mit unabhängigen Stichproben zu tun?
Abhängige Stichproben liegen dann vor, wenn man die Daten zweimal an derselben
Stichprobe erhebt (Wiederholungsmessung) oder wenn man mit Parallelstichproben arbeitet.
Unabhängige Stichproben liegen dann vor, wenn man die Daten an zwei verschiedenen
Stichproben erhoben hat.

6.1.6 Übersicht über die Testverfahren für metrische Daten

Voraussetzung	Fragestellung	Testverfahren
1 Stichprobe	Prüfung einer Wahrscheinlichkeit	Binomialtest
2 unabhängige Stichproben	Prüfung auf gleichen Mittelwert	t-Test
2 abhängige Stichproben	Prüfung auf gleichen Mittelwert	Differenzen-t-Test
1 Stichprobe	Vergleich von Mittelwert und Sollwert	t-Test (3)
2 unabhängige Stichproben	Prüfung auf gleiche Varianzen (Homogenität)	F-Test
2 abhängige Stichproben	Prüfung auf gleiche Varianzen (Homogenität)	Varianzen-t-Test
2 unabhängige Stichproben	Prüfung auf Korrelation (Unabhängigkeit)	Korrelationstest
Mehrere unabhängige Stichproben	Prüfung der Korrelationskoeffizienten auf Gleichheit	Homogenitätstest

6.2 Testverfahren für Wahrscheinlichkeiten

Bei vielen Untersuchungen ist man an einem speziellen Ereignis („Erfolg") interessiert
und will Hypothesen für die Erfolgswahrscheinlichkeit überprüfen. Im folgenden werden
die theoretischen Fälle behandelt, bei denen es um die Beurteilung einer Wahrscheinlichkeit durch Vergleich mit empirischen Häufigkeiten oder um den Vergleich zweier
oder mehrerer Erfolgswahrscheinlichkeiten geht.

6.2.1 Test einer Wahrscheinlichkeit

Bei Testen von Wahrscheinlichkeiten treten verschiedene Fälle auf. Getestet wird entweder die einfache Nullhypothese: „Die Wahrscheinlichkeit p hat einen festen Wert p_0, d.h.,
$H_0 : p = p_0$."
Als Gegenhypothese kann gewählt werden:

1.   Die Wahrscheinlichkeit p hat den festen Wert p_1
2. $H_1 : p_1 > p_0$ (Überschreitung von p_0),
3. $H_1 : p_1 < p_0$ (Unterschreitung von p_0),
4. $H_1 : p_1 \neq p_0$ (p_0 wird nicht eingehalten).

Die Nullhypothese kann auch zusammengesetzt sein, z.B.

$H_0 : p \leq p_0$ (p_0 wird nicht überschritten),
$H_0 : p \geq p_0$ (p_0 wird nicht unterschritten).

Beispiele: 1. In der Genetik wird versucht, den Erbgang eines Merkmals durch ein möglichst einfaches Modell zu erklären und dieses dann durch Kreuzungsversuche zu überprüfen. Im einfachsten Modell eines dominanten Erbgangs wird die Merkmalsausprägung durch ein Gen mit zwei Allelen A (dominant) und a (rezessiv) gesteuert. Ist dagegen noch ein weiteres Gen beteiligt, so tritt das Merkmal bei Polygenie auf. Bei einer Kreuzung AABB x aabb spaltet die 2. Tochtergeneration im einfachen Modell im Verhältnis 3:1 und bei Polygenie im Verhältnis 9:7 auf.

Betrachten wir nun willkürlich das Fehlen des Merkmals als „Erfolg", so führen die beiden Modelle zu verschiedenen Hypothesen über die Erfolgswahrscheinlichkeit: $p_0 = 1/4$ bzw. $p_1 = 7/16$.

2. E sei das Ereignis „Todesfall eines Lebendgeborenen im 1. Lebensjahr". Man kann testen, ob die Säuglingssterblichkeit $p = P(E)$ den „alarmierenden" Wert $p_0 = 2.5\ \%$ übersteigt (Hypothese) oder nicht (Nullhypothese). Man kann aber auch testen, ob die Säuglingssterblichkeit einen Vergleichswert p_0 bereits unterschritten hat (Hypothese) oder nicht (Nullhypothese).

3. Es soll untersucht werden, ob in einer bestimmten Population beide Geschlechter gleich häufig auftreten (Nullhypothese) oder nicht. Betrachten wir formal ein Geschlecht als „Erfolg" (z.B. „männlich"), so ist die Nullhypothese $H_0: p = 1/2$ einfach und die Alternativhypothese $H: p \neq 1/2$ zusammengesetzt.

4. In Beispiel 1 wurde die Nullhypothese (1 Gen steuert die Merkmalsausprägung) in der Form $H_0: p = 1/4$ formuliert, wobei Nicht-Auftreten des Merkmals als „Erfolg" interpretiert wird. Will man nun die Nullhypothese überprüfen, ohne aus der Vielzahl der Alternativen (z.B. Steuerung durch mehrere Gene, Crossing-over etc.) eine zu konkretisieren, so verwendet man die zusammengesetzte Alternativhypothese $H: p \neq 1/4$. ∎

Beim Testen von Wahrscheinlichkeiten wird in allen Fällen von der Voraussetzung ausgegangen, daß n unabhängige Versuche gemacht werden und die (zufällige) Anzahl K der Erfolge binomial (n, p)-verteilt ist (Kapitel 5). Als Testwert wird die beobachtete Anzahl k der Erfolge verwendet.

Als Programm kann unmittelbar das Programm der Binomialverteilung benutzt werden, das die drei Fälle

$$H_0: p \leq p_0, \quad H_1: p > p_0$$
$$H_0: p \geq p_0, \quad H_1: p < p_0$$
$$H_0: p = p_0, \quad H_1: p \neq p_0$$

enthält. Die berechnete Wahrscheinlichkeit entspricht dem nominellen Signifikanzniveau.

6.2.2 Asymptotischer Test

Bei der Durchführung des Binomialtests wird die Berechnung des nominellen Signifikanzniveaus bei wachsendem Stichprobenumfang umfangreicher und zeitlich aufwendiger. Für große Stichprobenumfänge n approximiert man daher die Binomialwahrscheinlichkeiten durch die entsprechenden Wahrscheinlichkeiten einer Normalverteilung und bezeichnet die daraus resultierenden Tests als asymptotische Tests. Diese basieren darauf, daß die standardisierte Erfolgshäufigkeit

$$z = (k - \mu)/\sigma \quad \text{mit } \mu = np_0, \quad \sigma = \sqrt{np_0(1 - p_0)}$$

für $p = p_0$ asymptotisch (d.h. für $n \to \infty$ L) normal $(0,1)$-verteilt ist. Beim asymptotischen Test wird zu dem Testwert z ein nominelles asymptotisches Signifikanzniveau berechnet.

Beispiel: Es soll bei einem Signifikanzniveau $\alpha = 5\,\%$ überprüft werden, ob in einer bestimmten Region die Säuglingssterblichkeit p den Wert $p_0 = 2.5\,\%$ übersteigt, d.h. die Nullhypothese lautet H_0: $p \leq 2.5\,\%$ und die Alternativhypothese H: $p > 2.5\,\%$.

Unter den insgesamt $n = 2000$ betrachteten Neugeborenen eines Jahrgangs wurden $k = 65$ Sterbefälle im 1. Lebensjahr registriert. Wegen des hohen Stichprobenumfangs soll hier auch noch der asymptotische Test durchgeführt werden.

Lösung:
Aus $\mu = 2000 \cdot 0.025 = 50$, $\sigma = \sqrt{2000 \cdot 0.025 \cdot 0.975} = 6.98$

ergibt sich der Testwert $z = (65 - 50)/6.98 = 2.15$. Die nominelle statistische Sicherheit ist 98,4 %. Der Unterschied ist also signifikant. Die Nullhypothese wird abgelehnt. ∎

Als Programm kann unmittelbar das Programm Integration der Normalverteilung benutzt werden.

6.3 Testverfahren für Mittelwertsunterschiede (t-Test)

6.3.1 Unabhängige Stichproben

Der t-Test dient zum Vergleich zweier unabhängiger Stichproben hinsichtlich ihrer Mittelwerte. Voraussetzung für die Anwendung ist, daß die Merkmalswerte beider Stichproben bzw. statistischer Erhebungen ausreißerfrei und normalverteilt sind. Geringe Abweichungen der Werte von einer Normalverteilung wirken sich aber nur schwach störend auf ein Testergebnis aus.

Außerdem dürfen die Varianzen nicht wesentlich verschieden sein (homogene Varianzen). Diese Voraussetzung wird mit dem F-Test geprüft. Sind die Varianzen nicht homogen, dann ist die Anwendung des t-Tests nicht sinnvoll, denn die Stichproben stammen nicht aus der gleichen Grundgesamtheit.

Im Falle homogener Varianzen berechnet man die Prüfgröße t nach

$$t = \frac{|\bar{x}_1 - \bar{x}_2|}{\sqrt{\dfrac{(n_1 - 1) * s_1^{\,2} + (n_2 - 1) * s_2^{\,2}}{n_1 + n_2 - 2}}} * \sqrt{\frac{n_1 * n_2}{n_1 + n_2}}$$

bei $df = n_1 + n_2 - 2$ Freiheitsgraden.

Beispiele: 1. Für jeweils 100 Männer und Frauen bestimmte man den Mittelwert $\bar{x}$ und die Standardabweichung s der Körpergröße und erhielt bei den Männern

$$\bar{x}_1 = 173.71 \qquad s_1 = 6.501$$

und bei den Frauen

$$\bar{x}_2 = 160.05 \qquad s_2 = 6.475$$

Das Programm liefert:

```
Stichprobenumfang N1: 100
Mittelwert M1: 173.71
Standardabweichung S1: 6.501
Stichprobenumfang N2: 100
Mittelwert M2: 160.05
Standardabweichung S2: 6.475
T = 14.887576
Nom. stat. Sicherheit 1
```

Der bestehende Mittelwertsunterschied ist also höchst signifikant: Männer sind im Mittel größer als Frauen.

2. Die vergleichende Messung der Körperlängen in zwei Regionen hatte ergeben:

   1. Stichprobe x_1 = 169,2 cm s_1 = 14,7 cm n_1 = 50
   2. Stichprobe x_2 = 173,6 cm s_2 = 13,3 cm n_2 = 100

Stammen die beiden Stichproben aus derselben Grundgesamtheit ($\mu_1 = \mu_2$) oder aus Grundgesamtheiten mit $\mu_1 \neq \mu_2$?

Lösung: T = 1.8435959

       Nom. Stat. Sicherheit .9318

       Der Mittelwertsunterschied ist nicht signifikant.

3. In einem Werk werden auf zwei Bandstraßen Stahlplatten produziert. Zwei Stichproben jeweils vom Umfang 10 ergaben:

   Bandstraße A   Bandstraße B

   x_1 = 10,18 mm x_2 = 10,59 mm
   s_1 = 0,45 mm s_2 = 0,27 mm

Kann man bei diesem Stichprobenausfall davon ausgehen, daß die Bandstraße gleich dicke Stahlplatten produziert?

Lösung: T = 2.4705969

       Nom. stat. Sicherheit .9719

       Bei einer statistischen Sicherheit von 95 % muß man annehmen, daß die Mittelwerte nicht aus derselben Grundgesamtheit stammen.

4. Für eine Sonderanfertigung werden Metallstäbe hoher und gleichmäßiger Zugfestigkeit benötigt, die in zwei Produktionsbetrieben hergestellt werden. Zur Überprüfung der Produktionsserien wurden aus dem Produktionsausstoß des 1. Betriebes 37 Stück und aus dem des 2. Betriebes 45 Stück entnommen und untersucht. Es ergab sich für die Stichprobe aus dem 1. Betrieb eine durchschnittliche Zugfestigkeit $\bar{\sigma}_1$ = 658 N/mm^2 bei einer Varianz von s_1^2 = 2,12 und für die Stichprobe aus dem 2. Betrieb eine durchschnittliche Zugfestigkeit $\bar{\sigma}_2$ = 666 N/mm^2 bei einer Varianz von s_2^2 = 1,95.

Es ist zu prüfen, ob die beiden Stichproben aus Grundgesamtheiten mit gleichem Mittelwert stammen, wenn mit einer Irrtumswahrscheinlichkeit α = 0,01 gerechnet wird.

Lösung: T = 25.256386

       Nom. stat. Sicherheit .9999

       Die Mittelwerte sind hochsignifikant unterschiedlich.

5. Die Messung der Konzentration von Neuraminsäure in den roten Blutkörperchen von Patienten, die an einer bestimmten Blutkrankheit leiden, ergab $\bar{x}$ = 20.3 und s = 3.38 bei 16 Patienten. Bei 7 Gesunden ergab sich entsprechend $\bar{x}$ = 19.0 und s = 1.83. Sind die Unterschiede signifikant?

Lösung: Für einen zweiseitigen Test ergibt sich

       Stichprobenumfang N1: 16
       Mittelwert M1: 20.3
       Standardabweichung S1: 3.38
       Stichprobenumfang N2: 7
       Mittelwert M2: 19.0
       Standardabweichung S2: 1.83
       T = .95007906
       Nom. stat. Sicherheit .6471

       Wir müssen daher schließen, daß das experimentelle Material nicht ausreicht, um einen Einfluß der Krankheit auf die Konzentration festzustellen.

6.3.2 Vergleich der Mittelwerte bei abhängigen Stichproben (Differenzen-t-Test)

Die Bedingung des t-Tests für unabhängige Stichproben, daß die verglichenen Mittelwerte aus verschiedenen Stichproben stammen müssen, kann gerade dann hinderlich sein, wenn in ein und derselben Stichprobe wiederholte Erhebungen durchgeführt worden sind und man wissen will, ob beobachtete Veränderungen des Mittelwertes signifikant sind.

In diesem Falle wendet man den t-Test für abhängige Stichproben (Differenzen-t-Test) an. Nach diesem Verfahren ist auch vorzugehen, wenn zwei Stichproben verglichen werden sollen, deren Versuchspersonen jeweils paarweise einander zugeordnet werden müssen (z. B. Zwillinge, Ehepaare, Klassenkameraden usw.). Die Differenzen der paarweise einander zugeordneten Werte müssen näherungsweise normalverteilt sein. Es ist aber nicht erforderlich, daß die Werte der beiden Stichproben allein normalverteilt sind.

Die Standardabweichungen der beiden Stichproben müssen nicht gleich sein. Wenn aber die Differenzen nicht normalverteilt sind, sollte man einen nichtparametrischen Test, z. B. den Wilcoxon-Test, anwenden.

Beim Differenzen-t-Test werden die paarweisen Differenzen $x_{di} = x_{Ai} - x_B$ gebildet und sowohl diese als auch ihre Quadrate aufsummiert. Der Wert für t errechnet sich dann nach:

$$t = \frac{n\sqrt{n-1}\,|\bar{x}_A - \bar{x}_B|}{\sqrt{n\sum_{i=1}^{n} x_{di}^2 - \left(\sum_{i=1}^{n} x_{di}\right)^2}} \quad \text{mit } df = n - 1.$$

Das Programm bestimmt die nominelle statistische Sicherheit, die zu dem berechneten t-Wert und dem Freiheitsgrad df gehört.

Beispiele: 1. Fünfzehn Versuchspersonen wurden eine Zeitlang mit einem den Cholesterinspiegel senkenden Medikament behandelt. Die Cholesterinwerte vor und nach Verabreichung des Medikaments wurden festgehalten:

Person	vor	nach
1	284	274
2	230	232
3	224	210
4	310	308
5	197	184
6	255	234
7	263	263
8	213	215

Person	vor	nach
9	224	210
10	305	320
11	340	320
12	188	174
13	210	200
14	211	199
15	234	214

Lösung: T = 3.3409796

Nom. stat. Sicherheit .9966

Die Mittelwerte (Programmausdruck durch S5/NW bzw. S6/NW) unterscheiden sich signifikant. Eine Senkung des Cholesterinspiegels durch das benutzte Medikament wurde damit nachgewiesen.

2. 10 Personen haben sich einer bestimmten Diät unterzogen. Nach 6 Monaten werden sie erneut gewogen, und man möchte wissen, ob eine Gewichtsabnahme erfolgt ist oder nicht. Die Nullhypothese H_0 würde in diesem Fall besagen, daß keine Gewichtsabnahme eingetreten ist, während die Alternativhypothese H_1 davon ausgeht, daß die Teilnehmer abgenommen haben.

Vorher (Pfund)	Nachher (Pfund)
167	162
160	154
189	184
169	162
200	198
146	146
184	183
141	138
136	138
151	145

Lösung: T = 3.497993

Nom. stat. Sicherheit .9966

Legt man, wie durch die Form der Alternativhypothese erzwungen, einen einseitigen Test zugrunde, so ergibt sich eine signifikante Abweichung.

3. Die Reaktionszeit von 12 Versuchspersonen vor und nach Einnahme eines vermutlich die Reaktionszeit herabsetzenden Medikaments:

Versuchs-person	Reaktionszeit in s		Versuchs-person	Reaktionszeit in s	
	vorher	nachher		vorher	nachher
1	0,20	0,25	7	0,20	0,21
2	0,23	0,21	8	0,16	0,19
3	0,28	0,32	9	0,21	0,31
4	0,16	0,29	10	0,18	0,24
5	0,20	0,26	11	0,14	0,18
6	0,28	0,28	12	0,22	0,23

Lösung: T = 3.485548

Nom. stat. Sicherheit .9974

Das Medikament hat die Reaktionszeit signifikant verlängert.

4. Ein Psychologe will nachweisen, daß die Introvertiertheit von Kindern im Zusammenhang damit steht, ob sie zuerst oder als zweites Kind geboren sind. Er läßt daher jeweils das älteste und das zweitälteste Kind einer Familie einen Test machen, bei dem die erreichten Punkte den Grad der Introvertiertheit anzeigen. Dies führt zu folgendem Befund:

Ältestes Kind	Zweitältestes Kind
48	46
62	60
68	60
68	70
70	65
71	66
71	71
73	70

Lösung: T = 2.5923943

Nom. stat. Sicherheit .982

Bei einem einseitigen Test ist dies also bei einer Irrtumswahrscheinlichkeit von 5 % signifikant. Daher ist davon auszugehen, daß das erstgeborene Kind in stärkerem Maße introvertiert ist als das zweitgeborene. ∎

6.3.3 Vergleich eines Sollwertes mit dem Mittelwert

Soll ein Stichprobenmittelwert pa mit einem vorgegebenen Mittelwert μ (Sollwert) verglichen werden, dann gilt für die Berechnung von t:

$$t = \frac{|m - \mu|}{s} \sqrt{n}, \ df = n - 1,$$

Beispiele: 1. Eine Stichprobe vom Umfang 10 ergab für die Dicke von produzierten Stahlplatten

$\bar{x}$ = 10,18 mm   s = 0,46 mm.

Der gewünschte Sollwert ist M = 10,00 mm. Ist die Abweichung signifikant?

Lösung:

T = 1.237413

Nom. stat. Sicherheit .7527

Die Abweichung des Mittelwertes vom Sollwert ist nicht signifikant.

2. Die chemische Analyse von 61 Proben eines Werkstoffes ergab einen durchschnittlichen Kohlenstoffgehalt $\bar{x}$ = 0,37 % und eine Standardabweichung von s = 0,09 %. Der Sollwert für den C-Gehalt liegt bei μ_0 = 0,40 %. Die Irrtumswahrscheinlichkeit soll mit α = 0,05 angesetzt werden. Ist die Abweichung zwischen $\bar{x}$ und μ_0 zufälliger Art?

Lösung: Sollwert: .40

Stichprobenumfang 61

Mittelwert M: .37

Standardabweichung: .09

T = 2.6034166

Nom. stat. Sicherheit .9876

Die Abweichung ist signifikant. ∎

6.3.4 Programm

Das Programm bietet als Menü drei Möglichkeiten an:

— Test auf Mittelwertsunterschiede bei unabhängigen Stichproben. Voraussetzung für die Anwendung dieses Tests ist die Homogenität der Varianzen. Sie kann mit einem F-Test geprüft werden.

— Test auf Mittelwertsunterschiede bei abhängigen Stichproben. Dieser Test urteilt schärfer als der erste Test.

— Test auf Abweichung eines Mittelwertes von einem gegebenen Sollwert.

Programmlisting:

```
6000  REM              ***  T-TEST  ***
6010  REM     *  FÜR MITTELWERTSUNTERSCHIEDE  *
6020  P$="T-TEST FÜR MITTELWERTSUNTERSCHIEDE"
6030  REM *** MENUE ***
6040  PRINT
6050  PRINT "WELCHE VORAUSSETZUNG ?"
6060  PRINT
6070  PRINT "(1) UNABHÄNGIGE STICHPROBEN ?"
6080  PRINT : E$(1)="UNABHÄNGIGE STICHPROBEN"
6090  PRINT "(2)   ABHÄNGIGE STICHPROBEN ?"
6100  PRINT : E$(2)="ABHÄNGIGE STICHPROBEN"
6110  PRINT "(3) VERGLEICH MIT SOLLWERT  ?"
6120  PRINT : E$(3)="VERGLEICH MIT SOLLWERT"
6130  INPUT " 1 ODER 2 ODER 3 ? ",E
6140  PRINT
6150  INPUT "TEST EINSEITIG (1) ODER ZWEISEITIG (2) ?",G
6160  PRINT : G$(1)="TEST EINSEITIG" : G$(2)="TEST ZWEISEITIG"
6170  IF NOT (G=1 OR G=2) THEN 6150
6180  REM   *** EINGABE UND VERARBEITUNG ***
6190  PRINT : PI=3.141593
6200  IF E=1 THEN 6240
6210  IF E=2 THEN 6380
6220  IF E=3 THEN 6540
6230  GOTO 6130
6240  INPUT "STICHPROBENUMFANG N1 : ",N1
6250  INPUT "MITTELWERT M1 .......: ",M1
6260  INPUT "STANDARDABWEICHUNG S1: ",S1
6270  PRINT
6280  INPUT "STICHPROBENUMFANG N2 : ",N2
6290  INPUT "MITTELWERT M2 .......: ",M2
6300  INPUT "STANDARDABWEICHUNG S2: ",S2
6310  PRINT
6320  ZB=ABS(M1-M2)*SQR((N1*N2)/(N1+N2))
6330  NB=SQR((N1-1)*S1^2+(N2-1)*S2^2)
6340  NB=NB/SQR(N1+N2-2)
6350  T=ZB/NB : DF=N1+N2-2 : GOTO 6640
6360  REM
6370  REM
6380  INPUT "ANZAHL DER WERTEPAARE : ",NW
6390  PRINT : DIM PX1(NW),PX2(NW)
6400  PRINT "EINGABE PAARWEISE "
6410  PRINT
6420  S3=0 : S4=0 : S5=0 : S6=0
6430  FOR I=1 TO NW
6440  INPUT X1 : INPUT X2 : PRINT
6450  D=X1-X2 : PX1(I)=X1 : PX2(I)=X2
6460  S3=S3+D : S4=S4+D^2
6470  S5=S5+X1 : S6=S6+X2
6480  NEXT I
6490  ZB=ABS(S5/NW-S6/NW)
6500  ZB=NW*SQR(NW-1)*ZB
6510  NB=SQR(NW*S4-S3^2)
6520  T=ZB/NB : DF=NW-1 : GOTO 6640
6530  REM
6540  INPUT "SOLLWERT ...........: ",MS
```

```
6550    PRINT
6560    INPUT "STICHPROBENUMFANG    : ",N
6570    PRINT
6580    INPUT "MITTELWERT M .......: ",M
6590    INPUT "STANDARDABWEICHUNG  : ",S
6600    PRINT
6610    T=ABS(MS-M)/S*SQR(N) : DF=N-1
6620    REM
6630    PRINT
6640    REM *** AUSGABE ***
6650    PRINT
6660    PRINT " T= ";T
6670    GOSUB 6730 : PRINT
6680    PRINT " NOM. STAT. SICHERHEIT ";W
6690    PRINT
6699    REM
6700    GOSUB 7000
6710    INPUT "Soll erneut gestartet werden (J/N)";W$
6711    IF W$="J" THEN ERASE PX1,PX2:GOTO 6000
6712    IF W$="N" THEN GOTO 6719
6713    PRINT "Falsche Eingabe, bitte ändern !!!":GOTO 6710
6719    END
6720    REM
6730    REM  *** WAHRSCHEINLICHKEIT ***
6740    A=ATN(T/SQR(DF))
6750    S0=SIN(A) : S1=COS(A) : S2=(COS(A))^2
6760    IF DF=1 THEN R=2*A/PI : GOTO 6920
6770    IF DF/2>INT(DF/2) THEN 6820
6780    REM
6790    R=S0 : IF DF=2 THEN 6920
6800    ZW=S0*S2/2
6810    R=R+ZW : IF DF=4 THEN 6920
6820    FOR I=3 TO DF-3 STEP 2
6830    ZW=ZW*I*S2/(I+1)
6840    R=R+ZW
6850    NEXT I
6860    R=2*A/PI : ZW=2*S0*S1/PI
6870    R=R+ZW : IF DF=3 THEN 6920
6880    FOR I=2 TO DF-3 STEP 2
6890    ZW=ZW*I*S2/(I+1)
6900    R=R+ZW
6919    NEXT I
6920    IF G=2 THEN W=R : GOTO 6940
6930    W=R/2+0.5
6940    W=INT(10000*W)/10000
6950    RETURN
6999    REM *** DRUCK ***
7000    PRINT "SOLLEN DIE DATEN AUF DEM DRUCKER AUSGEGEBEN WERDEN? ";
7010    INPUT "(J / N)",D$
7020    IF NOT (D$="J" OR D$="j") THEN RETURN
7030    LPRINT P$ : LPRINT E$(E) : LPRINT G$(G) : LPRINT
7040    ON E GOTO  7100,7200,7300
7050    LPRINT "T= ";T
7060    LPRINT "NOM. STAT. SICHERHEIT: ";W
7070    LPRINT "________________________________________________"
7080    LPRINT : LPRINT : LPRINT:RETURN
7100    LPRINT "ERSTE STICHPROBE"
```

```
7110  LPRINT "STICHPROBENUMFANG N1 :  ";N1
7120  LPRINT "MITTELWERT M1 :        ";M1
7130  LPRINT "STANDARDABWEICHUNG S1 : ";S1
7140  LPRINT
7150  LPRINT "ZWEITE STICHPROBE"
7160  LPRINT "STICHPROBENUMFANG N2 :  ";N2
7170  LPRINT "MITTELWERT M2 :        ";M2
7180  LPRINT "STANDARDABWEICHUNG S2 : ";S2
7190  LPRINT : GOTO 7050
7200  LPRINT "WERTEPAARE:" : LPRINT
7210  FOR I=1 TO NW
7220  LPRINT PX1(I),PX2(I)
7230  NEXT I : LPRINT : GOTO 7050
7300  LPRINT "SOLLWERT :............ ";MS
7310  LPRINT "STICHPROBENUMFANG :... ";N
7320  LPRINT "MITTELWERT :.......... ";M
7330  LPRINT "STANDARDABWEICHUNG :.. ";S
7340  LPRINT : GOTO 7050
```

```
T-TEST FÜR MITTELWERTSUNTERSCHIEDE
VERGLEICH MIT SOLLWERT
TEST EINSEITIG

SOLLWERT :............    .4
STICHPROBENUMFANG :...   61
MITTELWERT :..........   .37
STANDARDABWEICHUNG :..   .09

T=   2.60342
NOM. STAT. SICHERHEIT:  .9938
```

6.4 Testverfahren für Varianzunterschiede

6.4.1 Unabhängige Stichproben (F-Test)

Mit diesem Test kann geprüft werden, ob sich zwei unterschiedlich große Varianzen bzw. Standardabweichungen s_1 und s_2, die aus zwei verschiedenen Stichproben mit jeweils n_1 bzw. n_2 Merkmalswerten stammen, nur zufällig aufgrund der Streuung der Werte oder aber systematisch unterscheiden. Ist ein systematischer Unterschied nicht nachweisbar, so läßt sich die Nullhypothese des Tests „Die Standardabweichungen s_1 und s_2 gehören der gleichen Grundgesamtheit mit der Streuung σ an" nicht widerlegen. Im anderen Fall gehören die Merkmalswerte beider Stichproben jeweils einer anderen Verteilung an.

Voraussetzung für den F-Test ist, daß die Werte normalverteilt und ausreißerfrei sind. Geringe Abweichungen von der Normalverteilung können zu einer falschen Testinterpretation führen. Dies ist aber nur dann kritisch, wenn die Anzahl der Werte in beiden Meßreihen oder Stichproben sehr unterschiedlich ist. Man sollte daher nach Möglichkeit Stichproben mit gleichem Umfang wählen.

Anmerkungen: Kann man sicher nachweisen, daß eine oder beide Stichproben nicht normalverteilt sind, dann sind verteilungsunabhängige Testverfahren anzuwenden.

Zur Durchführung des Tests berechnet man zunächst die Prüfgröße

$$F = \frac{s_1^2}{s_1^2} \quad \text{mit} \quad s_1 > s_2.$$

Dabei muß s_1 die größere der beiden Standardabweichungen sein, d.h. s_1 muß aus der Stichprobe mit der größeren Streuung stammen.

Da s_1 stets die größere der beiden Standardabweichungen sein soll, folgt daraus, daß der Quotient F immer größer als 1 ist.

Sind s_1 und s_2 die Standardabweichungen von zwei Stichproben aus normalverteilten Grundgesamtheiten, dann folgt die Größe F der sog. F-Verteilung mit den Parametern $f_1 = n_1 - 1$ und $f_2 = n_2 - 1$.

Das Programm berechnet für die gegebenen Werte von f_1 und f_2 die Fläche unter der F-Verteilung zwischen 0 und dem berechneten F-Wert. Man erhält so direkt die Wahrscheinlichkeit (also die nominelle statistische Sicherheit) dafür, daß sich die beiden Standardabweichungen s_1 und s_2 statistisch unterscheiden, also zwei verschiedenen Verteilungen zugrunde liegen.

Beispiele: 1. In einem Werk werden auf zwei Bandstraßen Stahlplatten produziert. Zwei Stichproben jeweils vom Umfang 10 ergaben:

Bandstraße A	Bandstraße B
$\bar{x}_1 = 10{,}18$ mm	$\bar{x}_2 = 10{,}59$ mm
$s_1 = 0{,}45$ mm	$s_2 = 0{,}27$ mm

Kann man bei diesem Stichprobenausfall davon ausgehen, daß die Bandstraßen Stahlplatten gleicher Streuung produzieren?

Lösung: Einseitiger Test (1) oder zweiseitiger Test (2) 2

Eingabe von Werten (1) oder von Standardabweichungen (2) 2

Umfang erste Stichprobe 10
Standardabweichung .45

Umfang zweite Stichprobe 10
Standardabweichung .27

F = 2.7777778

Nom. stat. Sicherheit .8556

Die Annahme, daß die beiden Stichproben die gleiche Standardabweichung haben, kann bei einer statistischen Sicherheit von 95 % nicht abgelehnt werden.

2. Im Süden und im Norden der Bundesrepublik wurden vergleichende Messungen der Körperlänge vorgenommen. Ergebnis:

1. Stichprobe $\bar{x}_1 = 169{,}2$ cm $s_1 = 14{,}7$ cm $n_1 = 50$
2. Stichprobe $\bar{x}_2 = 173{,}6$ cm $s_2 = 13{,}3$ cm $n_2 = 100$

Stammen die Messungen aus derselben Grundgesamtheit oder aus verschiedenen Grundgesamtheiten mit $\sigma_1 \neq \sigma_2$? ($\alpha = 5$ %)

Lösung: F = 1.2216066

Nom. stat. Sicherheit .6014

Der berechnete Wert liegt also im Annahmebereich, wenn S = 95 % ist.

3. Die Streuungen zweier Analyseverfahren zur Quecksilberbestimmung sollen verglichen werden. Die beiden Verfahren liefern bei einer bestimmten Testsubstanz die angegebenen Werte:

     1. Verfahren   7.45   7.41   7.45   7.47   7.44   7.50   7.42
     2. Verfahren   7.38   7.42   7.43   7.45   7.48   7.47   7.52   7.46

Lösung: Einseitiger Test (1) oder zweiseitiger Test (2) 2

           Eingabe von Werten (1) oder von Standardabweichungen (2) 1

           Nom. stat. Sicherheit .5986

           Ein Unterschied der Varianzen ist somit nicht nachweisbar.

4. Darf man die beiden Datengruppen zusammenfassen, d. h. haben sie gleiche Varianzen?

Werte 1. Stichprobe	Werte 2. Stichprobe
30.62	30.45
30.31	30.30
30.85	30.42
30.35	30.41
	30.35

Lösung: F = 17.564278

           Nom. stat. Sicherheit .9774

           Ein Unterschied ist wahrscheinlich, man sollte daher die Datenmengen nicht zusammenfassen. ■

Programmlisting:

```
6000  REM            ***  F-TEST  ***
6010  REM    *** FÜR VARIANZUNTERSCHIEDE ***#
6020  P$=" F-TEST FÜR VARIANZUNTERSCHIEDE "
6030  REM    ***  EINGABE  ***
6035  PRINT
6040  INPUT "EINSEITIGER TEST (1) ODER ZWEISEITIGER TEST (2) ";G
6045  PRINT : G$(1)="TEST EINSEITIG" : G$(2)="TEST ZWEISEITIG"
6050  INPUT "EINGABE VON WERTEN (1) ODER VON STANDARDABWEICHUNGEN (2) ";E
6060  PRINT
6070  INPUT "UMFANG ERSTE STICHPROBE : ",N1
6080  IF E=2 THEN INPUT "STANDARDABWEICHUNG : ",S1 : PRINT : GOTO 6200
6090  PRINT
6100  DIM X(N1) : PRINT "WERTE 1. STICHPROBE :"
6110  S=0
6120  FOR I=1 TO N1
6130  INPUT X(I)
6140  S=S+X(I)
6150  NEXT I : M1=S/N1 : S=0
6160  FOR I=1 TO N1 : S=S+(X(I)-M1)^2 : NEXT I
6170  S1=S/(N1-1) : S1=SQR(S1)
6180  PRINT
6190  REM
6200  INPUT "UMFANG ZWEITE STICHPROBE : ",N2
6210  IF E=2 THEN INPUT "STANDARDABWEICHUNG : ",S2 : PRINT : GOTO 6310
6220  PRINT
6230  DIM Y(N2) : PRINT "WERTE 2. STICHPROBE :"
6240  S=0
6250  FOR I=1 TO N2
6260  INPUT Y(I) : S=S+Y(I)
```

```
6270    NEXT I : M2=S/N2 : S=0
6280    FOR I=1 TO N2 : S=S+(Y(I)-M2)^2 : NEXT I
6290    S2=S/(N2-1) : S2=SQR(S2)
6300    REM
6310    IF S1>S2 THEN 6340
6320    F=(S2/S1)^2 : F1=N2-1
6330    F2=N1-1 : GOTO 6360
6340    F=(S1/S2)^2 : F1=N1-1 : F2=N2-1
6350    REM
6360    REM   ***   AUSGABE   ***
6370    PRINT
6380    PRINT "F= ";F
6390    F=F : F1=N1-1 : F2=N2-1 : GOSUB 6450
6400    PRINT
6410    PRINT "NOM. STAT. SICHERHEIT : ";W  : PRINT
6420    GOSUB 7100
6421    INPUT "Soll erneut gestartet werden (J/N) ";W$
6422    IF W$="J" THEN ERASE X,Y:GOTO 6000
6423    IF W$="N" THEN GOTO 6430
6424    PRINT "Falsche Eingabe, bitte ändern !!!":GOTO 6421
6429    REM
6430    END
6440    REM
6450    REM   ***   WAHRSCHEINLICHKEIT   ***
6455    PI=3.141593
6460    KS=1/SQR(2*PI) : C=0.2316419
6470    A1=0.31938153   :   A2=-0.35656378
6480    A3=1.7814779    :   A4=-1.821256
6490    A5=1.3302744
6500    A=F^(1/3)*(1-2/9/F2)-(1-2/9/F1)
6510    D=SQR(2/9/F1+F^(2/3)*2/9/F2)
6520    Z=A/D : T=1/(1+C*Z)
6530    R=KS*EXP(-Z^2/2)
6540    R=R*(A1*T+A2*T^2+A3*T^3+A4*T^4+A5*T^5)
6550    IF G=1 THEN W=1-R ELSE W=ABS(2*R-1)
6560    REM
6570    W=INT(10000*W)/10000
6580    RETURN
7100    REM   ***   DRUCK ***
7101    PRINT "SOLLEN DIE DATEN AUF DEM DRUCKER AUSGEGEBEN WERDEN? ";
7102    INPUT "( J / N )",D$
7103    IF NOT (D$="J" OR D$="j") THEN RETURN
7104    LPRINT P$ : LPRINT G$(G) : LPRINT
7105    ON E GOTO  7100,7200
7106    LPRINT "F= ";F
7107    LPRINT "NOM. STAT. SICHERHEIT: ";W
7108    LPRINT "--------------------------------"
7109    LPRINT : LPRINT : LPRINT:RETURN
7110    LPRINT "WERTE DER 1. STICHPROBE : " : LPRINT
7120    FOR I=1 TO N1 : LPRINT X(I), : NEXT I : LPRINT : LPRINT
7130    LPRINT "WERTE DER 2. STICHPROBE : " : LPRINT
7140    FOR I=1 TO N2 : LPRINT Y(I), : NEXT I : LPRINT : LPRINT
7150    GOTO 7106
7200    LPRINT "UMFANG DER 1. STICHPROBE : ";N1
7210    LPRINT "STANDARDABWEICHUNG :...... ";S1 : LPRINT
7220    LPRINT "UMFANG DER 2. STICHPROBE : ";N2
7230    LPRINT "STANDARDABWEICHUNG :...... ";S2 : LPRINT
7240    GOTO 7106
```

```
F-TEST FÜR VARIANZUNTERSCHIEDE
TEST EINSEITIG

WERTE DER 1. STICHPROBE :

 30.62          30.31          30.85          30.35

WERTE DER 2. STICHPROBE :

 30.45          30.3           30.42          30.41          30.35


F=   17.5641
NOM. STAT. SICHERHEIT:   .9887
------------------------------------------
```

6.4.2 Varianzvergleich bei abhängigen Stichproben

Das Programm führt einen Test zur Entscheidung der Fragestellung durch, ob sich die Varianzen zweier abhängiger Stichproben signifikant unterscheiden. Als Nullhypothese wird die Annahme gewählt, daß kein Unterschied besteht. Die Testgröße

$$t = |s_1^2 - s_2^2| \cdot \frac{n-2}{4 s_1^2 s_2^2 (1 - r^2)}$$

n	Zahl der Wertepaare
s_1, s_2	Standardabweichungen von Stichprobe 1, Stichprobe 2
r	Korrelationskoeffizient

ist t-verteilt mit $n - 2$ Freiheitsgraden.

Beispiele: 1. Gegeben sind die statistischen Kennzahlen von zwei abhängigen Stichproben. Sind die Varianzen homogen, d.h. unterscheiden sie sich nicht signifikant?

Lösung: Einseitiger Test (1) oder zweiseitiger Test (2) 2
       Werte (1) oder Standardabweichung und Korrelationskoeffizient (2) 2
       Stichprobenumfang 32
       Standardabweichung 1: 7.51
       Standardabweichung 2: 1Ø.99
       Korrelationskoeffizient: .71
       T = 3.Ø335204
       Nom. stat. Sicherheit .9942
       Die Stichproben unterscheiden sich signifikant bezüglich ihrer Varianzen.

2. Es sind zwei Analysenverfahren zur Kupferbestimmung miteinander zu vergleichen. Hierzu wird mit beiden Verfahren der Kupfergehalt (%) an denselben 8 Erzproben bestimmt. Liefern die Verfahren signifikant unterschiedliche Werte?

1. Verfahren	10.8	12.9	9.3	8.4	14.2	10.4	10.2	13.0
2. Verfahren	10.6	13.2	9.3	8.3	14.2	10.0	10.4	12.8

Lösung: T = .61696639
       Nom. stat. Sicherheit .4Ø23
       Man kann davon ausgehen, daß die Analyseverfahren gleiche Werte liefern.

Programmlisting:

```
6000   REM     ***    TEST FÜR VARIANZEN  ***
6010   REM *** BEI ABHÄNGIGEN STICHPROBEN  ***
6020   P$="Test für Varianzen bei abhängigen Stichproben"
6030   REM     ***   EINGABE  ***
6031   PI=3.141593
6040   PRINT P$ : PRINT
6050   INPUT"Einseitiger Test (1) oder zweiseitiger Test (2) ";G
6060   PRINT : G$(1)="Einseitiger Test"
6070   PRINT : G$(2)="Zweiseitiger Test"
6080   INPUT"Werte (1) oder Standardabweichung und Korr. Koeff. (2)";E
6090   PRINT
6100   S1=0 : S2=0 : Q1=0 : Q2=0 : PS=0
6110   IF E=2 THEN 6290
6120   REM
6130   INPUT "Anzahl der Wertepaare : ",N
6140   PRINT : DIM PX(N),PY(N)
6150   PRINT "Wertepaare :"
6160   FOR I=1 TO N
6170   INPUT X : INPUT Y : PX(I)=X : PY(I)=Y
6180   S1=S1+X : S2=S2+Y : Q1=Q1+X^2
6190   Q2=Q2+Y^2 : PS=PS+X*Y : PRINT
6200   NEXT I
6210   REM
6220   REM    ***   VERARBEITUNG  ***
6230   V1=(Q1-S1*S1/N)/(N-1)
6240   V2=(Q2-S2*S2/N)/(N-1)
6250   H=(N*Q1-S1^2)*(N*Q2-S2^2)
6260   RK=(N*PS-S1*S2)/(SQR(H))
6270   GOTO 6400
6280   REM
6290   REM  ***   EINGABE   ***
6300   PRINT
6310   INPUT "Stichprobenumfang : ",N
6320   PRINT
6330   INPUT "Standardabweichung 1 : ",ST1
6340   V1=ST1^2 : PRINT
6350   INPUT "Standardabweichung 2 : ",ST2
6360   V2=ST2^2 : PRINT
6370   INPUT "Korrelationskoeffizient : ";RK
6380   PRINT
6390   REM
6400   REM    ***   VERARBEITUNG  ***
6410   ZB=SQR(N-2)*ABS(V1-V2)
6420   NB=4*V1*V2*(1-RK*RK)
6430   T=ZB/SQR(NB) : F=N-2
6440   REM
6450   REM    ***   AUSGABE  ***
6460   PRINT "T= ";T
6470   T=T : DF=F : GOSUB 6520 : PRINT
6480   PRINT "Nom. Stat. Sicherheit : ";W : PRINT : PRINT
6490   GOSUB 7000
6491   INPUT "Soll erneut gestartet werden (J/N) ";W$
6492   IF W$="J" THEN ERASE PX,PY:GOTO 6000
6493   IF W$="N" THEN GOTO 6500
6494   PRINT "Falsche Eingabe, bitte ändern !!!":GOTO 6491
```

```
6495   REM
6500   END
6510   REM
6520   REM    ***   WAHRSCHEINLICHKEIT   ***
6530   A=ATN(T/SQR(DF))
6540   S0=SIN(A) : S1=COS(A) : S2=(COS(A))^2
6550   IF DF=1 THEN R=2*A/PI : GOTO 6710
6560   IF DF/2>INT(DF/2) THEN 6650
6570   REM
6580   R=S0 : IF DF=2 THEN 6710
6590   ZW=S0*S2/2
6600   R=R+ZW : IF DF=4 THEN 6710
6610   FOR I=3 TO DF-3 STEP 2
6620   ZW=ZW*I*S2/(I+1)
6630   R=R*ZW : NEXT I
6640   REM
6650   R=2*A/PI : ZW=2*S0*S1/PI
6660   R=R+ZW : IF DF=3 THEN 6710
6670   FOR I=2 TO DF-3 STEP 2
6680   ZW=ZW*I*S2/(I+1)
6690   R=R+ZW : NEXT I
6700   REM
6710   IF G=2 THEN W=R : GOTO 6730
6720   W=R/2+0.5
6730   W=INT(10000*W)/10000
6740   RETURN
6999   REM *** DRUCK ***
7000   PRINT "Soll das Ergebnis ausgedruckt werden ? (J/N) ";
7010   INPUT "",D$
7020   IF NOT (D$="J" OR D$="j") THEN RETURN
7030   LPRINT P$  : LPRINT G$(G) : LPRINT
7040   ON E GOTO  7100,7200
7050   LPRINT "T= ";T : LPRINT
7060   LPRINT "Nom. Stat. Sicherheit : ";W
7070   LPRINT "--------------------------------"
7080   LPRINT : LPRINT : LPRINT:RETURN
7100   LPRINT "Werte der beiden Stichproben:" : LPRINT
7105   LPRINT "lfd. Nr.      Wert 1        Wert 2" : LPRINT
7110   FOR I=1 TO N : LPRINT  I,PX(I),PY(I) : NEXT I
7120   LPRINT : GOTO 7050
7200   LPRINT "Umfang der einzelnen Stichproben : ";N
7210   LPRINT "Standardabweichung  1.Stichprobe : ";ST1
7220   LPRINT "Standardabweichung  2.Stichprobe : ";ST2
7230   LPRINT "Korrelationskoeffizient : ........ ";RK
7240   LPRINT : GOTO 7050
```

```
TEST FÜR VARIANZEN BEI ABHÄNGIGEN STICHPROBEN
EINSEITIGER TEST

UMFANG DER EINZELNEN STICHPROBEN :   32
STANDARDABWEICHUNG   1.STICHPROBE :   7.51
STANDARDABWEICHUNG   2.STICHPROBE :   10.99
KORRELATIONSKOEFFIZIENT : ........   .71

T=   3.03352

NOM. STAT. SICHERHEIT :   .9971
---------------------------------
```

6.5 Testverfahren für Korrelationskoeffizienten

6.5.1 Prüfung zweier Stichproben auf Unabhängigkeit

Es soll geprüft werden, ob der Korrelationskoeffizient r = 0 ist, d.h. ob die Merkmale als unkorreliert aufgefaßt werden können. Sind beide Merkmale normalverteilt, dann können die beiden Merkmale als unabhängig betrachtet werden. Die Nullhypothese lautet: Der Korrelationskoeffizient unterscheidet sich nicht oder nur zufällig von Null. Die Alternativhypothese ist: Der Korrelationskoeffizient ist signifikant von Null verschieden. Ein einseitiger Test darf nur angewendet werden, wenn vor der Erhebung feststeht, daß die Wertepaare in einer Richtung variieren.

Die Testgröße

$$t = \frac{|r|}{\sqrt{1 - r^2}} \sqrt{n - 2}$$

r Korrelationskoeffizient
n Umfang der Stichprobe

ist t-verteilt mit n − 2 Freiheitsgraden.

Beispiel: Die Untersuchung der Abhängigkeit der Bruchdehnung vom Kohlenstoffgehalt ergab in einer Stichprobe vom Umfang n = 15 den Wert r = 0,62. Es ist zu prüfen, ob die Stichprobe aus einer zweidimensionalen Grundgesamtheit mit dem Korrelationskoeffizienten r = 0 stammt, also ob sich der empirische Korrelationskoeffizient r nur zufällig von Null unterscheidet.

Lösung: Umfang der Stichprobe: 15
Korrelationskoeffizient: .62

T = 2.8491418
Nom. stat. Sicherheit .3827
Die beiden Merkmale müssen als unkorreliert angesehen werden.

Programmlisting:

```
6000   REM    ***   KORRELATIONS-TEST   ***
6010   P$="KORRELATIONS-TEST"
6020   REM    ***   EINGABE   ***
6030   PRINT
6040   INPUT "UMFANG DER STICHPROBE : ",N
6050   INPUT "KORRELATIONSKOEFFIZIENT : ",R
6060   PRINT
6070   REM
6080   REM    ***   VERARBEITUNG   ***
6090   ZB=ABS(R)*SQR(N-2)
6100   NB=SQR(1-R*R)
6110   T=ZB/NB
6120   T=T : DF=N-2 : GOSUB 6200
6130   REM
6140   REM ***  AUSGABE  ***
6150   PRINT "T= ";T
6160   PRINT "NOM. STAT. SICHERHEIT : ";W : PRINT : PRINT
6170   GOSUB 7000
6171   INPUT "Soll erneut gestartet werden (J/N) ";W$
6172   IF W$="J" THEN GOTO 6000
6173   IF W$="N" THEN GOTO 6180
6174   PRINT "Falsche Eingabe, bitte ändern !!!":GOTO 6171
6175   REM
6180   END
6190   REM ***   WAHRSCHEINLICHKEIT   ***
```

```
6200  PI=3.141593
6210  A=ATN(T/SQR(DF))
6220  S0=SIN(A) : S1=COS(A) : S2=(COS(A))^2
6230  IF DF=1 THEN R=2*A/PI : GOTO 6390
6240  IF DF/2 > INT(DF/2) THEN 6330
6250  REM
6260  R=S0 : IF DF=2 THEN 6390
6270  ZW=S0*S2/2
6280  R=R+ZW : IF DF=4 THEN 6390
6290  FOR I=3 TO DF-3 STEP 2
6300  ZW=ZW*I*S2/(I+1)
6310  R=R*ZW : NEXT I
6320  REM
6330  R=2*A/PI : ZW=2*S0*S1/PI
6340  R=R*ZW : IF DF=3 THEN 6390
6350  FOR I=2 TO DF-3 STEP 2
6360  ZW=ZW*I*S2/(I+1)
6370  R=R+ZW : NEXT I
6380  REM
6390  W=R : W=INT(10000*W)/10000
6400  RETURN
6999  REM *** DRUCK ***
7000  PRINT "SOLLEN DIE DATEN AUF DEM DRUCKER AUSGEGEBEN WERDEN ?";
7010  INPUT " ( J / N ) ",D$ : IF NOT (D$="J" OR D$="j") THEN RETURN
7020  LPRINT P$ : LPRINT
7030  LPRINT "UMFANG DER STICHPROBE:........    ";N
7040  LPRINT "KORRELATIONSKOEFFIZIENT:......    ";R
7050  LPRINT : LPRINT "ERGEBNISSE:"
7060  LPRINT "T=    ";T
7070  LPRINT "NOM. STAT. SICHERHEIT:........    ";W
7080  LPRINT "-----------------------------------------------"
7090  LPRINT : LPRINT : LPRINT:RETURN
```

```
KORRELATIONS-TEST

UMFANG DER STICHPROBE:........      15
KORRELATIONSKOEFFIZIENT:......      .382744

ERGEBNISSE:
T=    2.84914
NOM. STAT. SICHERHEIT:........      .3827
----------------------------------------------
```

6.5.2 Prüfung mehrerer Korrelationskoeffizienten auf Homogenität

Liegen Korrelationskoeffizienten aus unabhängigen Stichproben vor und will man wissen, ob sich diese Koeffizienten signifikant voneinander unterscheiden, so wendet man den Homogenitätstest für Korrelationskoeffizienten an. Die Nullhypothese lautet: Die Korrelationskoeffizienten unterscheiden sich nicht voneinander. Die Alternativhypothese ist: Die Korrelationskoeffizienten sind unterschiedlich groß.

Zuerst werden vom Programm die Korrelationen in Fisher-Werte umgerechnet

$$z = \frac{1}{2} \ln \left(\frac{1+r}{1-r} \right) .$$

Anschließend wird die Prüfgröße χ^2 gebildet:

$$\chi^2 = \sum_{i=1}^{k} (N_i - 3)\,(z_i - M)^2$$

$$df = k - 1$$

k = Anzahl der Korrelationskoeffizienten

N_i = Stichprobenumfang, der dem einzelnen Korrelationskoeffizienten zugrunde liegt

z_i = transformierte Korrelationskoeffizienten

M = arithmetische Mittel der transformierten Korrelationskoeffizienten

Beispiel: Für 12 Klassen liegen die Korrelationen zwischen dem Sympathiestatus der Schüler und der Lehrerbeurteilung in Mathematik vor.

Klassengröße	30	32	28	30	36	26	32	30	31	29	28	3
Korrelation	.41	.41	.44	.48	.53	.56	.65	.66	.67	.69	.71	77

Können die zwölf Korrelationen durch einen Mittelwert dargestellt werden?

Lösung: Chiquadrat = 11.423231

Nom. stat. Sicherheit .5914

Die Korrelationskoeffizienten unterscheiden sich nicht wesentlich voneinander; sie können zusammengefaßt werden. Der Sympathiestatus korreliert mit der Note in Mathematik. ∎

Programmlisting:

```
6000 REM ***  HOMOGENITÄTSTEST  ***
6010 P$="HOMOGENITÄTSTEST"
6020 REM ***  EINGABE  ***
6030 PRINT
6040 INPUT"ANZAHL DER STICHPROBEN: ",K
6050 PRINT : DIM N(K),R(K),Z(K)
6060 FOR I=1 TO K
6070 PRINT I;". STICHPROBE:"
6080 INPUT "         UMFANG:       ",N(I)
6090 INPUT "         KORRELATION:  ",R(I)
6100 PRINT : NEXT I : PRINT
6110 REM
6120 REM ***  VERARBEITUNG  ***
6130 S=0 : S1=0 : S2=0
6140 FOR I=1 TO K
6150 Z(I)=LOG((1+R(I))/(1-R(I)))/2
6160 S=S+Z(I)*(N(I)-3)
6170 S1=S1+(N(I)-3)
6180 NEXT I
6190 M=S/S1 : FOR I=1 TO K
6200 S2=S2+(N(I)-3)*(Z(I)-M)^2
6210 NEXT I
6220 CHI=S2 : F=K-1 : GOSUB 6320
6230 REM
6240 REM ***  AUSGABE  ***
6250 PRINT
6260 PRINT "CHIQUADRAT = ";CHI
6270 PRINT
6280 PRINT "NOM. STAT. SICHERHEIT : ";W
6290 PRINT : PRINT
6300 GOSUB 7000
6301 INPUT "Soll erneut gestartet werden (J/N) ";W$
```

```
6302  IF W$="J" THEN ERASE N,R,Z:GOTO 6000
6303  IF W$="N" THEN GOTO 6310
6304  PRINT "Falsche Eingabe, bitte ändern !!!":GOTO 6301
6305  REM
6310  END
6320  REM ***  WAHRSCHEINLICHKEIT  ***
6330  J=1 : PI=3.141593
6340  FOR I=F TO 2 STEP -2
6350  J=J*I : NEXT I : P=INT((F+1)/2)
6360  X=CHI^P*EXP(-CHI/2)/J
6370  IF INT(F/2)=F/2 THEN Y=1 : GOTO 6390
6380  Y=SQR(2/CHI/PI)
6390  S=1 : T=1 : G=F
6400  G=G+2 : T=T*CHI/G
6410  IF T<0.0000001 THEN 6430
6420  S=S+T : GOTO 6400
6430  W=X*Y*S : W=INT(10000*W)/10000
6440  RETURN
7000  REM *** DRUCK ***
7010  PRINT "SOLLEN DIE DATEN AUF DEM DRUCKER AUSGEGEBEN WERDEN?";
7020  INPUT " ( J / N ) ",D$
7030  IF NOT (D$="J" OR D$="j") THEN RETURN
7040  LPRINT P$ : LPRINT
7050  LPRINT "STICHPROBE     UMFANG          KORRELATION"
7060  LPRINT "------------------------------------------------"
7070  FOR I=1 TO K : LPRINT I,N(I),R(I) : NEXT I : LPRINT
7080  LPRINT "CHIQUADRAT = ";CHI : LPRINT
7090  LPRINT "NOM. STAT. SICHERHEIT : ";W
7100  LPRINT "------------------------------------------------"
7110  LPRINT : LPRINT : LPRINT:RETURN
```

```
HOMOGENITÄTSTEST

STICHPROBE     UMFANG           KORRELATION
-------------------------------------------------
     1           30                .41
     2           32                .41
     3           28                .44
     4           30                .48
     5           36                .53
     6           26                .56
     7           32                .65
     8           30                .66
     9           31                .67
    1L           29                .69
    11           28                .71
    12           30                .77

CHIQUADRAT =   11.4232

NOM. STAT. SICHERHEIT :   .5914
-------------------------------------------------
```

7 Testverfahren für Rangdaten

Die Testverfahren für Rangdaten gehören zu den nichtparametrischen Testverfahren. Sie können für Rangdaten und für metrische Daten angewendet werden. Die speziellen Testverfahren für metrische Daten urteilen aber im allgemeinen schärfer.

Übersicht über die Testverfahren für Rangdaten

Voraussetzung	Fragestellung	Testverfahren
Zwei unabhängige Stichproben	Test auf gleiche zentrale Tendenz (Gleichheit der Grundgesamtheiten)	U-Test von Mann und Whitney
		Median-Test (Schnelltest)
Mehrere unabhängige Stichproben	Test auf gleiche zentrale Tendenz (Gleichheit der Grundgesamtheiten)	Erweiterter Median-Test
		H-Test von Kruskal und Wallis
Zwei abhängige Stichproben	Test auf Gleichheit der Grundgesamtheiten	Vorzeichentest
		Wilcoxon-Paardifferenzen-Test

Bei allen Tests in diesem Kapitel wird die nominelle statistische Sicherheit S bestimmt, die zu dem betreffenden Testergebnis gehört. Als Entscheidung wird im allgemeinen gewählt:

$$S \leq .95 \qquad \text{Nullhypothese wird abgelehnt.}$$
$$.95 < S \leq .99 \qquad \text{Nullhypothese ist wahrscheinlich.}$$
$$.99 < S \leq .999 \qquad \text{Nullhypothese ist signifikant gesichert.}$$
$$.999 < S \qquad \text{Nullhypothese ist hoch signifikant gesichert.}$$

7.1 Testverfahren für Medianunterschiede bei zwei unabhängigen Stichproben

7.1.1 U-Test von Mann und Whitney

Der U-Test testet zwei unabhängige Stichproben auf gleiche Verteilungsfunktionen; es wird die Hypothese geprüft, ob zwei unabhängig voneinander gewonnene Stichproben derselben Grundgesamtheit entstammen. Da er im Gegensatz zum Median-Test auch das Maß der Abweichung benutzt, ist der Mann-Whitney-Test im allgemeinen schärfer als der Median-Test.

Der U-Test ist ein nichtparametrisches Verfahren. Die Daten sollten mindestens Rangqualität haben. Beide Stichproben sollten mindestens einen Umfang von $N = 3$ haben. Bei kleinem Stichprobenumfang ($N < 10$) ist der U-Test stärker (empfindlicher) als der parametrische t-Test.

Das Prinzip des U-Tests ist die Ersetzung der gegebenen Variablenwerte durch Rangplätze. Die Rangsummen werden umgerechnet in

$$U_1 = R_1 - \frac{n_1 * (n_1 + 1)}{2} \qquad U_2 = R_2 - \frac{n_2 * (n_2 + 1)}{2}$$

Die Prüfgröße U des U-Testes ist der kleinere der beiden U-Werte:

$$U = \text{Minimum } (U1, U2)$$

Die Prüfgröße U wird durch das Programm bestimmt. Ist für die größere Stichprobe $n > 20$, so wird die U-Verteilung über die Normalverteilung angenähert:

$$z = \frac{\left| \frac{n_1 * n_2}{2} - U \right|}{\sqrt{\frac{n_1 * n_2 * (n_1 + n_2 + 1)}{12}}}$$

Das Programm „Integration der Normalverteilung" liefert dann als Unterprogramm die zugehörige Wahrscheinlichkeit.

Beispiele: 1. Zwei Gruppen von Personen wurden einem Wortgedächtnistest unterzogen. Ihnen wurden dreißig Wörter dargeboten, die sie im Gedächtnis behalten sollten. Die Kontrollgruppe ($n_1 = 15$) konnte sich danach 15 Minuten ausruhen, die Versuchsgruppe ($n_2 = 22$) hatte in dieser Zeit Rechenaufgaben zu lösen. Danach wurde bei den Personen beider Gruppen festgestellt, wie viele Wörter sie behalten hatten:

Stichprobe 1:	17 22 13 12 14 15 14 18 9 12 13 16 17 14 12
Stichprobe 2:	16 15 9 12 10 9 14 17 14 12 11 9 10 12 13 14 10 8 7 12 10 12

Lösung: U = 78.5
Nom. stat. Sicherheit .9962
Der Unterschied zwischen Versuchs- und Kontrollgruppen hinsichtlich der Behaltensleistung ist also sehr signifikant: Das Lösen der Rechenaufgaben hat sie ungünstig beeinflußt.

2. In einem psychologischen Versuch wurde eine Versuchsgruppe mit 8 Personen unter Alkohol gesetzt, während eine Kontrollgruppe mit 6 Personen nüchtern gehalten wurde. Dann wurden alle Personen einem Konzentrationsleistungstest unterzogen, wobei die folgenden Punktwerte erzielt wurden.

Stichprobe 1:	74 68 53 94 80 54
Stichprobe 2:	86 55 77 92 63 89 90 93

Lösung: U = 15
Nom. stat. Sicherheit .8773
Der Unterschied ist nicht signifikant.

3. Bei der Herstellung von Betonbauteilen wurden aus der Betonmasse von jedem Bauteil jeweils 10 Probewürfel gegossen. Nach drei Tagen wurde die Druckfestigkeit der Betonwürfel ermittelt (Druckfestigkeit (N/mm^2)).

Beton vom 1. Bauteil:	28.8	30.2	31.7	33.2	30.1	29.4	34.9	31.9
Beton vom 2. Bauteil:	30.2	28.5	30.8	29.4	30.1	28.2	29.4	27.8

Es ist zu prüfen, ob ein Festigkeitsunterschied zwischen dem Beton der beiden Teile nachweisbar ist.

Lösung: U = 13

Nom. stat. Sicherheit .977

Die Nullhypothese — es besteht kein Festigkeitsunterschied — wird abgelehnt.

Programmlisting:

```
7000   REM ***   U-TEST   ***
7010   P$="U-TEST"
7020   REM ***   EINGABE   ***
7030   PRINT
7040   INPUT "ANZAHL VON STICHPROBE 1 : ",N1
7050   INPUT "ANZAHL VON STICHPROBE 2 : ",N2
7060   IF N1>N2 THEN N=N1 ELSE N=N2
7070   PN=N
7080   PRINT : DIM X(N,2),PX(N,2),N(2)
7090   PRINT "STICHPROBE 1:" : PRINT
7100   FOR I=1 TO N1
7110   INPUT X(I,1) : PX(I,1)=X(I,1) : NEXT I
7120   PRINT : PRINT "STICHPROBE 2:" : PRINT
7130   FOR I=1 TO N2
7140   INPUT X(I,2) : PX(I,2)=X(I,2) : NEXT I
7150   PRINT
7160   REM
7170   REM ***   VERARBEITUNG   ***
7180   N(1)=N1 : N(2)=N2
7190   FOR K=1 TO 2
7200   FOR I=1 TO N(K)
7210   FOR J=1 TO N(K)-I
7220   X1=X(J,K) : X2=X(J+1,K)
7230   IF X1<=X2 THEN 7250
7240   X(J,K)=X2 : X(J+1,K)=X1
7250   NEXT J : NEXT I
7260   NEXT K
7270   X1=1 : X2=1 : R=0
7280   U1=0 : U2=0
7290   IF X1>=N(1) THEN 7340
7300   FOR K=X1+1 TO N1
7310   IF X(X1,1)<X(K,1) THEN 7330
7320   U1=U1+1
7330   NEXT K
7340   IF X2>=N2 THEN 7390
7350   FOR K=X2+1 TO N2
7360   IF X(X2,2)<X(K,2) THEN 7380
7370   U2=U2+1
7380   NEXT K
7390   Z=U2/2
7400   I=X(X2,2)+1
7410   IF X1>N1 THEN 7430
7420   I=X(X1,1)
7430   J=X(X2,2)
7440   IF I<>J THEN 7460
7450   Z=(U1+U2+1)/2
7460   IF I<J THEN 7490
7470   R=R+(X1+X2+Z-1)*(U2+1)
```

```
7480   X2=X2+U2+1
7490   IF I>J THEN 7510
7500   X1=X1+U1+1
7510   IF X2<=N2 THEN 7280
7520   U1=N1*N2+N2*(N2+1)/2-R
7530   U2=N1*N2-U1
7540   IF U1<=U2 THEN 7560
7550   U1=U2
7560   U=U1
7570   ZB=ABS(U-N1*N2/2)
7580   NB=SQR(N1*N2*(N1+N2+1)/12)
7590   Z=ZB/NB : GOSUB 7690
7600   REM
7610   REM ***   AUSGABE   ***
7620   PRINT : PRINT "U= ";U
7630   PRINT
7640   PRINT "NOM. STAT. SICHERHEIT : ";W
7650   PRINT : PRINT
7670   GOSUB 8000
7671   INPUT "Soll erneut gestartet werden (J/N)" ;W$
7672   IF W$="J" THEN ERASE X,PX,N:GOTO 7000
7673   IF W$="N" THEN GOTO 7680
7674   PRINT "Falsche Eingabe, bitte ändern !!!":GOTO 7671
7675   REM
7680   END
7690   REM ***   WAHRSCHEINLICHKEIT   ***
7691   PI=3.141593
7700   K=1/SQR(2*PI) : C=0.2316419
7710   A1=0.31938153 : A2=-0.35656378
7720   A3=1.7814779  : A4=-1.821256
7730   A5=1.3302744
7740   T=1/(1+C*ABS(Z))
7750   R=A1*T + A2*T^2 + A3*T^3 + A4*T^4 + A5*T^5
7760   R=K*EXP(-Z^2/2)*R
7770   W=1-R : W=INT(10000*W)/10000
7780   RETURN
8000   REM *** DRUCK ***
8010   PRINT "SOLLEN DIE DATEN AUF DEM DRUCKER AUSGEGEBEN WERDEN?";
8020   INPUT " ( J / N ) ",D$
8030   IF NOT (D$="J" OR D$="j") THEN RETURN
8040   LPRINT P$ : LPRINT
8050   LPRINT "INDEX        STICHPROBE 1      STICHPROBE 2"
8060   LPRINT "------------------------------------------------"
8070   FOR I=1 TO PN : LPRINT I,PX(I,1),PX(I,2) : NEXT I
8080   LPRINT : LPRINT "U= ";U : LPRINT
8090   LPRINT "NOM. STAT. SICHERHEIT : ";W
8100   LPRINT "------------------------------------------------"
8110   LPRINT : LPRINT : LPRINT:RETURN
```

```
U-TEST

INDEX         STICHPROBE 1       STICHPROBE 2
----------------------------------------------------
  1               74                 86
  2               68                 55
  3               53                 77
  4               94                 92
  5               80                 63
  6               54                 89
  7                0                 90
  8                0                 93

U=   15

NOM. STAT. SICHERHEIT :   .8773
----------------------------------------------------
```

Testlauf: n1 = 7, n2 = 8

    Stichprobe 1   22 37 18 19 33 27 35

    Stichprobe 2   23 20 14 25 18 19 17 20

    U = 12

    Nom. Stat. Sicherheit .9679

7.1.2 Einfacher Mediantest

Der Mediantest ist ein Schnellverfahren zur Analyse von zwei unabhängigen Stichproben. Er dient der Untersuchung, ob zwei Grundgesamtheiten den gleichen Median (die gleiche zentrale Tendenz) haben. Als Datenqualität reichen Rangskalen aus.

Der gemeinsame Median beider Stichproben wird bestimmt. Dann wird für jede Ausprägung festgestellt, ob sie unter bzw. über dem Median liegt. Die so gewonnenen Anzahlen werden in eine Vierfeldertafel eingetragen.

Beispiel: Zwei Schülergruppen mit je 15 Schülern wurden nach zwei verschiedenen Methoden unterrichtet. Ein gemeinsamer Abschlußtest ergab die Punktzahlen:

Erste Gruppe:	22	18	11	15	30	20	32	8	17	19	8	24	14	17	33
Zweite Gruppe:	10	16	11	7	14	23	17	12	16	12	16	11	7	8	7

Die gemeinsame rangierte Stichprobe ist

7 7 7 8 ... 11 12 12 14 | 15 16 | 16 17 17 17 ... 24 30 32 33

Der gemeinsame Median ist 15,5. In der ersten Stichprobe liegen 5 Werte unter und 10 Werte über dem Median. In der zweiten Stichprobe liegen 10 Werte unter und 5 Werte über dem Median:

	Stichprobe 1	Stichprobe 2
Werte $\leq$ M	5	10
Werte $>$ M	10	5

Die Vierfeldertafel wird mit dem Chiquadrat-Vierfelder-Test (Kap. 8) ausgewertet. Die Programmierung erfolgt wie beim erweiterten Mediantest in 7.2.1. Dieser kann auch für zwei Stichproben benutzt werden. Da der U-Test schärfer urteilt als der Mediantest, wird der U-Test im allgemeinen bevorzugt.

7.2 Testverfahren für Medianunterschiede bei mehreren unabhängigen Stichproben

7.2.1 Erweiterter Mediantest

Mit Hilfe des erweiterten Mediantests kann die Frage geklärt werden, ob K unabhängige Stichproben zu derselben Grundgesamtheit gehören. Die Nullhypothese besteht in der Übereinstimmung der Mediane. Dabei ist es nicht erforderlich, daß die einzelnen Stichproben gleich groß sind.

Alle Stichproben werden zu einer Datenmenge zusammengefaßt, und von dieser wird der Median bestimmt. Danach wird für jede Stichprobe bestimmt, wie viele ihrer Daten unter- bzw. oberhalb dieses Werts liegen. Stammen alle Stichproben aus derselben Grundgesamtheit, so ist zu erwarten, daß etwa gleich viele Werte oberhalb bzw. unterhalb liegen. Man bestimmt daher von jeder Stichprobe die Anzahl der Werte, die den Median über- bzw. unterschreiten, so erhält man eine Mehrfelder-Tafel, die für nicht zu kleine Häufigkeiten nach χ^2 getestet werden kann:

$$\chi^2 = \sum (B_{ij} - E_{ij})^2 / E_{ij}$$

B_{ij} = Anzahl der beobachteten Werte an der Stelle i, j in der Kontingenztafel

E_{ij} = Anzahl der erwarteten Werte an der Stelle i, j in der Kontingenztafel

Ist c die Zahl der Spalten der Kontingenztabelle, so liegen c-1 Freiheitsgrade vor. Die weitere Auswertung erfolgt über die Chi-Quadrat-Verteilung (Programm Integration der Chi-Quadrat-Verteilung).

Beispiele: 1. Die Teilnehmer eines Kurses werden auf Grund ihrer anfangs geäußerten Lernbereitschaft in drei gleich große Gruppen aufgeteilt. Die Nullhypothese besteht nun darin, daß sich diese Gruppen im Hinblick auf die Kursteilnehmer nicht wesentlich voneinander unterscheiden. Die Anwesenheitsliste weist folgende Teilnahmehäufigkeiten aus:

Kurs A	35	33	37	42	41	31	34	30	36	35	39
Kurs B	40	38	39	41	36	37	42	38	44	36	
Kurs C	49	48	47	47	46	49	45	36	44	37	

Lösung: Median = 39
Chiquadrat = 8.4545455
Nom. stat. Sicherheit .9854

Die Nullhypothese ist zu verwerfen; die Motivation der einzelnen Teilnehmer unterscheidet sich von Gruppe zu Gruppe.

2. Drei Schülergruppen wurden einem Intelligenztest unterworfen. Sie erreichten die folgenden Punktzahlen:

Gruppe A	84	101	146	101	141	111	99	112	115	100
Gruppe B	91	105	122	96	102	111	116	99	104	
Gruppe C	91	74	62	68	83	81	69	77	83	78

Haben die Gruppen denselben Median oder unterscheiden sie sich signifikant?

Lösung: Median = 99
Chiquadrat = 14.6
Nom. stat. Sicherheit .9993
Die Nullhypothese muß verworfen werden: Die Gruppen unterscheiden sich signifikant.   ■

Programmhinweise:

Das Programm ist so angelegt, daß maximal 10 Stichproben mit je bis zu 50 Werten verarbeitet werden können. Wenn es erforderlich ist, kann der DIM-Befehl in Zeile 7060 entsprechend erweitert werden.

Programmlisting:

```
7000  REM  ***   MEDIANTEST   ***
7010  REM ***  K UNABHÄNGIGE STICHPROBEN  ***
7020  P$="MEDIANTEST FÜR K UNABHÄNGIGE STICHPROBEN"
7030  REM ***  EINGABE  ***
7040  INPUT"ANZAHL DER STICHPROBEN : ",K
7050  DIM N(10),S(10,2),PN(10)
7060  DIM X(10,50),Y(500),PX(10,50)
7070  PRINT
7080  FOR I=1 TO K
7090  PRINT "UMFANG VON STICHPROBE ";I;" : "; :INPUT N(I) : PRINT
7100  PRINT "WERTE DER ";I;".STICHPROBE :" : PN(I)=N(I)
7110  FOR J=1 TO N(I)
7120  INPUT X(I,J) : PX(I,J)=X(I,J) : NEXT J : PRINT
7130  NEXT I
7140  REM
7150  REM ***  VERARBEITUNG  ***
7160  L=0
7170  FOR I=1 TO K
7180  FOR J=1 TO N(I)
7190  L=L+1 : Y(L)=X(I,J)
7200  NEXT J : NEXT I
7210  REM
7220  FOR I=L-1 TO 1 STEP -1
7230  S1=0
7240  FOR J=1 TO I
7250  IF Y(J)<=Y(J+1) THEN 7270
7260  SWAP Y(J),Y(J+1) : S1=1
7270  NEXT J
7280  IF S1=0 THEN 7310
7290  NEXT I
7300  REM
7310  K2=L/2
7320  IF K2=INT(K2) THEN 7340
7330  G=Y(INT(K2)+1) : GOTO 7360
7340  G=(Y(INT(K2)+1))/2
7350  S3=0 : S4=0
```

```
7360   FOR I=1 TO K
7370   S1=0 : S2=0
7380   FOR J=1 TO N(I)
7390   IF X(I,J)>G THEN 7410
7400   S2=S2+1 : GOTO 7420
7410   S1=S1+1
7420   NEXT J
7430   REM
7440   S(I,1)=S1 : S(I,2)=S2
7450   S3=S3+S1  : S4=S4+S2
7460   NEXT I
7470   IF K=2 THEN 7490
7480   XY=0 : GOTO 7500
7490   XY=.5
7500   CHI = 0
7510   FOR I=1 TO K
7520   E1=N(I)/2
7530   CHI=CHI+(ABS(S(I,1)-E1)-XY)^2/E1 + (ABS(S(I,2)-E1)-XY)^2/E1
7540   NEXT I
7550   REM
7560   REM ***  AUSGABE  ***
7570   PRINT : PRINT
7580   PRINT"                        MEDIAN = ";G : PG=G
7590   PRINT"                   CHIQUADRAT = ";CHI
7600   CHI=CHI : F=K-1 : GOSUB 7650
7610   PRINT"NOM. STAT. SICHERHEIT : ";W
7620   PRINT : PRINT
7630   GOSUB 8000
7631   INPUT "Soll erneut gestartet werden (J/N) ";W$
7632   IF W$="J" THEN ERASE N,S,PN,X,Y,PX:GOTO 7000
7633   IF W$="N" THEN GOTO 7640
7634   PRINT "Falsche Eingabe, bitte ändern !!!":GOTO 7631
7635   REM
7640   END
7650   REM ***  WAHRSCHEINLICHKEIT  ***
7660   J=1 : PI=3.141593
7670   FOR I=F TO 2 STEP -2
7680   J=J*I : NEXT I : P=INT((F+1)/2)
7690   X=CHI^P*EXP(-CHI/2)/J
7700   IF INT(F/2)=F/2 THEN Y=1 : GOTO 7720
7710   Y=SQR(2/CHI/PI)
7720   S=1 : T=1 : G=F
7730   G=G+2 : T=T*CHI/G
7740   IF T<0.0000001 THEN 7760
7750   S=S+T : GOTO 7730
7760   W=X*Y*S : W=INT(10000*W)/10000
7770   RETURN
8000   REM *** DRUCK ***
8010   PRINT"SOLLEN DIE DATEN AUF DEM DRUCKER AUSGEGEBEN WERDEN?";
8020   INPUT" ( J / N ) ",D$ : IF NOT (D$="J" OR D$="j") THEN RETURN
8030   LPRINT P$ : LPRINT : LPRINT"WERTE DER EINGEGEBENEN STICHPROBEN:"
8040   FOR I=1 TO K : LPRINT :  LPRINT I;". STICHPROBE :"
8050   FOR J=1 TO PN(I) : LPRINT PX(I,J), : NEXT J : LPRINT : NEXT I
8060   LPRINT : LPRINT
8070   LPRINT"                        MEDIAN = ";PG
8080   LPRINT"                   CHIQUADRAT = ";CHI
8090   LPRINT"NOM. STAT. SICHERHEIT : ";W
8100   FOR I=1 TO 52 : LPRINT "-"; : NEXT I : LPRINT : LPRINT : LPRINT
8110   RETURN
```

Testlauf:

```
Stichprobe 1    19  18  17  23  41  23  41  44  29
Stichprobe 2    25  40  20  16  48  30  29  37
```

```
MEDIANTEST FÜR K UNABHÄNGIGE STICHPROBEN

WERTE DER EINGEGEBENEN STICHPROBEN:

1 . STICHPROBE :
19          18          17          23          41
23          41          44          29

2 . STICHPROBE :
25          40          20          16          48
30          29          37


            MEDIAN  =   29
        CHIQUADRAT  =   .569444
NOM. STAT. SICHERHEIT :   .5495
-------------------------------------------------------
```

7.2.2 H-Test von Kruskal und Wallis

Der H-Test von Kruskal und Wallis ist eine Verallgemeinerung des U-Tests von Mann und Whitney: Man prüft die Hypothese, daß mehrere unabhängig gewonnene Stichproben aus derselben Grundgesamtheit stammen, daß also ihre Verteilungsfunktionen übereinstimmen. Der H-Test ist insbesondere auch dann anwendbar, wenn nur die Rangordnung zwischen den Meßwerten bekannt ist.

Das Programm berechnet eine Prüfgröße H. Wenn keine verbundenen Ränge auftreten, gilt:

$$H = \frac{12}{N(N+1)} \sum_{i=1}^{K} \frac{(\Sigma R_i)^2}{n} - 3 \cdot (N+1)$$

Dabei ist ΣR_i = Summe der Rangplätze in jeder Gruppe, n = Größe der einzelnen Gruppen.

Sind mehrere Gruppen vorhanden, deren Umfang ≥ 5 ist, so ist H annähernd χ^2-verteilt mit $K - 1$ Freiheitsgraden, wobei K die Anzahl der zu vergleichenden Stichproben ist. Das Programm ist wie das Programm in 7.1.2 aufgebaut: DIM X (N, K), N (K). Die Summation erfolgt jeweils nicht bis 2, sondern bis K.

Beispiel: Drei Gruppen von Personen wurden einem Leistungstest unterzogen. Dabei sollte die erste auf Genauigkeit, die zweite auf Schnelligkeit und die dritte auf beides achten.

Die Tabelle enthält die gemessenen Leistungen in den drei Stichproben und eine gemeinsame Rangreihe dieser Werte, wobei dem höchsten Wert der Rangplatz 1 zugewiesen wurde und bei gleichen Werten gemittelte Rangplätze eingesetzt wurden.

Stichprobe 1	Stichprobe 2	Stichprobe 3
44	52	53
32	44	56
37	38	44
40	56	40
27	62	50
43	42	67
44	51	38
	44	43
	66	

Lösung: H = 6.51
Nom. stat. Sicherheit .9614
Die drei gegebenen Stichproben entstammen nicht der gleichen Grundgesamtheit.
Darüber, welche der drei Stichproben sich nun im einzelnen signifikant voneinander unter-
scheiden, sagt der H-Test nichts aus. Es wird empfohlen, bei signifikantem H zur Prüfung
dieser Frage paarweise den U-Test zu verwenden.   ■

7.3 Prüfung abhängiger Stichproben

7.3.1 Vorzeichentest

Das einfachste Testverfahren zum Vergleich zweier abhängiger Stichproben ist der Vorzeichentest. Die Merkmalsausprägungen, die zu demselben Merkmalsträger gehören, werden
nebeneinandergestellt. Hinter dem Paar wird ein + notiert, wenn die erste Merkmalsausprägung größer ist als die zweite Merkmalsausprägung des Paares. Ist dagegen die zweite
Merkmalsausprägung größer als die erste, so wird ein − notiert. Sind beide Werte gleich
groß, wird eine 0 hingeschrieben. Diese Paare werden im allgemeinen nicht berücksichtigt.
Ist N^+ und N^- die Anzahl der entsprechenden Vorzeichen, so läßt sich auch eine annähernd χ^2-verteilte Prüfgröße

$$\chi^2 = \frac{(N^+ - N^-)^2}{N^+ + N^-}$$

bilden mit df = 1 (Anzahl der Freiheitsgrade). Das Programm bestimmt die zugehörige
nominelle statistische Sicherheit.

Beispiele: 1. Bei einem Versuch werden 10 Personen zwei Schlafmittel A und B verab-
reicht und ihre Schlafdauer gemessen. Es ergab sich

Person	1	2	3	4	5	6	7	8	9	10
Schlafmittel A	8.0	7.4	5.9	9.4	8.6	8.2	7.6	8.1	6.2	8.9
Schlafmittel B	6.8	7.1	6.8	8.3	7.9	7.2	7.4	6.8	6.8	8.1
Vorzeichen	+	+	−	+	+	+	+	+	−	+

Lösung: Chiquadrat = 3.6
Nom. stat. Sicherheit = .9422
Die Nullhypothese kann auf dem 5 %-Niveau nicht verworfen werden.

2. Der Hersteller einer neuen Schreibmaschine behauptet, mit seinem Gerät könne schneller gearbeitet werden. Um dies nachzuprüfen, läßt man Sekretärinnen zuerst auf einer herkömmlichen Schreibmaschine und dann auf dem neuen Gerät etwas tippen. Dabei ergaben sich folgende Tipp-Geschwindigkeiten (in Worten pro Minute):

	A	B	C	D	E	F	G
Neu	63	57	82	76	97	80	74
Alt	71	60	80	75	96	85	79

Liegt ein signifikanter Unterschied vor?

Lösung: Chiquadrat = .143
         Nom. stat. Sicherheit = .2947
         Der Unterschied ist also nicht signifikant.

Da der Vorzeichentest nur ein Minimum an Information ausnutzt, gilt: Die Nullhypothese wird u.U. noch beibehalten, wenn sie bei der Verwendung feinerer Verfahren verworfen werden müßte. Aber man kann sicher sein, daß eine nach dem Vorzeichentest verworfene Nullhypothese mit feineren Verfahren erst recht nicht zu halten wäre.

Als weitere Anwendung des Vorzeichen-Tests sei noch erwähnt, daß damit eine Stichprobe auf einen vorgegebenen Mittelwert getestet werden kann. In diesem Fall wählt man das Vorzeichen, das sich ergibt, wenn von den Stichprobenwerten der zu testende Mittelwert subtrahiert wird. Dieses Verfahren heißt manchmal auch 1-Stichproben-Mediantest. Ist die Stichprobe einer normalverteilten Grundgesamtheit entnommen, so wird man natürlich den schärferen t-Test anwenden.

Programmlisting:

```
7000    REM       ***   VORZEICHENTEST   ***
7010    REM   ***   ABHÄNGIGE STICHPROBEN   ***
7020    P$="VORZEICHENTEST FÜR ABHÄNGIGE STICHPROBEN"
7030    REM ***   EINGABE   ***
7040    PRINT
7050    INPUT "ANZAHL DER WERTEPAARE : ",N
7060    DIM A(N),B(N) : PRINT
7070    PRINT "WERTE DER 1. STICHPROBE : "
7080    FOR I=1 TO N
7090    INPUT A(I)
7100    NEXT I : PRINT
7110    PRINT "WERTE DER 2. STICHPROBE : "
7120    FOR I=1 TO N
7130    INPUT B(I)
7140    NEXT I
7150    REM
7160    REM ***   VERARBEITUNG   ***
7170    N1=0 : N2=0
7180    FOR K=1 TO N
7190    IF A(K)=B(K) THEN 7220
7200    IF A(K)<B(K) THEN N2=N2+1 : GOTO 7220
7210    N1=N1+1
7220    NEXT K
7230    REM
7240    CHI=(N1-N2)^2/(N1+N2)
7250    CHI=INT(1000*CHI+0.5)/1000
7260    CHI=CHI : F=1 : GOSUB 7350
```

```
7270   REM
7280   REM  ***   AUSGABE   ***
7290   PRINT
7300   PRINT"            CHIQUADRAT = ";CHI
7310   PRINT"NOM. STAT. SICHERHEIT : ";W
7320   PRINT : PRINT
7330   GOSUB 8000
7331   INPUT "Soll erneut gestartet werden (J/N) ";W$
7332   IF W$="J" THEN ERASE A,B:GOTO 7000
7333   IF W$="N" THEN GOTO 7340
7334   PRINT "Falsche Eingabe, bitte ändern !!!":GOTO 7331
7339   REM
7340   END
7350   REM  ***   WAHRSCHEINLICHKEIT   ***
7360   J=1 : PI=3.141593
7370   FOR I=F TO 2 STEP -2
7380   J=J*I : NEXT I : P=INT((F+1)/2)
7390   X=CHI^P*EXP(-CHI/2)/J
7400   IF INT (F/2)=F/2 THEN Y=1 : GOTO 7420
7410   Y=SQR(2/CHI/PI)
7420   S=1 : T=1 : G=F
7430   G=G+2 : T=T*CHI/G
7440   IF T<0.0000001 THEN 7460
7450   S=S+T : GOTO 7430
7460   W=X*Y*S : W=INT(10000*W)/10000
7470   RETURN
8000   REM *** DRUCK ***
8010   PRINT"SOLLEN DIE DATEN AUF DEM DRUCKER AUSGEGEBEN WERDEN?";
8020   INPUT " ( J / N ) ",D$ : IF NOT (D$="J" OR D$="j") THEN RETURN
8030   LPRINT P$ : LPRINT
8040   LPRINT "INDEX      1.STICHPROBE     2.STICHPROBE"
8050   LPRINT "----------------------------------------------"
8060   FOR I=1 TO N : LPRINT I, A(I), B(I) : NEXT I : LPRINT
8070   LPRINT "           CHIQUADRAT = ";CHI
8080   LPRINT "NOM. STAT. SICHERHEIT : ";W
8090   LPRINT "----------------------------------------------"
8100   LPRINT : LPRINT : LPRINT:RETURN
```

```
VORZEICHENTEST FÜR ABHÄNGIGE STICHPROBEN

INDEX        1.STICHPROBE     2.STICHPROBE
------------------------------------------------

  1              63               71
  2              57               60
  3              82               80
  4              76               75
  5              97               96
  6              80               85
  7              74               79


          CHIQUADRAT =   .143
NOM. STAT. SICHERHEIT :   .2946
------------------------------------------------
```

7.3.2 Wilcoxon-Paardifferenzen-Test

Der Wilcoxon-Test für Paardifferenzen dient zum Vergleich zweier abhängiger Stichproben, wobei die Differenzen zusammengehöriger Meßwertpaare nicht (wie beim t-Test für abhängige Stichproben) aus einer normal verteilten Grundgesamtheit stammen müssen. Hier werden jeweils die Paardifferenzen ermittelt und nach ihrem absoluten Betrage mit Rangplätzen versehen. Nachträglich erhalten dann die Rangplätze wieder das Vorzeichen der Differenz. Es werden alle negativen Ränge und alle positiven Ränge zu je einer Summe aufaddiert. Die kleinere Rangsumme dient als Prüfgröße T.

Ist $n > 25$, bestimmt man

$$z = \frac{\dfrac{n*(n+1)}{4} - T}{\sqrt{\dfrac{n*(n+1)*(2*n+1)}{24}}}$$

Dieser Wert ist annähernd normalverteilt; die zugehörige Irrtumswahrscheinlichkeit wird mit dem Programm „Integration der Normalverteilung" bestimmt.

Beispiele: 1. Krankheitsdauer in Tagen bei zwei Behandlungsmethoden:

Patient	1	2	3	4	5	6	7	8	9
Methode A	8,3	7,9	9,1	8,4	8,6	7,3	7,5	8,7	7,6
Methode B	8,0	7,2	8,5	8,2	7,8	7,7	7,0	8,8	6,6
Betrag der Differenz	0,3	0,7	0,6	0,2	0,8	0,4	0,5	0,1	1,0
Rang	3	7	6	2	8	4	5	1	9
Vorzeichen der Differenz	+	+	+	+	+	−	+	−	+

Lösung: T = 5
Nom. stat. Sicherheit .9809
Die Hypothese „Die Methoden sind gleich gut" wird bei einer Irrtumswahrscheinlichkeit von 5 % verworfen.

2. Bei Kindern im Vorschulalter soll das räumliche Vorstellungsvermögen getestet werden. Daher stellte man ihnen zuerst eine zweidimensional und dann eine dreidimensional angelegte Aufgabe. In beiden Fällen wird die Zeit in Minuten abgestoppt, die zur Lösung der Aufgabe benötigt wird.

zweidimensional:	5	7	4	3	6	8	6	6	5
dreidimensional:	6	10	6	5	6	7	8	7	7

Besteht ein signifikanter Unterschied für die Lösungszeit beim zwei- bzw. dreidimensionalen Test?

Lösung: T = 3
Nom. stat. Sicherheit .9896
Ein Unterschied ist wahrscheinlich.

3. Zwei Entfernungsmeßgeräte wurden miteinander verglichen. Dazu wurden Objekte, die unterschiedlich weit entfernt waren, angepeilt. Man erhielt folgende Meßwerte für die Entfernung (m):

1. Gerät:	100.2	249.4	500.2	750.8	1000.9	1251.1	1500.4	1700.3
2. Gerät:	100.8	250.3	499.3	750.1	1000.2	1250.8	1500.2	1700.2

Liegt ein signifikanter Unterschied vor?

Lösung: T = 11
Nom. stat. Sicherheit .8365

Die Nullhypothese — beide Meßgeräte unterscheiden sich nicht in ihren Meßwerten — wird beibehalten.   ■

Programmlisting:

```
7000    REM  ***  WILCOXON-TEST  ***
7010    P$="WILCOXON-TEST"
7020    REM  ***  EINGABE  ***
7030    PRINT
7031    PRINT "**********  ";P$;"  **********" : PRINT
7040    INPUT "ANZAHL DER DATENPAARE : ",N
7050    DIM D(N),S(N),PX(N),PY(N)
7060    PRINT : PRINT "DATENPAARE : "
7070    FOR I=1 TO N
7080    INPUT;" ",X : INPUT "       ",Y : PRINT
7090    D(I)=ABS(X-Y) : PX(I)=X : PY(I)=Y
7091    IF X=Y THEN S(I)=0
7092    IF X<Y THEN S(I)=-1
7093    IF X>Y THEN S(I)=1
7100    NEXT I
7110    REM
7120    REM  ***  VERARBEITUNG  ***
7130    FOR J=1 TO N
7140    FOR K=1 TO N-J
7150    IF D(K)<=D(K+1) THEN 7180
7160    SWAP D(K),D(K+1)
7170    SWAP S(K),S(K+1)
7180    NEXT K : NEXT J
7190    REM
7200    J=1 : W1=0 : W2=0
7210    Z=0
7220    K=J+Z+1
7230    IF K<=N THEN IF D(J)=D(K) THEN Z=Z+1 : GOTO 7220
7240    FOR I=J TO J+Z
7250    R=J+Z/2
7260    IF S(I)=1 THEN W1=W1+R : GOTO 7280
7270    W2=W2+R
7280    NEXT I
7290    J=K
7300    IF J<N THEN 7210
7310    IF D(N-1)=D(N) THEN 7360
7320    R=N
7330    IF S(N)=1 THEN W1=W1+R : GOTO 7350
7340    W2=W2+R
7350    REM
7360    IF W1>W2 THEN TW=W2 ELSE TW=W1
```

```
7370   REM
7380   M=N*(N+1)/4
7390   S=SQR(N*(N+1)*(2*N+1)/24)
7400   Z=(TW-M)/S : GOSUB 7490
7410   REM
7420   REM  ***  AUSGABE  ***
7430   PRINT
7440   PRINT "                          T = ";TW
7450   PRINT "NOM. STAT. SICHERHEIT : ";W
7460   PRINT : PRINT
7470   GOSUB 8000
7471   INPUT "Soll erneut gestartet werden (J/N) ";W$
7472   IF W$="J" THEN ERASE D,S,PX,PY:GOTO 7000
7473   IF W$="N" THEN GOTO 7480
7474   PRINT "Falsche Eingabe, bitte ändern !!!":GOTO 7471
7479   REM
7480   END
7490   REM  ***  WAHRSCHEINLICHKEIT  ***
7500   PI=3.141593 : K=1/SQR(2*PI) : C=0.2316419
7510   A1=0.31938153 : A2=-0.35656378
7520   A3=1.7814779  : A4=-1.821256
7530   A5=1.3302744
7540   T=1/(1+C*ABS(Z))
7550   R=A1*T + A2*T^2 + A3*T^3 + A4*T^4 + A5*T^5
7560   R=K*EXP(-Z^2/2)*R
7570   W=1-R : W=INT(10000*W+0.5)/10000
7580   RETURN
8000   REM *** DRUCK ***
8010   PRINT"SOLLEN DIE DATEN AUF DEM DRUCKER AUSGEGEBEN WERDEN?";
8020   INPUT" ( J / N ) ",D$ : IF NOT (D$="J" OR D$="j") THEN RETURN
8030   LPRINT P$ : LPRINT : LPRINT"DATENPAARE : " : LPRINT
8040   LPRINT "INDEX       WERT 1        WERT 2"
8050   LPRINT "---------------------------------"
8060   FOR I=1 TO N : LPRINT I,PX(I),PY(I) : NEXT I : LPRINT
8070   LPRINT "                    T = ";TW
8080   LPRINT "NOM. STAT. SICHERHEIT : ";W
8090   LPRINT "---------------------------------"
8100   LPRINT : LPRINT : LPRINT : RETURN
```

```
WILCOXON-TEST

DATENPAARE :

INDEX        WERT 1        WERT 2
--------------------------------------
  1             5             6
  2             7            10
  3             4             6
  4             3             5
  5             6             6
  6             8             7
  7             6             8
  8             6             7
  9             5             7

                    T =   3
NOM. STAT. SICHERHEIT :   .9896
--------------------------------------
```

8 Testverfahren für Nominaldaten

Für alle Testverfahren in diesem Kapitel reichen Daten von Nominalqualität aus. Diese Tests können daher auch bei höherer Datenqualität, also bei Rangdaten und metrischen Daten, eingesetzt werden.

Voraussetzung	Fragestellung	Testverfahren
Zwei unabhängige Stichproben. Merkmale haben jeweils zwei Ausprägungen	Prüfung auf signifikante Unterschiede der Stichprobe	Chi-Quadrat-Vierfelder-Test
Zwei unabhängige Stichproben, Merkmale haben jeweils mehrere Ausprägungen	Prüfung auf signifikante Unterschiede der Stichproben	Chi-Quadrat-Mehrfelder-Test
Zwei abhängige Stichproben, Merkmale haben jeweils zwei Ausprägungen	Prüfung auf signifikante Änderung	McNemar-Test
Zwei Verteilungen	Prüfung auf Gleichheit	Chi-Quadrat-Anpassungstest

Bei allen Tests in diesem Kapitel wird die nominelle statistische Sicherheit S bestimmt, die zu dem betreffenden Testergebnis gehört.

Als Entscheidung wird im allgemeinen gewählt:

$$S \leq 0.95 \qquad \text{Nullhypothese wird abgelehnt.}$$
$$0{,}95 < S \leq 0{,}99 \qquad \text{Nullhypothese ist wahrscheinlich.}$$
$$0{,}99 < S \leq 0{,}999 \qquad \text{Nullhypothese ist signifikant gesichert.}$$
$$0{,}999 < S \qquad \text{Nullhypothese ist hoch signifikant gesichert.}$$

8.1 Chi-Quadrat-Vierfelder-Test

Hat man zwei unabhängige Stichproben, die jeweils nur zwei Merkmalsausprägungen enthalten, so kann man eine Vier-Felder-Tafel erstellen:

	erste Stichprobe	zweite Stichprobe
erste Merkmalsausprägung	a	b
zweite Merkmalsausprägung	c	d

Dabei bezeichnen a, b, c, d die jeweiligen Anzahlen. Als Prüfgröße kann man ein Chi-Quadrat bestimmen:

$$\chi^2 = \frac{N \cdot (ad - bc)^2}{(a + b) \cdot (a + c) \cdot (b + d) \cdot (c + d)} \quad \text{mit } N = a + b + c + d.$$

Dabei ist die Anzahl der Freiheitsgrade f = 1.

Die Anwendung der obengenannten Formel hat zwei Voraussetzungen:

1. Die Gesamtsumme der Häufigkeiten soll mindestens 40 sein.

2. Die gegebenen Häufigkeiten sollen nicht kleiner als 5 sein.

Bei kleinen Häufigkeiten muß bei der Berechnung von χ^2 eine Korrektur vorgenommen werden (Yates-Korrektur):

$$\chi^2 = \frac{(|a*d - b*d - \frac{n}{2})^2 * N}{(a + b) * (c + d) * (a + c) * (b + d)}$$

Der Chi-Quadrat-Wert nach Yates wird etwas kleiner als im unkorrigierten Fall; die korrigierte Formel ist also vorsichtiger mit dem Melden einer Signifikanz.

Bei sehr kleinen Häufigkeiten versagt auch die Yates-Korrektur. In diesen Fällen verwendet man den exakten Test nach Fisher und Yates.

Beispiel: Ein Kaufhaus untersucht die Käuferschicht. Dazu werden die Käufer in männlich und weiblich, sowie in „unter 30" und „30 und älter" eingeteilt. Eine Befragung ergab folgende Werte:

männlich und „unter 30" 22 Käufer; weiblich und „unter 30" 63 Käufer

männlich und „30 und älter" 38 Käufer; weiblich und „30 und älter" 77 Käufer.

Diese Werte können in eine Tafel mit 2 Spalten und 2 Zeilen eingetragen werden

	unter 30	30 und älter
Männer	22	38
Frauen	63	77

Die Nullhypothese lautet, daß die beiden Faktoren „männlich, weiblich" und „$\leqslant$ 30, $\geqslant$ 30" unabhängig sind.

Das Programm liefert

    Chi-Quadrat = 1.1935209
    Nom. stat. Sicherheit .725

Die Nullhypothese, daß beide Faktoren unabhängig sind, muß zurückgewiesen werden. ∎

Programmbedienung:

Eingabe von a, b, c, d

Ausgabe von χ^2 und der zugehörigen Wahrscheinlichkeit (nominelle statistische Sicherheit S)

Programmlisting:

```
8000  REM  ***  CHIQUADRAT - VIERFELDER - TEST  ***
8010  P$="CHIQUADRAT - VIERFELDER - TEST"
8020  REM  ***  EINGABE  ***
8021  PRINT : PRINT : PRINT "***  ";P$;"  ***" : PRINT : PRINT
8030  DIM K(2),R(2)
8040  INPUT;"A = ",A : INPUT "    B = ",B
8050  INPUT;"C = ",C : INPUT "    D = ",D
8060  REM
```

```basic
8100   REM  ***   VERARBEITUNG   ***
8110   K(1)=A+C : K(2)=B+D
8120   R(1)=A+B : R(2)=C+D
8130   N=A+B+C+D
8140   B2=(A+B)*(A+C)*(B+D)*(C+D)
8150   IF A<10 THEN 8200
8160   IF B<10 THEN 8200
8170   IF C<10 THEN 8200
8180   IF D<10 THEN 8200
8190   B1=N*(A*D-B*C)*(A*D-B*C) : GOTO 8210
8200   B1=N*(ABS(A*D-B*C)-N/2)^2
8210   CHI=B1/B2
8220   GOSUB 8500
8300   REM  ***   AUSGABE   ***
8310   PRINT
8320   PRINT"CHIQUADRAT =              ";CHI
8330   PRINT"NOM. STAT. SICHERHEIT:";W
8340   PRINT : PRINT
8350   GOSUB 9000
8351   INPUT "Soll erneut gestartet werden (J/N) ";W$
8352   IF W$="J" THEN ERASE K,R:GOTO 8000
8353   IF W$="N" THEN GOTO 8480
8354   PRINT "Falsche Eingabe, bitte ändern !!!":GOTO 8351
8355   REM
8480   END
8490   REM
8500   REM  ***   WAHRSCHEINLICHKEIT   ***
8510   X=CHI*EXP(-CHI/2) : PI=3.141593
8520   Y=SQR(2/(CHI*PI))
8530   S=1 : T=1 : G=1
8540   G=G+2 : T=T*CHI/G
8550   IF T<0.0000001 THEN 8580
8560   S=S+T : GOTO 8540
8580   W=X*Y*S : W=INT(10000*W)/10000
8590   RETURN
9000   REM *** DRUCK ***
9010   PRINT"SOLLEN DIE DATEN AUF DEM DRUCKER AUSGEGEBEN WERDEN?";
9020   INPUT" ( J / N ) ",D$ : IF NOT (D$="J" OR D$="j") THEN RETURN
9030   LPRINT P$ : LPRINT : LPRINT"VIERFELDER - TAFEL :" : LPRINT
9040   LPRINT TAB(5) A; TAB(15)"I" ; TAB(25) B
9050   LPRINT          TAB(15)"I"
9060   LPRINT "------------------------------"
9070   LPRINT          TAB(15)"I"
9080   LPRINT TAB(5) C; TAB(15)"I" ; TAB(25) D
9090   LPRINT : LPRINT
9100   LPRINT "CHIQUADRAT =             ";CHI
9110   LPRINT "NOM. STAT. SICHERHEIT: ";W
9120   LPRINT "------------------------------"
9130   LPRINT : LPRINT : LPRINT : RETURN
```

```
CHIQUADRAT - VIERFELDER - TEST

VIERFELDER - TAFEL :

    178          I          472
                 I
-----------------------------------
                 I
    316          I         1638

CHIQUADRAT =            39.8921
NOM. STAT. SICHERHEIT:   .9999
-----------------------------------
```

Aufgaben

1. Die Anteile der männlichen und weiblichen Beschäftigten in zwei Betrieben sollen verglichen werden.

	Betrieb A	Betrieb B
weibliche Beschäftigte	178	472
männliche Beschäftigte	316	1638

Ist der Unterschied signifikant?

Lösung: Chiquadrat = 39.892094
Nom. stat. Sicherheit S = .9999
Die beobachteten Unterschiede sind außerordentlich signifikant.

2. Man zeigte Personen eine Filmszene mit spielenden Kindern. Zuerst spielen sie „Fangen", dann bewerfen sie sich mit Grasstücken, bis einer anfängt, mit Steinen zu werfen. Gegeben sind zwei Stichproben: Kinder im Alter von 8.6 — 10.1 Jahren und von 10.2 — 11.7 Jahren. Die Antworten werden klassifiziert in:

„Die Gefahr nicht erkannt", bzw. „Die Gefahr erkannt"

Altersstufen	Antwortklassen	
	1	2
8.6—10.1	20	14
10.2—11.7	8	26

Unterscheiden sich verschiedene Altersstufen in dem Erkennen der Gefährlichkeit?

Lösung: Chiquadrat = 7.3464286
Nom. stat. Sicherheit S = .9932
Der Unterschied zwischen den Altersstufen ist signifikant.

3. Ein Fabrikbesitzer läßt untersuchen, ob Frauen öfter von der Arbeit fernbleiben als Männer. Die Tabelle enthält die Anzahl der Fehltage.

	fehlend	anwesend
Männer	8	170
Frauen	7	300

Lösung: Chiquadrat = 1.1784094
Nom. stat. Sicherheit S = .7223
Der Unterschied ist nicht signifikant. Es besteht nur eine geringe Abhängigkeit zwischen Geschlecht und Fehltagen.

4. Bei einer Untersuchung an einer Zufalls-Stichprobe von N = 200 Neugeborenen sollte der Zu-
    sammenhang von Untergewicht (d.h. Geburtsgewicht kleiner als 2500 g) und Legitimität (ehe-
    lich, nicht-ehelich) untersucht werden. Es ergab sich folgende Tafel:

	ehelich	nicht-ehelich
Untergewicht	10	6
kein Untergewicht	146	38

Der Test auf Unabhängigkeit soll zum Niveau α = 10 % durchgeführt werden.

Lösung: Chiquadrat = 1.5520485
           Nom. stat. Sicherheit S = .7871

           Folglich lehnt der χ^2-Test die Nullhypothese nicht ab. Der Anteil der ehelich gebore-
           nen bei den Untergewichtigen ist mit P_1 = 62.5 % wesentlich geringer als der bei den
           Nicht-Untergewichtigen: P_2 = 79.3 %.

5. Bei einer Meinungsumfrage wurden Anhänger der Partei A und der Partei B nach ihrer Ein-
    schätzung des Bundeskanzlers gefragt. Dabei ergab sich folgendes Bild:

	positiv	negativ
Partei A	35	19
Partei B	12	17

Hängt die Beurteilung des Kanzlers von der Parteizugehörigkeit ab?

Lösung: Chiquadrat = 4.2190833
           Nom. stat. Sicherheit S = .96

           Mit Sicherheit kann gesagt werden, daß das Ansehen des Kanzlers in den verschie-
           denen politischen Lagern unterschiedlich hoch ist.

8.2 Chi-Quadrat-Mehrfelder-Test

Der Chi-Quadrat-Mehrfelder-Test dient zum Vergleich mehrerer beobachteter Häufigkeitsverteilungen untereinander. Er prüft, ob sich diese Häufigkeitsverteilungen signifikant
voneinander unterscheiden und in welchen Feldern diese Unterschiede gegebenenfalls
begründet liegen. Also prüft der Chi-Quadrat-Mehrfelder-Test, ob die Verteilung der Häufigkeiten auf ein Merkmal mit m Ausprägungen in k Klassen signifikant unterschiedlich
ist.

Es seien:

 k Anzahl der Klassen (Zeilen)
 m Anzahl der Merkmale (Spalten)
 fo_{ij} beobachtete Häufigkeiten in der i-ten Zeile und j-ten Spalte

Dann führt das Programm die folgenden Schritte durch:

1. Berechnung der erwarteten Häufigkeiten: fe_{ij}.

2. Berechnung der Abweichungsmaße:

$$a_{ij} = \frac{(fo_{ij} - fe_{ij})^2}{fe_{ij}} \qquad i = 1,\ldots,k; \ j = 1,\ldots,m$$

3. Berechnung des Chi-Quadrat-Wertes und der Freiheitsgrade df:

$$\chi^2 = \sum_{i=1}^{k} \sum_{j=1}^{m} a_{ij} \ ,$$

$$df = (k - 1) * (m - 1)$$

4. Überprüfung des Chi-Quadrat-Wertes auf Signifikanz.

Damit der Chi-Quadrat-Mehrfelder-Test ausgeführt werden kann, müssen folgende Bedingungen erfüllt sein:

1. In den betreffenden Feldern sollten die erwarteten Häufigkeiten mindestens 5 sein.

2. Nur in maximal 20 % der Fälle dürfen erwartete Häufigkeiten < 5 auftreten; alle erwarteten Häufigkeiten müssen aber mindestens 1 sein.

Beispiel: Bei einer Wahl wurden Männer und Frauen nach der von ihnen gewählten Partei A–F befragt. Es ergaben sich folgende Häufigkeiten:

	A	B	C	D	E	F
Männer	23	37	43	52	67	74
Frauen	27	39	41	49	63	77

Es soll geprüft werden, ob die Wahl einer Partei vom Geschlecht des Wählers abhängt.

Lösung: Chiquadrat = .69203911
Nom. stat. Sicherheit S = .01659727

D.h. die Nullhypothese der Unabhängigkeit des Wahlverhaltens kann nicht verworfen werden. ∎

Programmbedienung:

Eingabe der Anzahl der Klassen (Zeilen) und der Merkmale (Spalten); Eingabe der Häufigkeiten (zeilenweise).

Ausgabe: Chi-Quadrat und die zugehörige Wahrscheinlichkeit (nominelle statistische Sicherheit).

Programmlisting:

```
8000  REM *** MEHRFELDER-TEST ***
8010  REM
8020  REM *** EINGABE ***
8030  PRINT
8040  INPUT "ANZAHL DER KLASSEN ";M
8050  INPUT "ANZAHL DER MERKMALE ";N
8060  DIM A(M,N),E(M,N),C(M,N),T(M),U(N)
8065  PRINT
8070  FOR I=1 TO M
8080  FOR J=1 TO N
8090  PRINT "A(";I;J;")= ";:INPUT A(I,J)
8100  NEXT J:NEXT I
8110  PRINT
8120  REM
8200  REM *** VERARBEITUNG ***
8210  FOR I=1 TO M:T(I)=0:NEXT I
8220  FOR J=1 TO N:U(J)=0:NEXT J
8230  G=0
8240  FOR I=1 TO M
8250  FOR J=1 TO N
8260  T(I)=T(I)+A(I,J)
8270  U(J)=U(J)+A(I,J)
8280  NEXT J
8290  G=G+T(I)
8299  REM
```

```
8300   NEXT I
8310   CHI=0
8320   FOR I=1 TO M
8330   FOR J=1 TO N
8340   E(I,J)=T(I)*U(J)/G
8350   C(I,J)=(A(I,J)-E(I,J))^2/E(I,J)
8360   CHI=CHI+C(I,J)
8370   NEXT J
8380   NEXT I
8420   F=(N-1)*(M-1):GOSUB 8600
8430   REM
8500   REM *** AUSGABE ***
8510   PRINT
8520   PRINT "CHIQUADRAT = ";CHI
8530   PRINT "NOM.STAT.SICHERHEIT S= ";P
8540   GOSUB 20000
8541   INPUT "NEUER DURCHLAUF (J/N) ";E$
8542   IF E$="N" THEN GOTO 8550
8543   IF E$="J" THEN ERASE A,E,C,T,U :GOTO 8000
8544   PRINT "FALSCHE EINGABE!"
8545   GOTO 8541
8550   END
8560   REM
8600   REM *** WAHRSCHEINLICHKEIT ***
8610   J=1
8620   FOR I=F TO 2 STEP -2
8630   J=J*I
8640   NEXT I
8650   P=INT((F+1)/2)
8660   X=CHI^P*EXP(-CHI/2)/J
8670   IF INT(F/2)=F/2 THEN Y=1:GOTO 8690
8680   Y=SQR(2/(CHI*3.141593))
8690   S=1:T=1:G=F
8700   G=G+2:T=T*CHI/G
8710   IF T<.0000001 THEN 8730
8720   S=S+T:GOTO 8700
8730   P=X*Y*S
8740   RETURN
19998  REM
19999  REM *** DRUCK ***
20000  INPUT "SOLLEN DIE ERGEBNISSE GEDRUCKT WERDEN (J/N)";E$
20010  IF E$="N" THEN RETURN
20020  IF E$="J" THEN GOTO 20100
20030  PRINT "FALSCHE EINGABE!"
20040  GOTO 20000
20100  LPRINT "ERGEBNIS ZU FOLGENDEN WERTEN (ZEILENWEISE):"
20110  FOR I=1 TO M
20120  FOR J=1 TO N
20130  LPRINT USING "#######.###";A(I,J),
20140  NEXT J
20150  NEXT I
20260  LPRINT :LPRINT "LAUTET:": LPRINT
20270  LPRINT "CHIQUADRAT = ";CHI
20280  LPRINT "NOM.STAT.SICHERHEIT S= ";P
20290  LPRINT
20300  RETURN
```

```
MEHRFELDER-TEST


ERGEBNIS ZU FOLGENDEN WERTEN (ZEILENWEISE):
      70.000     103.000      96.000      77.000      16.000      157.000
       5.000     168.000
LAUTET:

CHIQUADRAT =   165.747
NOM.STAT.SICHERHEIT S=   .999998
```

Aufgaben

1. Kindern im Alter von 7.0 — 13.3 Jahren wurden verschiedene Fernsehszenen gezeigt, in denen es zu einem Schaden kommen kann:

   1. Filmszene: Steine werfen
   2. Filmszene: Beinstellen
   3. Filmszene: Schießen mit einer Schleuder
   4. Filmszene: Feuer legen in einer Scheune

   Man möchte wissen, ob das Erkennen der Gefährlichkeit von den einzelnen Fernsehszenen abhängt:

   1. Gefährlichkeit nicht erkannt.
   2. Gefährlichkeit erkannt.

Filmszenen	Antwortklassen	
	1	2
1	70	103
2	96	77
3	16	157
4	5	168

   Lösung: Chiquadrat = 165.74732
   Nom. stat. Sicherheit S = .99999998

   Die Unterschiede in den Antworthäufigkeiten sind also hochsignifikant. Es kommt auf die Fernsehszene an, wie häufig die Gefährlichkeit erkannt wird.

2. Eine Wählerumfrage in 3 Städten ergab folgende Ergebnisse:

	Stimmen für			
	Partei A	Partei B	Partei C	Partei D
Stadt A	48	42	24	12
Stadt B	45	44	18	13
Stadt C	104	82	42	31

   Sind die Unterschiede signifikant?

   Lösung: Chiquadrat = 1.9296256
   Nom. stat. Sicherheit S = 7.3944266E-02

   Ein unterschiedliches Wählerverhalten ist statistisch nicht nachweisbar.

3. In der Tabelle ist die Lebensdauer von Glühlampen zweier unterschiedlicher Typen angegeben.

Lebensdauer (h):	< 1300	1300 – 1400	1400 – 1500	1500 – 1600	1600 – 1700	1700 – 1800	> 1800
Typ A	59	72	103	105	93	56	23
Typ B	15	26	41	52	46	40	29

   Unterscheiden sich die beiden Lampentypen signifikant?

Lösung: Chiquadrat = 24.138925
Nom. stat. Sicherheit S = .9995076
Es ist statistisch stark gesichert, daß sich die Lebensdauern der Glühlampen unterscheiden.

8.3 Chi-Quadrat-Test von McNemar

Diesem Test liegt wie beim Vierfeldertest oder beim exakten Test nach Fisher und Yates eine Vierfeldertafel zugrunde. Er behandelt aber den Fall von *abhängigen* Stichproben.

Zwei abhängige Stichproben liegen vor, wenn man beispielsweise dieselben Merkmalsträger vor und nach einer Unterweisung, Behandlung, Wahl o.ä. befragt und die Merkmalsausprägungen jeweils feststellt. Untersucht man dieselben Merkmalsträger zweimal im Hinblick auf ein Merkmal, das genau zwei Ausprägungen hat, kann man eine Vierfeldertafel erstellen:

Bei dem von McNemar entwickelten Verfahren zum Vergleich zweier Häufigkeitsverteilungen aus abhängigen Stichproben sind zwei andere Informationen von entscheidender Bedeutung: die Anzahl derjenigen Probanden, bei denen Test 1 positiv und Test 2 negativ ausfiel, und die Anzahl derjenigen, bei denen Test 1 ein negatives und Test 2 ein positives Resultat ergab.

Die Ergebnistabelle muß also in folgender Form angelegt werden:

		Test 2	
		positiv	negativ
Test 1	positiv	a	b
	negativ	c	d

Dann wird ein Chi-Quadrat berechnet nach

$$\chi^2 = \frac{(|b-c|-1)^2}{b+c}$$

und auf Signifikanz geprüft.

Beispiel: Zur Erkennung einer bestimmten Krankheit mögen zwei diagnostische Tests existieren, die als Ergebnis „Test positiv" oder „Test negativ" anzeigen.

Beide Tests wurden einem Kollektiv von 77 Probanden vorgelegt. Das Ergebnis ist in der folgenden Tabelle enthalten.

		Test 2	
		positiv	negativ
Test 1	positiv	60	2
	negativ	10	5

Zu klären ist, ob sich Test 1 und Test 2 hinsichtlich dieses Anteils der Testpositiven signifikant unterscheiden.

Lösung: Chiquadrat = 4.0833333
Nom. stat. Sicherheit S = .9566
Die zugehörige Wahrscheinlichkeit zeigt, daß dieser Wert auf der 5 %-Stufe signifikant ist: die beiden Tests unterscheiden sich also hinsichtlich des Anteils der Testpositiven. ∎

Für den McNemar-Test gelten dieselben Einschränkungen wie für den Vierfelder-Chi-Quadrat-Test.

Programmbedienung:

Eingabe der Häufigkeiten A, B, C und D.

Dabei sind A und D die Elemente, die sich nicht geändert haben. Es ist von zentraler Bedeutung, daß dies nicht verwechselt wird. Dies ist vor allem deswegen besonders hervorzuheben, weil die Bezeichnungen in der statistischen Literatur hier nicht einheitlich sind und eine Verwechslung zu falschen Interpretationen führt.

Programmlisting:

```
8000    REM *** MC NEMAR -TEST ***
8010    REM
8020    REM *** EINGABE ***
8030    DIM K(2),R(2)
8040    INPUT "A= ";A:INPUT "B= ";B
8050    INPUT "C= ";C:INPUT "D= ";D
8099    REM
8100    REM *** VERARBEITUNG ***
8190    B1=(ABS(B-C)-1)^2
8200    B2=B+C
8210    CHI=B1/B2
8220    GOSUB 8500
8299    REM
8300    REM *** AUSGABE ***
8310    PRINT
8320    PRINT "CHIQUADRAT = ";CHI
8330    PRINT "NOM.STAT.SICHERHEIT S= ";W
8340    PRINT
8341    GOSUB 20000
8342    INPUT "NEUER DURCHLAUF ERWÜNSCHT (J/N)";E$
8343    IF E$="N" THEN GOTO 8400
8344    IF E$="J" THEN ERASE K,R:GOTO 8000
8345    PRINT "FALSCHE EINGABE!"
8346    GOTO 8342
8399    REM
8400    END
8401    REM
8500    REM *** WAHRSCHEINLICHKEIT ***
8510    X=CHI*EXP(-CHI/2)
8520    Y=SQR(2/(CHI*3.141593))
8530    S=1:T=1:G=1
8540    G=G+2:T=T*CHI/G
8550    IF T<.0000001 THEN 8580
8560    S=S+T:GOTO 8540
8580    W=X*Y*S:W=INT(10000*W)/10000
8590    RETURN
20000 REM
20010 REM *** DRUCK ***
20020 INPUT "SOLLEN DIE ERGEBNISSE GEDRUCKT WERDEN (J/N)";E$
20030 IF E$="N" THEN RETURN
20040 IF E$="J" THEN GOTO 20100
20050 PRINT "FALSCHE EINGABE!"
20060 GOTO 20020
20100 LPRINT "DIE ERGEBNISSE ZU FOLGENDEN WERTEN :"
20110 LPRINT "A=";A,:LPRINT "B=";B
20120 LPRINT "C=";C,:LPRINT "D=";D
20130 LPRINT "LAUTEN:":LPRINT
20140 LPRINT "CHIQUADRAT=";CHI
20150 LPRINT "NOM.STAT.SICHERHEIT S=";W
20160 LPRINT
20170 RETURN
```

```
MC NEMAR-TEST

DIE ERGEBNISSE ZU FOLGENDEN WERTEN :
A= 52          B= 3
C= 15          D= 30
LAUTEN:

CHIQUADRAT= 6.72222
NOM.STAT.SICHERHEIT S=  .9904
```

Aufgaben

1. 100 Personen wurden vor und nach einer Fernsehdebatte gefragt, ob sie eine bestimmte Partei wählen wollen. Vor der Debatte antworteten 55 mit Ja und 45 mit Nein. Nach der Diskussion hatten einige Personen eine andere Meinung geäußert:

		Danach	
		Ja	Nein
Davor	Ja	52	3
	Nein	15	30

   Die Nullhypothese besagt nun, daß sich die Wähleranteile nicht geändert haben, während die Alternativhypothese vom Gegenteil ausgeht.

   Lösung: Chiquadrat = 6.7222222
   Nom. stat. Sicherheit S = .9904

2. 100 Personen füllen einen Fragebogen aus. Bei einer bestimmten Frage antworten 59 mit Ja, 41 mit Nein. Danach schenkt man ihnen ein Zeitschriftenabonnement. Nach weiteren 3 Monaten läßt man sie dann denselben Fragebogen noch einmal ausfüllen:

	Ja	Nein
Ja	52	7
Nein	5	36

   Liegt eine signifikante Änderung vor?

   Lösung: Chiquadrat = 8.3333333E-02
   Nom. stat. Sicherheit S = .2271

   Die Nullhypothese ist zu akzeptieren, d.h. es liegt keine signifikante Änderung vor.

3. Ein Umfrageinstitut geht der Frage nach, ob Leute, die ihren Beruf wechseln, ihre politische Meinung ändern. Zu diesem Zweck befragt es 50 derartige Personen vor und nach ihrem Berufswechsel. Vorher sprechen sich je 25 Bürger für die Partei A und B aus; zwei Jahre später ergibt sich folgendes Bild:

		Danach	
		A	B
Davor	A	16	9
	B	2	23

   Besteht ein signifikanter Unterschied?

   Lösung: Chiquadrat = 3.2727273
   Nom. stat. Sicherheit S = .9295

   Diese ist auch bei einer Irrtumswahrscheinlichkeit von 5 % nicht signifikant, also hat man die Nullhypothese zu akzeptieren.

4. Eine Werbeaktion für die Schokoladenmarke A soll auf ihre Auswirkungen hin überprüft
    werden. Dieselben Personen wurden befragt. Nach Ablauf der Werbeaktion waren 92 Personen
    der Schokoladenmarke A treu geblieben. 4 waren von A abgefallen. 58 Personen kauften erst
    jetzt die Marke A, und 481 bleiben bei anderen Marken. Also:

| | | nach der Aktion | |
		A	andere Marken
	A	92	4
vor der Aktion	andere Marken	58	481

Lösung: Chiquadrat = 45.306452
           Nom. stat. Sicherheit S = .9999

           Die Werbeaktion darf in statistischer Hinsicht als durchschlagender Erfolg angesehen
           werden.

5. Ein Meinungsforschungsinstitut befragte 70 Bürger, ob sie eine Verschärfung der Asylanten-
    gesetze befürworten. Dabei erwiesen sich 46 als Befürworter und 24 als Gegner einer derartigen
    Regelung. Kurz danach kommt es zu einem Selbstmord in Abschiebehaft. Daraufhin befragt
    man dieselben Leute erneut. Es zeigt sich, daß 11 der einstigen Gegner nun für erweiterte
    Asylantenaufnahmen sind, während 2 der einstigen Befürworter ihre Meinung in der anderen
    Richtung geändert haben.
    Liegt ein signifikanter Meinungsumschwung vor?

Lösung: Chiquadrat = 4.9230769
           Nom. stat. Sicherheit S = .9734

           Zufallsbedingt kommt solch ein Meinungsumschwung also in weniger als 3 von 100
           Fällen vor.

8.4 Vergleich zweier Verteilungen

8.4.1 Vergleich einer theoretischen mit einer empirischen Verteilung (Chi-Quadrat-Anpassungstest)

Der Chi-Quadrat-Test kann zur Beantwortung der Frage herangezogen werden, wie gut
beobachtete oder gemessene Daten mit einer theoretisch vorhergesagten Verteilung übereinstimmen. Die Daten können dabei vom Nominaltyp oder höherer Qualität sein.

Werden m Wertepaare miteinander verglichen, so ist die zugehörige Prüfgröße

$$\chi^2 = \sum_{i=1}^{m} \frac{(f_{ei} - f_{bi})^2}{f_{ei}} = \sum_{i=1}^{m} \frac{(\text{erwartete Besetzungszahl} - \text{tatsächliche Besetzungszahl})^2}{\text{erwartete Besetzungszahl}}$$

Diese Testgröße ist bei hinreichend großen Stichproben näherungsweise χ^2-verteilt
mit $f = m - 1$ Freiheitsgraden.

Mit Hilfe der χ^2-Verteilung wird das nominelle Signifikanzniveau berechnet und der Grad
der Abweichung beurteilt.

Beispiele: 1. Mit einem Würfel wurde 36 mal gewürfelt. Es ergaben sich dabei die Werte
der folgenden Tabelle. Geprüft werden soll, ob die Hypothese der Gleichverteilung auf-
rechterhalten werden kann.

Man erwartet, daß jede Augenzahl etwa 36:6 = 6 mal auftritt (erwartete Häufigkeit).

Augenzahl	Häufigkeit	erwarteter Wert
1	9	6
2	10	6
3	9	6
4	4	6
5	2	6
6	2	6

Sind die Abweichungen signifikant?

Lösung: Chiquadrat = 11.666667
Nom. stat. Sicherheit .9603
Der Würfel ist wahrscheinlich nicht korrekt.

2. In einem Werk werden einen Monat lang die Maschinenstillstände in der 1., 2.,..., 8. Stunde einer Schicht notiert, um zu prüfen, ob die Wahrscheinlichkeit hierfür in gewissen Stunden der Schicht besonders groß ist

Schichtstunde	1	2	3	4	5	6	7	8
Anzahl f_{bi} der Maschinenstillstände	27	16	19	24	23	18	16	17

Der Stichprobenumfang ist 27 + 16 + ... + 17 = 160.

Wir nehmen als Nullhypothese, daß die Schichtstunden sich bezüglich der Wahrscheinlichkeiten für Maschinenstillstände nicht unterscheiden. Dann ist p_i = 1/8 und $n\,p_i$ = 20.

Lösung: Chiquadrat = 6
Nom. stat. Sicherheit .4603
Bei diesem Stichprobenbefund müssen die beobachteten Ergebnisse noch als zufällig angesehen werden.

3. Um den Zufallsgenerator eines Computers zu testen, wird jeweils die erste Ziffer der von ihm erzeugten Zufallszahlen notiert.

Ziffer	beobachtete Häufigkeit	Ziffer	beobachtete Häufigkeit
0	11	5	6
1	10	6	12
2	8	7	11
3	9	8	10
4	10	9	13

erwartete Häufigkeit = 10

Bei einem guten Zufallsgenerator müßte jede Ziffer mit einer Wahrscheinlichkeit von .1 kommen. Ist das der Fall?

Lösung: Chiquadrat = 3.6
Nom. stat. Sicherheit .0643
Die Nullhypothese ,Der Zufallsgenerator ist gut' wird akzeptiert.

**4. Man vermutet, daß die Blütenfarbe einer Blume von einem Gen mit den Allelen R, W
und den zugehörigen Phänotypen RR (rot), RW (rosa), WW (weiß) gesteuert wird.**

**Zur Überprüfung des Erbganges wurden Pflanzen miteinander gekreuzt. Es ergaben sich
folgende Aufteilungen der N = 108 Nachkommen: RR 30, RW 47, WW 31.**

**Nach den Mendelschen Gesetzen müssen die erwarteten Anzahlen für RR, RW, WW im
Verhältnis 1:2:1 stehen, also die Wahrscheinlichkeiten 0.25, 0.5 und 0.25 haben.**

**Die erwarteten Anzahlen sind also E(RR) = 27, E(RW) = 54, E(WW) = 27. Liegt eine
signifikante Abweichung vor?**

Lösung: Chiquadrat = 1.8333333
             Nom. stat. Sicherheit .6002
             Die Nullhypothese ,Die Mendelschen Gesetze gelten' wird akzeptiert.   ∎

Programmlisting:

```
8000    REM *** CHIQUADRAT-ANPASSUNGSTEST ***
8010    REM
8020    REM *** EINGABE UND VERARBEITUNG ***
8030    PRINT
8040    INPUT "ANZAHL DER DATENPAARE: ";M
8050    DIM X(M),E(M)
8060    PRINT
8070    PRINT"EINGABE DER DATEN (BEOBACHTETE HÄUFIGKEIT X ,ERWARTETE HÄUFIGKEIT E )"
8080    S=0:N=0
8090    FOR I=1 TO M
8100    INPUT "X=";X:INPUT "E=";E:PRINT
8101    XX(I)=X:EE(I)=E
8110    S=S+(X-E)^2/E:N=N+E
8120    NEXT I
8130    CHI=S:F=M-1:GOSUB 8220
8140    REM
8150    REM *** AUSGABE ***
8160    PRINT
8170    PRINT "            CHIQUADRAT =" ;CHI
8180    PRINT "NOM.STAT.SICHERHEIT =";W
8190    REM
8191    GOSUB 20000
8192    INPUT "NEUER DURCHLAUF ERWÜNSCHT (J/N)";E$
8193    IF E$="N" THEN GOTO 8200
8194    IF E$="J" THEN ERASE X,XX,E,EE:GOTO 8000
8195    PRINT "FALSCHE EINGABE!"
8196    GOTO 8192
8197    REM
8200    END
8210    REM
8220    REM *** WAHRSCHEINLICHKEIT ***
8230    J=1
8240    FOR I=F TO 2 STEP -2
8250    J=J*I:NEXT I:P=INT((F+1)/2)
8260    X=CHI^P*EXP(-CHI/2)/J
8270    IF INT(F/2)=F/2 THEN Y=1:GOTO 8290
8280    Y=SQR(2/CHI/3.141593)
8290    S=1:T=1:G=F
8300    G=G+2:T=T*CHI/G
8310    IF T<.0000001 THEN 8330
8320    S=S+T:GOTO 8300
```

```
8330   W=X*Y*S:W=INT(10000*W+.5)/10000
8340   RETURN
20000  INPUT "SOLLEN DIE ERGEBNISSE GEDRUCKT WERDEN (J/N)";E$
20010  IF E$="N" THEN RETURN
20020  IF E$="J" THEN GOTO 20090
20030  PRINT "FALSCHE EINGABE!"
20040  GOTO 20000
20090  LPRINT "*** CHIQUADRAT - ANPASSUNGSTEST ***"
20100  LPRINT:LPRINT "ERGEBNISSE ZU FOLGENDEN WERTEN:"
20110  LPRINT:LPRINT "ANZAHL DER DATENPAARE:";M
20120  LPRINT "DATENPAARE:"
20130  FOR I=1 TO M
20140  LPRINT "("XX(I);","EE(I);")   ";
20150  NEXT I
20160  LPRINT:LPRINT"LAUTET:":LPRINT
20170  LPRINT "CHIQUADRAT............=";CHI
20180  LPRINT "NOM.STAT.SICHERHEIT...=";W
20190  RETURN
```

```
CHIQUADRAT - ANPASSUNGSTEST

ERGEBNISSE ZU FOLGENDEN WERTEN:

ANZAHL DER DATENPAARE: 10
DATENPAARE:
( 11 , 10 )  ( 10 , 10 )  ( 8 , 10 )  ( 9 , 10 )  ( 10 , 10 )  ( 6 , 10
)  ( 12 , 10 )  ( 11 , 10 )  ( 10 , 10 )  ( 13 , 10 )
LAUTET:

CHIQUADRAT............= 3.6
NOM.STAT.SICHERHEIT...= .0643
```

8.4.2 Prüfung auf Normalverteilung

Der Chi-Quadrat-Anpassungstest kann auch benutzt werden, um zu prüfen, ob eine empirische Verteilung sich durch die Normalverteilung annähern läßt. Dazu werden die Werte der zugehörigen Normalverteilung berechnet. Die Prüfgröße Chi-Quadrat wird als Abweichungsmaß herangezogen. Ist die nominelle statistische Sicherheit kleiner als .95, dann kann der Unterschied zwischen empirischer Verteilung und Normalverteilung als zufällig angesehen werden. Die weiteren Entscheidungen sind in den Zeilen 8300 bis 8320 des Programms aufgeführt.

Beispiel: Können die Werte der Tabelle

Wert	1	2	3	4	5	6
Häufigkeit	1	4	16	10	7	6

als normalverteilt angesehen werden?

Lösung: Empirische Verteilung kann als Normalverteilung angesehen werden (s. Testlauf). ∎

Programmlisting:

```
8000  REM *** PRÜFUNG AUF NORMALVERTEILUNG ***
8010  REM
8020  REM *** EINGABE ***
8030  PRINT
8040  INPUT "ANZAHL DER KLASSEN: ";K
8050  DIM X(K),F(K),Z(K),E(K)
8060  INPUT "BREIT DER KLASSEN: ";B
8070  PRINT
8080  PRINT "WERTE UND ABS. HÄUFIGKEITEN:"
8090  S0=0:S1=0
8100  FOR I=1 TO K
8110  INPUT X(I):INPUT F(I)
8120  S0=S0+X(I)*F(I):S1=S1+F(I):PRINT
8130  NEXT I:PRINT
8140  REM
8150  REM *** VERARBEITUNG ***
8160  M=S0/S1:S3=0
8170  FOR I=1 TO K
8180  S3=S3+F(I)*(X(I)-M)^2:NEXT I
8190  S4=SQR(S3/(S1-1)):S5=0
8200  FOR I=1 TO K
8210  Z(I)=ABS((X(I)-M)/S4)
8220  GOSUB 8360
8230  E(I)=E(I)*S1*B/S4
8240  S5=S5+(E(I)-F(I))^2/E(I)
8250  NEXT I
8260  CHI=S5:F=K-1:GOSUB 8400
8270  REM
8280  REM *** AUSGABE ***
8290  IF W<.95 THEN PRINT "EMPIRISCHE VERTEILUNG KANN ALS NORMALVERTEILUNG";
8291  LPRINT "ANGESEHEN WERDEN.":GOTO 8321
8300  IF W<.99 THEN PRINT "EMPIRISCHE VERTEILUNG";
8301  LPRINT "IST WAHRSCHEINLICH KEINE NORMALVERTEILUNG.":GOTO 8321
8310  IF W<.999 THEN PRINT "ABWEICHUNG VON DER NORMALVERTEILUNG IST";
8311  LPRINT "SIGNIFIKANT.":GOTO 8321
8320  PRINT "ABWEICHUNG VON DER NORMALVERTEILUNG IST HOCHSIGNIFIKANT."
8321  GOSUB 9000
8322  INPUT "SOLL ERNEUT GESTARTET WERDEN (J/N)";E$
8323  IF E$="N" THEN GOTO 8340
8324  IF E$="J" THEN ERASE X,F,Z,E:GOTO 8000
8325  PRINT "FALSCHE EINGABE!"
8326  GOTO 8322
8330  REM
8340  END
8350  REM
8360  REM *** FUNKTIONSWERTE ***
8370  E(I)=1/SQR(2*3.141593)*EXP(-Z(I)^2/2)
8380  RETURN
8390  REM
8400  REM *** WAHRSCHEINLICHKEIT ***
8410  J=1
8420  FOR I=F TO 2 STEP -2
8430  J=J*I:NEXT I:P=INT((F+1)/2)
8440  X=CHI^P*EXP(-CHI/2)/J
8450  IF INT(F/2)=F/2 THEN Y=1:GOTO 8470
```

```
8460   Y=SQR(2/CHI/3.141593)
8470   S=1:T=1:G=F
8480   G=G+2:T=T*CHI/G
8490   IF T<.0000001 THEN 8510
8500   S=S+T:GOTO 8480
8510   W=X*Y*S
8520   RETURN
8998   REM
8999   REM *** DRUCK ***
9000   INPUT "SOLLEN DIE ERGEBNISSE GEDRUCKT WERDEN (J/N)";E$
9010   IF E$="N" THEN RETURN
9020   IF E$="J" THEN GOTO 9100
9030   PRINT "FALSCHE EINGABE!"
9040   GOTO 9000
9100   LPRINT " *** PRÜFUNG AUF NORMALVERTEILUNG ***"
9103   LPRINT:LPRINT
9105   LPRINT "DAS ERGEBNIS ZU FOLGENDEN EINGABEDATEN :"
9110   LPRINT "ANZAHL DER KLASSEN...........=";K
9120   LPRINT "BREITE DER KLASSEN...........=";B
9130   LPRINT "WERTEPAARE...................="
9140   FOR I=1 TO K
9150   LPRINT "(";X(I);",";F(I);")   ";
9160   NEXT I
9170   LPRINT:LPRINT "LAUTET:"
9180   IF W<.95 THEN LPRINT "EMPIRISCHE VERTEILUNG KANN ALS NORMALVERTEILUNG";
9181   LPRINT "ANGESEHEN WERDEN.":GOTO 9220
9190   IF W<.99 THEN LPRINT "EMPIRISCHE VERTEILUNG IST WAHRSCHEINLICH KEINE";
9191   LPRINT "NORMALVERTEILUNG.":GOTO 9220
9200    IF W<.999 THEN LPRINT "ABWEICHUNG VON DER NORMALVERTEILUNG IST ";
9205   LPRINT "SIGNIFIKANT.":GOTO 9220
9210   LPRINT "ABWEICHUNG VON DER NORMALVERTEILUNG IST HOCHSIGNIFIKANT."
9220   LPRINT :LPRINT
9230   RETURN
```

```
PRÜFUNG AUF NORMALVERTEILUNG


DAS ERGEBNIS ZU FOLGENDEN EINGABEDATEN :
ANZAHL DER KLASSEN...........= 6
BREITE DER KLASSEN...........= 1
WERTEPAARE...................=
( 1 , 1 )  ( 2 , 4 )  ( 3 , 16 )  ( 4 , 10 )  ( 5 , 7 )  ( 6 , 2 )
LAUTET:
EMPIRISCHE VERTEILUNG KANN ALS NORMALVERTEILUNG ANGESEHEN WERDEN.
```

9 Varianzanalyse

Die Testverfahren zur Prüfung von Unterschieden fordern zu ihrer Anwendung die Erfüllung einer wichtigen Bedingung: Die fragliche Differenz darf nur von *einem* Faktor verursacht sein. Nicht immer ist jedoch diese Bedingung erfüllt. Besonders in psychologischen und sozialwissenschaftlichen Untersuchungen muß oft angenommen werden, daß ein ganzes Bündel von isolierbaren Faktoren die Ursache ist. Die Einstellungen von Menschen sind z.B. prinzipiell Ausdruck unterschiedlichster Persönlichkeitszüge, aber auch gruppen-charakteristischer Faktoren. Solche Probleme treten z.B. auch beim Vergleich einer Reihe von Messungen, die unter verschiedenen Bedingungen durchgeführt wurden, auf oder bei der Produktionskontrolle von Werkstücken aus verschiedenen Maschinen. Man bemüht sich, den Einfluß aufzudecken, den die Veränderung von externen Variablen (etwa Versuchsbedingungen, laufende Nummer einer Maschine) auf eine Stichprobe hat.

Vermutet man bei mehreren Stichproben einen Einfluß einer bestimmten Größe, so versucht man bei der Varianz der Stichproben, den Einfluß dieser Größe von der zufälligen Variation der Stichproben zu trennen. Dies ist Aufgabe der einfachen Varianzanalyse. Entsprechend untersucht die mehrfache Varianzanalyse den Einfluß von mehreren Größen.

Die Varianzanalyse dient also im allgemeinen zur Auswertung von Beobachtungswerten, anhand derer geprüft werden soll, ob ein oder mehrere Parameter einen statistisch gesicherten Einfluß auf die Beobachtungswerte ausüben.

Voraussetzung für die Anwendung der Varianzanalyse ist, daß die Grundgesamtheiten $G_1, G_2, \ldots, G_k$ normalverteilt sind und daß die Varianzen der Grundgesamtheiten gleich sind.

Insgesamt ist die Varianzanalyse relativ robust gegen eine Verletzung ihrer Voraussetzungen, d.h. sie führt auch dann noch zu hinreichend richtigen Ergebnissen, wenn die Voraussetzungen nicht erfüllt sind.

9.1 Einfache Varianzanalyse für unabhängige Stichproben

Mit Hilfe der einfachen Varianzanalyse wird getestet, ob die beobachteten Differenzen der Mittelwerte von k Klassen zufallsbedingt oder darauf zurückzuführen sind, daß tatsächlich Unterschiede bei den Mittelwerten der entsprechenden Grundgesamtheiten bestehen. Angenommen, die i-te Klasse setzt sich aus n_i Beobachtungen zusammen (die Anzahl der Beobachtungen der jeweiligen Stichproben kann gleich oder verschieden sein). Es ist die Nullhypothese zu testen, daß die Mittelwerte der k Grundgesamtheiten alle gleich sind.

Die einfache Varianzanalyse beruht auf der Zerlegung der Summe der Abweichungsquadrate (SAQ) der Stichprobenwerte um das Gesamtmittel in zwei Anteile:

1. Summe der Abweichungsquadrate der Einzelwerte um die Gruppenmittelwerte SAQI innerhalb der Gruppen („Versuchsfehler").
2. Summe der Abweichungsquadrate der Gruppenmittelwerte um das Gesamtmittel SAQZ zwischen den Gruppen („Stichprobenfehler").

Für die Errechnung eines F-Wertes werden die Abweichungsquadrate dividiert, d.h. man bildet die mittleren Quadrate MQ:

$$MQZ = \frac{SAQZ}{k-1}$$

$$MQI = \frac{SAQI}{N-k}$$

N = Gesamtanzahl der Daten
k = Anzahl der zu vergleichenden Stichproben

Die Prüfgröße

$$F = \frac{MQZ}{MQI}$$

ist F-verteilt bei $(k - 1, N - k)$ Freiheitsgraden.

Diese wird auf Signifikanz überprüft:

$S < 0.95$	Unterschiede zwischen Grundgesamtheiten nicht nachweisbar
$0.95 \leq S < 0{,}99$	Unterschiede zwischen Grundgesamtheiten wahrscheinlich
$0.99 \leq S < 0.999$	Unterschiede zwischen Grundgesamtheiten statistisch gesichert
$0.999 \leq S$	Unterschiede zwischen Grundgesamtheiten statistisch stark gesichert

Beispiel: Studenten aus 4 verschiedenen Lerngruppen erzielten bei einer gemeinsamen Prüfung die angegebenen Noten.

1. Gruppe	2.8	2.5	3.1	2.1	3.9	2.7	4.0	2.9
2. Gruppe	2.2	2.5	2.4	1.9	2.3	2.8	2.9	
3. Gruppe	2.9	1.9	2.2	2.3	2.3			
4. Gruppe	2.4	2.3	2.4	3.1	2.6	2.5	2.2	2.4	2.0

Es ist nachzuprüfen, ob sich die Noten der Gruppen statistisch gesichert unterscheiden.

Lösung: F = 1.6453362
Nom. stat. Sicherheit .79680201
Die Noten unterscheiden sich wahrscheinlich nicht.

Ergibt die Varianzanalyse einen signifikanten Unterschied, so ist damit noch nicht ausgesagt, zwischen welchen Gruppen nun im einzelnen diese Unterschiede bestehen.

Vor Durchführung einer Varianzanalyse muß geprüft werden, ob die Voraussetzungen zutreffen, unter denen das Verfahren abgeleitet wurde, d.h. insbesondere, ob eine Normalverteilung der Messungen innerhalb jeder Gruppe angenommen werden darf. Das ist durchaus nicht in jedem Fall sicher. Sind z.B. die Meßgrößen immer positiv (etwa Gewicht oder Länge eines Gegenstandes) und ist die Streuung von vergleichbarer Größe wie die Meßwerte, so kann die Wahrscheinlichkeitsdichte unsymmetrisch und damit nicht normal sein. Werden aber die ursprünglichen Messungen verteilt, unter Benutzung einer monotonen Transformation wie etwa x = a log (x. + b) transformiert, wobei a und b günstig gewählte Konstanten sind, so läßt sich eine Normalverteilung oft noch hinreichend gut annähern.

Das Programm ist so angelegt (Zeile 9050), daß maximal 50 Werte je Stichprobe verarbeitet werden können. Der DIM-Befehl kann aber entsprechend den Anforderungen verändert werden.

Programmlisting:

```
9000   REM *** EINFACHE VARIANZANALYSE ***
9010   REM
9020   REM *** EINGABE ***
9030   PRINT:INPUT "Anzahl der Stichproben ";K
9040   KK=K:DIM N(K),X(K,50):PRINT
9060   FOR I=1 TO K
9070   PRINT:PRINT I;".Stichprobe:",
9090   INPUT "Umfang: ";N(I)
9100   FOR J=1 TO N(I)
9110   PRINT J;".Wert ";:INPUT X(I,J)
9120   NEXT J:NEXT I
9140   REM *** VERARBEITUNG ***
9150   S1=0:S3=0:S4=0:M=0
9160   FOR I=1 TO K
9170   S=0
9180   FOR J=1 TO N(I)
9190   S=S+X(I,J):S1=S1+X(I,J)^2:NEXT J
9200   S3=S3+S:S4=S4+S*S/N(I):M=M+N(I)
9210   NEXT I
9220   S3=S3*S3/M:S=S4-S3:S4=S1-S4
9230   F2=M-K:F1=K-1:F=S/F1*F2/S4
9250   F1=F1:F2=F2:GOSUB 9350
9270   REM *** AUSGABE ***
9280   PRINT
9281   PRINT "Varianzanteil des betrachteten Faktors an der Gesamtvarianz =";
9282   PRINT S/S4*100;"%"
9290   PRINT "F= ";F
9300   PRINT "Nom.Stat.Sicherheit= ";W:PRINT
9321   GOSUB 10000
9322   INPUT "Soll neu gestartet werden ? (J/N)";E$
9323   IF E$="N" THEN GOTO 9330
9324   IF E$="J" THEN ERASE N,X:GOTO 9020
9325   PRINT "Falsche Eingabe !"
9326   GOTO 9322
9330   END
9350   REM *** F-VERTEILUNG ***
9360   K=1/SQR(2*3.141592):C=.2316419:A1=.31938153:A2=-.35656378
9380   A3=1.7814779:A4=-1.821256:A5=1.3302744
9400   A=F^(1/3)*(1-2/9/F2)-(1-2/9/F1)
9410   D=SQR(2/9/F1+F^(2/3)*2/9/F2):Z=A/D:T=1/(1+C*ABS(Z))
9440   R=K*EXP(-Z^2/2)*(A1*T+A2*T^2+A3*T^3+A4*T^4+A5*T^5)
9450   U=R
9460   IF Z>=0 THEN U=1-R
9470   D=ABS(U-.5)*2:W=.5+D/2
9490   RETURN
10000  REM *** DRUCK ***
10020  INPUT "Sollen die Ergebnisse gedruckt werden ? (J/N)";E$
10030  IF E$="N" THEN RETURN
10040  IF E$="J" THEN GOTO 10100
10050  PRINT "Falsche Eingabe!"
10060  GOTO 10020
10100  LPRINT "Einfache Varianzanalyse "
10110  LPRINT:LPRINT "Das Ergebnis für folgende Werte :"
10120  LPRINT "Anzahl der Stichproben.........................:";KK
10130  FOR I=1 TO KK
```



```
10140 LPRINT I;".Stichprobe hatte die Werte..................."
10150 FOR J=1 TO N(I)
10160 LPRINT X(I,J)"   ";
10170 NEXT J
10171 LPRINT :NEXT I
10180 LPRINT:LPRINT "lautet :"
10185 LPRINT "Varianzanteil des betrachteten Faktors an der Gesamtvarianz ";
10186 LPRINT S/S4*100;"%" : LPRINT
10190 LPRINT "F......................=";F
10200 LPRINT "Nom.Stat.Sicherheit.....=";W
10210 LPRINT:RETURN
```

```
Einfache Varianzanalyse

Das Ergebnis für folgende Werte :
Anzahl der Stichproben...........................: 3
 1 .Stichprobe hatte die Werte...................
 33.8     29.8     37.7     33.8     34
 2 .Stichprobe hatte die Werte...................
 32.2     30.1     34.9     32.9     31.6
 3 .Stichprobe hatte die Werte...................
 30.4     28.9     32.3     30.7     29.5

lautet :
Varianzanteil des betrachteten Faktors an der Gesamtvarianz  59.7325 %


F......................= 3.58395
Nom.Stat.Sicherheit.....= .94061
```

Aufgaben

1. Bei einer bestimmten Getreidesorte wurden bei einer Versuchspflanzung folgende Erträge erzielt

Furchenabstand	Ertrag				
3	33.8	29.8	37.7	33.8	34.0
6	32.2	30.1	34.9	32.4	31.6
9	30.4	28.9	32.3	30.7	29.5

Ist ein Einfluß des Furchenabstandes auf den Ertrag nachweisbar (statistische Sicherheit S = 0.95)?

Lösung: F = 3.5938649

Nom. stat. Sicherheit .9409776

Der Einfluß des Furchenabstandes ist bei den vorgegebenen Daten nicht nachweisbar.

2. Es werden die Gedächtnisleistungen von Personen untersucht, die drei verschiedenen Schockbehandlungen (A, B und C) ausgesetzt waren. Die bei den einzelnen Schockarten erzielten Punktzahlen sind in der folgenden Tabelle zusammengefaßt.

```
A  5 6 9  3 1 2 7 2 4 3 2 0
B  4 3 8 10 8 9 6 5 7 9
C  5 6 1  7 5 8 7 3
```

Besteht ein signifikanter Unterschied?

Lösung: F = 4.7272077

Nom. stat. Sicherheit .98284638

Die Unterschiede in den drei Gruppen hinsichtlich des IQ-Mittelwertes sind also nicht signifikant, aber wahrscheinlich.

3.   Bei einer statistischen Erhebung teilt man die Männer der Altersklasse 31 — 50 Jahre nach ihren Rauchgewohnheiten in vier Gruppen ein und ordnet diesen Gruppen jeweils den IQ-Wert zu:

Nichtraucher:	131	108	100	85	82	114	95	108	86	84
	99	90	100	88	113	118	124	101	93	148
	97	129	147	146						
mäßig:	87	124	91	66	77	108	105	118	87	123
	97									
stark:	101	76	92	79	77	106	116	80	119	82
	113	86	93							
sehr stark:	112	70	92	70	95					

Besteht ein signifikanter Unterschied zwischen den Gruppen?

Lösung: F = 2.5079357

Nom. stat. Sicherheit .93130311

Die nominelle statistische Sicherheit ist nicht groß genug, um von einem gesicherten Unterschied sprechen zu können.

9.2 Zweifache Varianzanalyse für unabhängige Stichproben

Bei der einfachen Varianzanalyse werden die Unterschiede zwischen den einzelnen Stichproben durch einen einzigen Faktor verursacht. Im Falle der mehrfachen Varianzanalyse wirken mehrere Faktoren auf die Meßwerte ein. Eine Anwendung der zweifachen Varianzanalyse ist daher die Auswertung von Zwei-Faktoren-Experimenten. Darin wird untersucht, ob eine Meßgröße x von den Versuchsparametern A und B signifikant beeinflußt wird. Der Parameter A sei k-fach und der Parameter B sei n-fach variiert worden.

Die dabei gewonnenen Meßwerte x werden in einer Matrix angeordnet:

$$
\begin{matrix}
x_{1,1} & x_{1,2} & x_{1,3} & \cdots & x_{1,n} \\
x_{2,1} & x_{2,2} & x_{2,3} & \cdots & x_{2,n} \\
x_{3,1} & x_{3,2} & x_{3,3} & \cdots & x_{3,n} \\
\cdot & \cdot & \cdot & \cdots & \cdot \\
\cdot & \cdot & \cdot & \cdots & \cdot \\
\cdot & \cdot & \cdot & \cdots & \cdot \\
x_{k,1} & x_{k,2} & x_{k,3} & \cdots & x_{k,n}
\end{matrix}
$$

Mittels der Prüfgrößen F_A und F_B kann überprüft werden, ob die Parameter A und B einen signifikanten Einfluß auf die Werte x ausüben. Dabei sind:

$$F_A = \frac{s_A^2}{s_R^2} \qquad \text{mit den Freiheitsgraden:}$$

$$f_1 = k - 1 \qquad \text{für den Zähler}$$
$$f_2 = (k - 1)(n - 1) \qquad \text{für den Nenner}$$

$$F_B = \frac{s_B^2}{s_R^2} \qquad \text{mit den Freiheitsgraden:}$$

$$f_1 = n - 1 \qquad \text{für den Zähler}$$
$$f_2 = (k - 1)(n - 1) \qquad \text{für den Nenner}$$

Mit dem Programm wird zu F_A und F_B die statistische Sicherheit S ermittelt, mit der die folgenden Nullhypothesen abgelehnt werden können.

Beispiel: Es wird der Ernteertrag von fünf verschiedenen Gerstensorten, die an drei verschiedenen Orten angebaut werden, untersucht.

Ort	Sorte A	Sorte B	Sorte C	Sorte D	Sorte E
			Ertrag		
1	27	31	33	33	30
2	41	43	44	57	42
3	31	30	32	45	37

Unterscheidet sich der Ernteertrag signifikant hinsichtlich der Getreidesorten und hinsichtlich des Standortes?

Lösung· F-Wert zwischen den Zeilen   24.2807
          Nom. stat. Sicherheit   .9994
          F-Wert zwischen den Spalten   5.5644
          Nom. stat. Sicherheit   .9802

Der Unterschied hinsichtlich der Standorte (Zeilen) ist hochsignifikant, und der Unterschied hinsichtlich der Sorten (Spalten) ist auch signifikant.

∎

Eingegeben werden in das Programm die Anzahl der Spalten und die Anzahl der Zeilen. Anschließend werden die Werte der Tabelle zeilenweise eingegeben.

Programmlisting:

```
9000   REM *** ZWEIFACHE VARIANZANALYSE ***
9010   REM
9020   REM *** EINGABE ***
9030   PRINT
9040   INPUT "SPALTENZAHL.......=";K
9050   INPUT "ZEILENZAHL........=";Z
9051   ZZ=Z
9060   DIM X(Z,K),S5(K)
9070   PRINT
9080   FOR I=1 TO Z
9090   PRINT
9100   FOR J=1 TO K
9110   PRINT "X(";I;",";
9120   PRINT J;")=";:INPUT X(I,J)
9130   NEXT J:NEXT I
9140   REM
9150   REM *** VERARBEITUNG ***
9160   S0=0:S1=0:S2=0:S3=0
9170   FOR I=1 TO K:S5(I)=0:NEXT I
9180   FOR I=1 TO Z
9190   S=0
9200   FOR J=1 TO K
9210   S5(J)=S5(J)+X(I,J):S=S+X(I,J)
9220   S0=S0+X(I,J)^2
9230   NEXT J
9240   S1=S1+S*S:S2=S2+S
9250   NEXT I
9260   FOR J=1 TO K
9270   S3=S3+S5(J)^2
9280   NEXT J
9290   F1=K-1:F2=Z-1
9300   S2=S2^2/Z/K:S4=S0-S2
9310   F0=Z*K-1
9320   S3=S3/Z-S2:U0=S4/F0:U1=S3/F1
9330   S1=S1/K-S2:U2=S1/F2:S=S4-S1-S3
9340   F3=F0-F1-F2
9350   U3=S/F3:F4=U1/U3
9360   F5=U2/U3
9370   REM
9380   REM *** AUSGABE ***
9390   PRINT
```

```
9400  PRINT "F-WERT ZWISCHEN DEN ZEILEN...=";INT(10000*F5)/10000
9410  F=F5:F1=Z-1:F2=F3:GOSUB 9490
9420  PRINT "NOM.STAT.SICHERHEIT..........=";W
9421  WW=W
9430  PRINT
9440  PRINT "F-WERT ZWISCHEN DEN SPALTEN..=";INT(10000*F4)/10000
9450  F=F4:F1=K-1:F2=F3:GOSUB 9490
9460  PRINT "NOM.STAT.SICHERHEIT..........=";W
9461  WWW=W
9470  PRINT
9471  GOSUB 10000
9479  REM
9480  INPUT "SOLL ERNEUT GESTARTET WERDEN (J/N)";E$
9481  IF E$="N" THEN GOTO 9485
9482  IF E$="J" THEN ERASE X,S5:GOTO 9000
9483  PRINT "FALSCHE EINGABE!"
9484  GOTO 9480
9485  END
9486  REM
9490  REM *** F-VERTEILUNG ***
9500  KS=1/SQR(2*3.141592):C=.2316419
9510  A1=.31938153:A2=-.35656378
9520  A3=1.7814779:A4=-1.821256
9530  A5=1.3302744
9540  A=F^(1/3)*(1-2/9/F2)-(1-2/9/F1)
9550  D=SQR(2/9/F1+F^(2/3)*2/9/F2)
9560  Z=A/D
9570  T=1/(1+C*Z)
9580  R=KS*EXP(-Z^2/2)*(A1*T+A2*T^2+A3*T^3+A4*T^4+A5*T^5)
9590  W=1-R:W=INT(10000*W)/10000
9600  RETURN
9999  REM
10000 REM *** DRUCK ***
10010 INPUT "SOLL DAS ERGEBNIS GEDRUCKT WERDEN (J/N)";E$
10020 IF E$="N" THEN RETURN
10030 IF E$="J" THEN GOTO 10100
10040 PRINT "FALSCHE EINGABE!"
10050 GOTO 10000
10100 LPRINT "*** ZWEIFACHE VARIANZANALYSE ***"
10110 LPRINT:LPRINT "DIE ERGEBNISSE FÜR FOLGENDE DATEN :"
10120 LPRINT "ANZAHL DER SPALTEN.....................=";K
10130 LPRINT "ANZAHL DER ZEILEN......................=";ZZ
10140 FOR I=1 TO Z
10150 LPRINT "WERTE DER ";I;".ZEILE SIND...............="
10160 FOR J=1 TO K:LPRINT X(I,J)"  ";
10170 NEXT J:NEXT I
10180 LPRINT:LPRINT "LAUTET :"
10190 LPRINT "F-WERT ZWISCHEN DEN ZEILEN........=";INT(10000*F5)/10000
10200 LPRINT "NOM.STAT.SICHERHEIT...............=";WW
10210 LPRINT
10220 LPRINT "F-WERT ZWISCHEN DEN SPALTEN......=";INT(10000*F4)/10000
10230 LPRINT "NOM.STAT.SICHERHEIT...............=";WWW
10240 LPRINT
10250 RETURN
```

```
ZWEIFACHE VARIANZANALYSE


DIE ERGEBNISSE FÜR FOLGENDE DATEN :
ANZAHL DER SPALTEN......................= 5
ANZAHL DER ZEILEN.......................= 3
WERTE DER  1 .ZEILE SIND................=
 27    31     33     33     30
WERTE DER  2 .ZEILE SIND................=
 41    43     44     57     42


LAUTET :
F-WERT ZWISCHEN DEN ZEILEN........= 24.2808
NOM.STAT.SICHERHEIT...............= .9994


F-WERT ZWISCHEN DEN SPALTEN......= 5.5644
NOM.STAT.SICHERHEIT..............= .9802
```

Das Programm kann wie bei der einfaktoriellen Varianzanalyse so erweitert werden, daß die Varianzaufklärungen mit ausgedruckt werden.

Aufgaben

1. Für die Montage eines Elektrogerätes wurden die angegebenen Zeiten benötigt. Die Montage wurde von 8 verschiedenen Arbeitern mit verschiedenem Werkzeug durchgeführt:

Arbeiter	Werkzeugtyp		
	1	2	3
1	3.7	3.6	3.8
2	3.4	3.3	2.8
3	3.5	3.6	3.2
4	3.1	3	2.9
5	3.3	3.1	3
6	3.1	2.9	2.8
7	3.8	3.9	3.8
8	3.9	3,8	3.9

Geprüft werden soll, ob die Montagezeit davon abhängt, welcher Arbeiter die Montage durchführt und welcher Werkzeugtyp eingesetzt wird.

Lösung: F-Wert zwischen den Zeilen   21.6384
              Nom. stat. Sicherheit   .9999

              F-Wert zwischen den Spalten   4.1325
              Nom. stat. Sicherheit   .9617

              Die Montagezeit hängt statistisch stark gesichert davon ab, welcher Arbeiter die Montage durchführt.

              Die Montagezeit wird wahrscheinlich vom eingesetzten Werkzeugtyp beeinflußt.

2. Die mit einem Klebstoff erzielbare Festigkeit von Metallverklebungen soll durch einen Härterzusatz beeinflußt werden. Es ist zu prüfen, ob der Zusatz einen signifikanten Einfluß auf die Festigkeit in N/mm^2 hat und ob die Temperatur während der Aushärtung eine Rolle spielt.

Menge des Zusatzes (%):	Temperatur (C°):			
	20	80	140	200
0.5	32	38	45	40
1.0	38	37	47	39
1.5	36	48	50	41
2	42	48	52	40

Lösung: F-Wert zwischen den Zeilen   4.4771
           Nom. stat. Sicherheit   .9651
           F-Wert zwischen den Spalten   10.5318
           Nom. stat. Sicherheit   .9971
           Ein Einfluß des Zusatzes ist wahrscheinlich.
           Ein Einfluß der Temperatur ist statistisch gesichert.

9.3 Varianzanalyse mit abhängigen Stichproben

Varianzanalysen mit abhängigen Stichproben wird man z.B. immer dann anwenden, wenn eine Stichprobe wiederholten Untersuchungen unterzogen wird.

Bei der doppelten Varianzanalyse wird die Summe der Abweichungsquadrate „innerhalb" noch einmal zerlegt, und zwar in die „zwischen den Zeilen" und die vom „Rest". Damit ist es möglich, die Variabilität auszuschalten, die sich aus den Unterschieden zwischen den Zeilen ergibt.

Zeilen Merkmalsträger	Spalten (Versuchsbedingungen)					
	1	2	...	i	...	k
1	x_{11}	x_{21}		x_{i1}		x_{k1}
2	x_{12}	x_{22}		x_{i2}		x_{k2}
.	.	.		.		.
.	.	.		.		.
j	x_{ij}	x_{2j}		x_{ij}		x_{kj}
.	.	.		.		.
.	.	.		.		.
n	x_{1n}	x_{2n}		x_{in}		x_{kn}

Das Programm bestimmt die Summe der Abweichungsquadrate (SAQ) von den Mittelwerten. Es gilt die Beziehung:

SAQ (gesamt) = SAQ (Zeilen) + SAQ (Spalten) + SAQ (Rest)

Diese Abweichungsmaße haben die Freiheitsgrade

$$df \text{ (gesamt)} = k * n - 1$$
$$df \text{ (Zeilen)} = n - 1$$
$$df \text{ (Spalten)} = k - 1$$
$$df \text{ (Rest)} = (k - 1) * (n - 1)$$

Die mittleren Quadrate MQ berechnen sich jeweils als Quotient von SAQ und df.

Die Prüfgröße bei der Varianzanalyse für abhängige Stichproben ist

$$F = \frac{MQ \text{ (Spalten)}}{MQ \text{ (Rest)}}$$

Diese ist mit $(k - 1, (k - 1) * (n - 1))$ Freiheitsgraden F-verteilt.

Beispiele: 1. Bei 7 Schülern soll deren Benotung im Fach Deutsch durch 4 Lehrer analysiert werden:

	Lehrer			
Schüler	1	2	3	4
1	1	1	3	2
2	3	4	5	4
3	2	3	4	4
4	2	3	5	4
5	4	4	5	5
6	3	3	5	4
7	1	2	4	3

Lösung: Varianzunterschiede sind zu 49.5 % auf Unterschiede zwischen den Merkmalsträgern und zu 50.5 % auf Unterschiede zwischen den Stichproben zurückzuführen

Varianzanteil des betrachteten Faktors an den Unterschieden zwischen den Stichproben = 87.9 %

Residualanteil = 12.1 %

F (Faktor) = 43.583329
Nom. stat. Sicherheit 1

Die Merkmalsträger sind in diesem Beispiel die Schüler. Der Faktor „Lehrer" erklärt 87,9 % des Unterschiedes zwischen den Stichproben. Diese Aussage hat — wie der F-Test zeigt — eine sehr hohe Signifikanz.

2. Zehn Personen wurden mit einem blutdrucksenkenden Medikament behandelt. Neben dem Ausgangswert sind an weiteren vier Tagen Blutdruckmessungen vorgenommen worden, so daß insgesamt fünf abhängige Stichproben entstanden. Die Werte des (systolischen) Blutdrucks sind in der folgenden Tabelle enthalten.

	Versuchstage				
Vpn	1	2	3	4	5
1	150	149	144	145	143
2	164	162	158	152	154
3	173	174	170	170	174
4	211	198	199	187	186
5	190	177	173	171	171
6	185	183	180	181	181
7	193	192	179	177	174
8	171	171	163	160	153
9	162	158	154	154	150
10	174	160	160	151	148

Lösung: Varianzunterschiede sind zu 84.9 % auf Unterschiede zwischen den Merkmalsträgern und zu 15.1 % auf Unterschiede zwischen den Stichproben zurückzuführen

Varianzanteil des betrachteten Faktors an den Unterschieden zwischen den Stichproben = 68.8 %

Residualanteil = 31.2 %

F (Faktor) = 19.863661

Nom. stat. Sicherheit 1

Die Wirkung des Medikaments ist stark von den Patienten abhängig. Der Faktor „Zeit" bedingt zu 68,8 % den Unterschied zwischen den Stichproben. Diese Aussage ist hochsignifikant.   ∎

Programmlisting:

```
9000    REM ***     VARIANZANALYSE    ***
9010    REM *BEI ABHÄNGIGEN STICHPROBEN*
9020    REM
9030    REM *** EINGABE ***
9040    PRINT
9050    INPUT "Umfang der Stichproben.........=";N
9060    INPUT "Anzahl der Stichproben.........=";K
9070    PRINT:DIM X(K,N),W(K),Q(K),U(N)
9080    FOR I=1 TO K
9090    PRINT "Werte der";I;".Stichprobe"
9100    FOR J=1 TO N:INPUT X(I,J)
9110    NEXT J:PRINT
9120    NEXT I
9130    REM
9140    REM *** VERARBEITUNG ***
9150    W=0:Q=0:R=0
9160    FOR I=1 TO K:W(I)=0:Q(I)=0
9170    FOR J=1 TO N
9180    W(I)=W(I)+X(I,J):Q(I)=Q(I)+X(I,J)^2
9190    NEXT J:W=W+W(I):Q=Q+Q(I):R=R+W(I)^2
9200    NEXT I
9210    S1=W^2/K/N:S2=Q:S3=R/N:U=0
9220    FOR J=1 TO N:U(J)=0
9230    FOR I=1 TO K:U(J)=U(J)+X(I,J)
9240    NEXT I:U=U+U(J)^2
9250    NEXT J:S4=U/K
9260    REM
9270    ZW=S4-S1:FZW=N-1
9280    IN=S2-S4:FIN=N*(K-1)
9290    TR=S3-S1:FTR=K-1
9300    RE=S2-S3-S4+S1:FFRE=(N-1)*(K-1)
9310    TT=S2-S1:FTT=N*K-1
9320    REM
9330    UZW=ZW/FZW:UIN=IN/FIN:UTR=TR/FTR
9340    URE=RE/FFRE
9350    REM
9360    FZW=UZW/URE:FIN=UIN/URE:FTR=UTR/URE
9370    U1=INT(ZW/TT*1000+.5)/1000
9380    U2=INT(IN/TT*1000+.5)/1000
9390    U3=INT(TR/IN*1000+.5)/1000
9400    U4=INT(RE/IN*1000+.5)/1000
9410    REM *** AUSGABE ***
9420    PRINT
9430    PRINT "Varianzunterschiede sind zu ";U1*100;" % "
9440    PRINT "auf Unterschiede zwischen den Merkmalsträgern und zu";U2*100;" %
9450    PRINT "auf Unterschiede zwischen den Stichproben zurückzuführen."
9470    PRINT
9480    PRINT "Varianzanteil des betrachteten Faktors an";
9490    PRINT "den Unterschieden "
9500    PRINT "zwischen den Stichproben =";U3*100;"%"
9510    PRINT
9520    PRINT "Residualanteil =";U4*100;"%"
9530    PRINT:F=TR/(K-1)/URE
9540    PRINT "F(Faktor) =";F
9550    F1=K-1:F2=(N-1)*(K-1)
9560    GOSUB 9600
```

```
9570  PRINT "Nom.Stat.Sicherheit =";W:WW=W
9571  GOSUB 10000
9572  INPUT "Soll erneut gestartet werden (J/N)";E$
9573  IF E$="N" THEN GOTO 9580
9574  IF E$="J" THEN ERASE X,W,Q,U:GOTO 9000
9575  PRINT "Falsche Eingabe!"
9576  GOTO 9572
9580  END
9590  REM
9600  REM *** WAHRSCHEINLICHKEIT ***
9610  KS=1/SQR(2*3.141592):C=.2316419
9620  A1=.31938153:A2=-.35656378
9630  A3=1.7814779:A4=-1.821256
9640  A5=1.3302744
9650  A=F^(1/3)*(1-2/9/F2)-(1-2/9/F1)
9660  D=SQR(2/9/F1+F^(2/3)*2/9/F2)
9670  Z=A/D:T=1/(1+C*Z)
9680  R=KS*EXP(-Z^2/2)
9690  R=R*(A1*T+A2*T^2+A3*T^3+A4*T^4+A5*T^5)
9700  IF G=1 THEN W=1-R:GOTO 9720
9710  W=ABS(2*R-1)
9720  W=INT(10000*W+.5)/10000
9730  RETURN
10000 REM
10010 REM *** DRUCK ***
10020 INPUT "Soll das Ergebnis gedruckt werden (J/N)";E$
10030 IF E$="N" THEN  RETURN
10040 IF E$="J" THEN GOTO 10070
10050 PRINT "Falsche Eingabe!"
10060 GOTO 10020
10070 LPRINT "  Varianzanalyse bei abhängigen Stichproben "
10080 LPRINT
10090 LPRINT:LPRINT "Das Ergebnis für die folgenden Werte :"
10100 LPRINT "Umfang der Stichproben.............................=";N
10110 LPRINT "Anzahl der Stichproben............................=";K
10115 FOR I=1 TO K
10120 LPRINT "Werte der";I;".Stichprobe............................="
10130 FOR J=1 TO N:LPRINT X(I,J),
10140 NEXT J:LPRINT
10150 NEXT I
10160 LPRINT
10170 LPRINT "Varianzunterschiede sind zu ";U1*100;" % "
10180 LPRINT "auf Unterschiede zwischen den Merkmalsträgern und zu";U2*100;" %
10190 LPRINT "auf Unterschiede zwischen den Stichproben zurückzuführen."
10200 LPRINT
10210 LPRINT "Varianzanteil des betrachteten Faktors an ";
10220 LPRINT "den Unterschieden zwischen ";
10230 LPRINT "den Stichproben =";U3*100;"%"
10240 LPRINT
10250 LPRINT "Residualanteil =";U4*100;"%"
10260 F=TR/(K-1)/URE
10270 LPRINT "F(Faktor) =";F
10300 LPRINT "Nom.Stat.Sicherheit =";WW
10400 RETURN
```

Varianzanalyse bei abhängigen Stichproben

Das Ergebnis für die folgenden Werte :
Umfang der Stichproben................................= 7
Anzahl der Stichproben................................= 4
Werte der 1 .Stichprobe...............................=
    1   3   2   2   4
    3   1
Werte der 2 .Stichprobe...............................=
    1   4   3   3   4
    3   2
Werte der 3 .Stichprobe...............................=
    2   4   4   4   5
    4   3
Werte der 4 .Stichprobe...............................=
    3   5   4   5   5
    5   4

Varianzunterschiede sind zu 49.5 %
auf Unterschiede zwischen den Merkmalsträgern und zu 50.5 %
auf Unterschiede zwischen den Stichproben zurückzuführen.

Varianzanteil des betrachteten Faktors an den Unterschieden
zwischen den Stichproben = 87.9 %

Residualanteil = 12.1 %
F(Faktor) = 43.5837
Nom.Stat.Sicherheit = 1

10 Faktorenanalyse

Die Faktorenanalyse ist eine Methode zur Analyse von Beziehungen zwischen untereinander abhängigen Merkmalen durch Zurückführen dieser Erscheinungen auf gewisse gemeinsame Ursachenkomplexe, die sogenannten Faktoren.

10.1 Korrelationsmatrix und Kommunalitäten

10.1.1 Korrelationsmatrix

Man bestimmt die Korrelationen zwischen den Merkmalen und stellt diese in Form einer
Matrix zusammen.

Hat man an einer großen Zahl von Merkmalsträgern die Daten verschiedener Merkmale
erhoben, so kann man jede Variable mit jeder anderen korrelieren. Das Ergebnis schreibt
man am sinnvollsten in Form einer Matrix, d.h. in Form einer Tabelle mit gleicher Kopf-
und Randzeile.

Variable \ Variable	1	2	3	4	5
1		r_{12}	r_{13}	r_{14}	r_{15}
2	r_{21}		r_{23}	r_{24}	r_{25}
3	r_{31}	r_{32}		r_{34}	r_{35}
4	r_{41}	r_{42}	r_{43}		r_{45}
5	r_{51}	r_{52}	r_{53}	r_{54}	

Jede Korrelationsmatrix ist quadratisch und symmetrisch. Die Elemente unterhalb der
Hauptdiagonalen in der unteren Dreiecksmatrix sind gleich denen in der oberen Dreiecksmatrix.

Beispiel: Eine statistische Erhebung hat die folgende Korrelationsmatrix ergeben:

Variable \ Variable	1	2	3	4	5
1		.72	.63	.18	.09
2	.72		.56	.16	.08
3	.63	.56		.14	.07
4	.18	.16	.14		.02
5	.09	.08	.07	.02	

Im Programm werden nur die Elemente der oberen rechten Hälfte (Dreiecksmatrix)
eingegeben. Das Programm vervollständigt dann die Matrix symmetrisch.

10.1.2 Kommunalitäten

Es scheint nahezuliegen, für die Diagonalelemente 1.000 einzusetzen. Doch ist zu bedenken, daß eine Korrelation nur lineare Zusammenhänge erfaßt. Man fährt darum im allgemeinen besser, für die sog. Kommunalitäten den größten Wert der zugehörigen Zeile oder Spalte einzusetzen, und zwar nur dessen Betrag.

Die Kommunalitäten sind also immer positiv.

Beispiel: Für die o.a. Korrelationsmatrix ergibt sich somit

```
.72   .72   .63   .18   .09
.72   .72   .56   .16   .08
.63   .56   .63   .14   .07
.18   .16   .14   .18   .02
.09   .08   .07   .02   .09
```

Das Programm berechnet und ergänzt die Kommunalitäten automatisch.

10.2 Extraktion der Faktoren

10.2.1 Herausziehen des ersten Faktors

Zunächst bildet das Programm in jeder Spalte die Summe und addiert die Spaltensummen zu einer Gesamtsumme auf. Aus dieser zieht man die Quadratwurzel. Durch den auf diese Weise erhaltenen Wert dividiert man in der Folge alle Spaltensummen und erhält damit die Ladungen des Faktors a_1.

Dann subtrahiert das Programm von jeder Zahl der Ausgangsmatrix das Produkt aus der Ladungszahl der Zeile und der Ladungszahl der Spalte ab. Man erhält so die 1. Restkorrelationsmatrix.

Beispiel (Fortsetzung):

```
    1. Faktor
    0.8466   0.8104   0.7344   0.2460   0.1266

    Restkorrelationsmatrix
    −.7167   0.0339   0.0082   −.0283   −.0172
    0.0339   −.6568   −.0352   −.0394   −.0226
    0.0082   −.0352   −.5394   −.0407   −.0230
    −.0283   −.0394   −.0407   −.0605   −.0160
    −.0172   −.0226   −.0230   −.0112   −.0160
```

10.2.2 Restkorrelationsmatrix und Abbruchbedingung

Wenn in einer Restkorrelationsmatrix die Korrelationen einiger Variablen vorwiegend negativ geworden sind, nimmt das Programm eine Spiegelung vor: Die Vorzeichen aller Korrelationen dieser Variablen werden umgekehrt. Mit der modifizierten Restkorrelationsmatrix verfährt das Programm wie mit der Ausgangsmatrix.

Als Abbruchkriterium für die Faktorenextraktion gilt

$$k = (2n + 1 - \sqrt{8n + 1})/2$$

Dieses Kriterium verhindert, daß zuwenig Faktoren herausgezogen werden. Die Entscheidung über die Anzahl der Faktoren sollte im allgemeinen erst nach der Faktorenrotation erfolgen.

Programmlisting:

```
10000 REM *** FAKTORENEXTRAKTION ***
10010 REM
10020 PRINT
10030 DIM R(25,25),W(25),U(25),D(25),ZE(25,25),RR(25,25)
10040 M0=0
10050 PRINT "Anzahl der Variablen: ";
10060 INPUT N:PRINT
10070 M1=INT((2*N+1-SQR(8*N+1))/2)
10080 PRINT "Werte Korrelationsmatrix: "
10090 PRINT
10100 N1=N-1:FOR I=1 TO N1
10110 I1=I+1:FOR J=I1 TO N
10120 PRINT "R(";I;J;")= ";
10130 INPUT R(I,J):R(J,I)=R(I,J)
10140 NEXT J:PRINT :NEXT I:PRINT
10150 REM
10160 REM *** KOMMUNALITÄTEN ***
10170 M0=M0+1
10180 FOR I=1 TO N:R(I,I)=0:NEXT I
10190 FOR J=1 TO N:D(J)=0
10200 FOR I=1 TO N
10210 IF R(I,J)=1 THEN GOTO 10230
10220 IF D(J)<ABS(R(I,J)) THEN D(J)=ABS(R(I,J))
10230 NEXT I
10240 NEXT J:IF M0>1 THEN GOTO 10320
10250 PRINT "Korrelationsmatrix":PRINT
10260 FOR I=1 TO N:R(I,I)=D(I)
10270 FOR J=1 TO N
10280 PRINT USING "###.####";R(I,J);: RR(I,J)=R(I,J)
10290 NEXT J:PRINT :NEXT I
10300 FOR I=1 TO N:R(I,I)=0:NEXT I
10310 REM
10320 FOR I=1 TO N:W(I)=0:U(I)=1
10330 FOR J=1 TO N:W(I)=W(I)+R(I,J)
10340 NEXT J :NEXT I
10350 J=1
10360 FOR I=2 TO N
10370 IF (W(J)*U(J)-W(I)*U(I))<0 THEN 10390
10380 J=I
10390 NEXT I
10400 IF W(J)*U(J)>=0 THEN 10460
10410 U(J)=-U(J)
10420 FOR I=1 TO N
10430 W(I)=W(I)+2*R(I,J)*U(J)
10440 NEXT I: GOTO 10350
10450 REM
10460 S=0
10470 FOR I=1 TO N
10480 W(I)=W(I)+D(I)*U(I):NEXT I
10490 FOR I=1 TO N
10500 S=S+ABS(W(I)):NEXT I
10520 S=1/SQR(S)
10530 FOR I=1 TO N
10540 W(I)=W(I)*S:NEXT I
10560 FOR I=1 TO N
10570 FOR J=1 TO N
```

```
10580 R(I,J)=R(I,J)-W(I)*W(J)
10590 NEXT J:NEXT I:PRINT
10600 PRINT STR$(M0)+".Faktor"
10610 FOR I=1 TO N
10620 PRINT USING "###.####";W(I);:ZE(M0,I)=W(I)
10630 NEXT I:PRINT:PRINT
10640 IF M0<M1 THEN 10170
10641 GOSUB 20000
10642 INPUT "Soll erneut gestartet werden (J/N)";E$
10643 IF E$="N" THEN GOTO 10650
10644 IF E$="J" THEN ERASE RR,ZE,R,W,U,D:GOTO 10000
10645 PRINT "Falsche Eingabe!"
10646 GOTO 10642
10650 END
20000 INPUT "Soll das Ergebnis gedruckt werden (J/N)";E$
20010 IF E$="N" THEN RETURN
20020 IF E$="J" THEN  GOTO 20100
20030 PRINT "Falsche Eingabe!"
20040 GOTO 20000
20100 REM
20110 LPRINT:LPRINT "Die Korrelationsmatrix lautet:"
20120 FOR I=1 TO N:R(I,I)=D(I)
20130 FOR J=1 TO N
20140 LPRINT USING "###.####";RR(I,J);
20150 NEXT J:LPRINT :NEXT I
20160 M0=0 : LPRINT
20170 M0=M0+1
20180 LPRINT"":LPRINT STR$(M0)+".Faktor"
20190 FOR I=1 TO N:LPRINT ZE(M0,I),
20210 NEXT I:LPRINT
20220 IF M0<M1 THEN 20170
20230 RETURN
```

Testlauf:

```
Faktorenextraktion

Die Korrelationsmatrix lautet:
    0.8590   0.8460   0.8050   0.8590   0.4730   0.3980   0.3010
    0.8460   0.8810   0.8810   0.8260   0.3760   0.3260   0.2770
    0.8050   0.8810   0.8810   0.8010   0.3800   0.3190   0.2370
    0.8590   0.8260   0.8010   0.8590   0.4360   0.3290   0.3270
    0.4730   0.3760   0.3800   0.4360   0.7620   0.7620   0.7300
    0.3980   0.3260   0.3190   0.3290   0.7620   0.7620   0.5830
    0.3010   0.2770   0.2370   0.3270   0.7300   0.5830   0.7300


  1.Faktor
  .85394           .829869        .809371        .834382        .736972
  .654229          .598942


  2.Faktor
  .360806          .441124        .435719        .378457       -.522452
 -.494328         -.51451


  3.Faktor
  .112507         -.109257       -.166833        .200086        7.83575E-02
 -.127844          .166411
```

Aufgaben

1. Bestimmt werden sollen die Faktoren und die Faktorladungen, die zu den folgenden Korrelationen gehören.

a)

	X	Y	Z	U	V	W
X		0,00	0,99	0,81	0,90	0,56
Y			0,00	0,54	0,35	0,82
Z				0,80	0,91	0,56
U					0,97	0,87
V						0,77
W						

b)

	x	y	z	u
x		.7225	.0850	.0800
y			.0800	.0750
z				.5625
u				

Lösung: a) 1. Faktor

$$0.8448 \quad 0.5029 \quad 0.8448 \quad 0.9859 \quad 0.9680$$
$$0.8845$$

2. Faktor

$$0.5546 \quad -.7158 \quad 0.5624 \quad -.0494 \quad 0.2028$$
$$-.4727$$

b) 1. Faktor

$$0.6697 \quad 0.6655 \quad 0.5366 \quad 0.5324$$

2. Die Tabelle enthält ein konstruiertes Beispiel, bei dem die Einflußfaktoren eindeutig bekannt sind. Betrachtet werden Radius (X_1), Durchmesser (X_2), Länge (X_3), Grundfläche (X_4), Mantelfläche (X_5) und Volumen (X_6) von 10 Zylindern.

Zylinder

	1	2	3	4	5	6	7	8	9	10
X_1	0.10	1.01	13.20	1.20	2.40	3.50	4.60	8.50	9.70	0.50
X_2	0.20	2.02	26.40	2.40	4.80	7.00	9.20	17.00	19.40	1.00
X_3	24.30	8.62	4.50	17.30	7.40	0.20	0.10	20.40	2.50	3.20
X_4	0.03	3.20	547.39	4.52	18.10	38.48	66.48	226.98	295.59	0.79
X_5	15.27	54.70	373.22	130.44	111.59	4.40	2.89	1089.50	152.37	10.05
X_6	0.76	27.62	2463.26	78.26	133.91	7.70	6.65	4630.39	738.98	2.51

Es ergeben sich folgende Korrelationen:

	X_1	X_2	X_3	X_4	X_5	X_6
X_1		1,00	− 0,24	0,96	0,55	0,69
X_2			− 0,24	0,96	0,55	0,69
X_3				− 0.18	0,42	0,32
X_4					0,48	0,65
X_5						0,97
X_6						

Bestimmt werden sollen die Faktoren für die Variablen

a) X2 bis X6   b) X1 bis X6

Lösung: a) 1. Faktor

$$0.7941 \quad 0.2013 \quad 0.7805 \quad 0.9220 \quad 0.9791$$

2. Faktor

$$0.5876 \quad -.6229 \quad 0.5717 \quad -.4016 \quad -.2147$$

b) 1. Faktor

$$0.8679 \quad 0.8679 \quad 0.1107 \quad 0.8480 \quad 0.8723$$
$$0.9498$$

2. Faktor

$$0.5045 \quad 0.5045 \quad -.6187 \quad 0.4795 \quad -.4969$$
$$-.3383$$

Die Variablen Grundfläche, Mantelfläche, Volumen usw. hängen von zwei Faktoren ab. Eine inhaltliche Analyse zeigt, daß dies Radius und Höhe sind.

3.   Ein Intelligenzstrukturtest, der aus 9 Teilen besteht, wurde in einer Versuchsgruppe erprobt. Zwischen den Teilen ergaben sich die folgenden Korrelationen:

	SE	WA	AN	GE	ME	RA	ZR	FA	WÜ
SE		.29	.29	.22	.33	.24	.26	.35	.14
WA			.22	.21	.10	.26	.21	.22	.03
AN				.31	.28	.45	.35	.34	.24
GE					.11	.27	.15	.18	.07
ME						.50	.38	.35	.19
RA							.73	.59	.45
ZR								.39	.44
FA									.58
WÜ									

Lösung: 1. Faktor

0.4847   0.3591   0 5750   0.3591   0.5377
0.8281   0.7143   0.7045   0.5337

2. Faktor

0.2734   0.3265   0.2106   0.3353   −.0693
−.2728   −.2276   −.1910   −.3717

3. Faktor

−.2382   0.0727   0.0756   0.1286   −.1052
0.3045   0.2669   −.3094   −.1631

4. Faktor

−.1904   −.0970   0.1398   0.1738   −.2990
−.0667   −.1726   0.1578   0.3215

5. Faktor

0.0622   0.2289   −.1459   −.1041   −.2759
−.1049   0.1457   0.0904   0.2214

4.   An 305 Frauen wurden gemessen Körpergröße x_1, Spannweite der Arme x_2, Unterarmlänge x_3, Unterschenkellänge x_4, Gewicht x_5, Hüftumfang x_6, Brustumfang x_7. Es ergab sich:

	x_1	x_2	x_3	x_4	x_5	x_6	x_7
x_1		0.846	0.805	0.859	0.473	0.398	0.301
x_2			0.881	0.826	0.376	0.326	0.277
x_3				0.801	0.380	0.319	0.237
x_4					0.436	0.329	0.327
x_5						0.762	0.730
x_6							0.583
x_7							

Lösung: 1. Faktor

0.8539   0.8299   0.8094   0.8344   0.7370
0.6542   0.5989

2. Faktor

0.3608   0.4411   0.4357   0.3785   −.5225
−.4943   −.5145

3. Faktor

0.1125   −.1093   −.1668   0.2001   0.0784
−.1278   0.1664

5. Die Starrheit von Einstellungen wurde in 9 verschiedenen Situationen gemessen. Es ergaben sich
    die Korrelationen:

	X_1	X_2	X_3	X_4	X_5	X_6	X_7	X_8	X_9
X_1		0.638	0.017	0.139	0.150	0.704	0.114	0.160	0.228
X_2			0.193	0.097	0.245	0.570	0.238	0.196	0.269
X_3				0.616	−0.181	0.015	0.543	0.302	0.041
X_4					−0.372	0.179	0.476	0.100	−0.052
X_5						0.081	0.012	0.363	0.533
X_6							0.102	0.007	0.172
X_7								0.213	0.145
X_8									0.447
X_9									

Lösung: 1. Faktor

    0.6268   0 6773   0.4748   0.3951   0.2996
    0.5565   0.5240   0.4908   0.5086

2. Faktor

    0.4285   0.3156   −.6656   −.5977   0.4245
    0.4025   −.4435   −.0925   0.2387

3. Faktor

    0.3688   0.2508   0.0950   0.3699   −.5278
    0.4590   0.0435   −.4577   −.4889

4. Faktor

    −.1710   0.2415   0.0871   −.2382   0.1604
    −.1477   0.1989   −.0817   −.0968

5. Faktor

    0.1436   0.1573   0.1170   −.1211   −.0700
    −.0833   −.2039   0.2033   −.1538

10.3 Faktorenrotation

10.3.1 Grundgedanke

In der Regel wird man einen ersten Faktor vorfinden, der in vielen Variablen einen hohen
Wert (Ladung) aufweist. Dies hieße, daß es eine Art „Generalfaktor" gibt, der gleichzeitig
alle Variablen beeinflußt. Tatsächlich ist es aber so, daß die bis zu diesem Schritt ermit-
telten Faktoren ein recht willkürliches Ergebnis darstellen. Konsequenterweise wird der
nächste Arbeitsschritt darin bestehen, daß die Faktoren in Richtung auf eine Einfachstruktur rotiert werden müssen. Die Faktoren bilden im Prinzip ein Achsenkreuz zur Fest-
legung der Ladungen der Variablen.

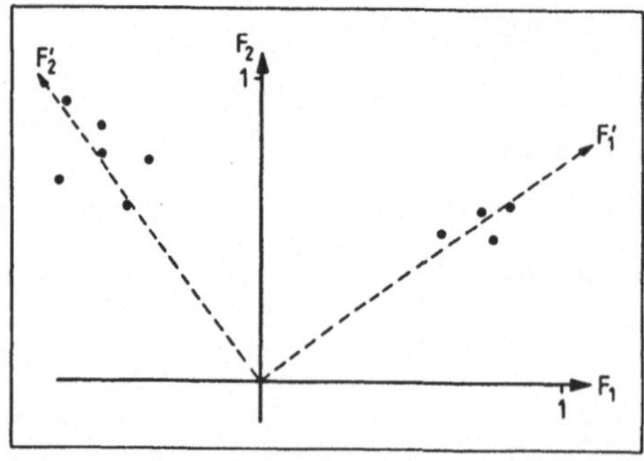

Bild 10.1 Zur Rotation der Faktoren

Die Abbildung soll dies für zwei Faktoren verdeutlichen. Die beiden durchgezogenen Achsen stellen die beiden Faktoren dar, die eingezeichneten Punkte die Ladungen bezüglich der beiden Faktoren. Alle Variablen haben relativ hohe Ladungen in beiden Faktoren.

Bei der Rotation in Richtung auf eine Einfachstruktur wird eine Drehung der Achsen gesucht, die eine möglichst einfache Beschreibung der Struktur der Daten gestattet.

Wenn die Faktoren als unabhängig angesehen werden, was sich geometrisch dadurch ausdrückt, daß die Achsen senkrecht aufeinander stehen, wird die Faktorenstruktur durch Rotation des Achsenkreuzes nicht immer einfacher.

Beispiel:

Dreht man beide Achsen gleichzeitig (orthogonale Rotation), so wird einmal der eine Punkthaufen besser interpretierbar werden, ein andermal der andere. Hier müssen beide Achsen unabhängig voneinander gedreht werden.

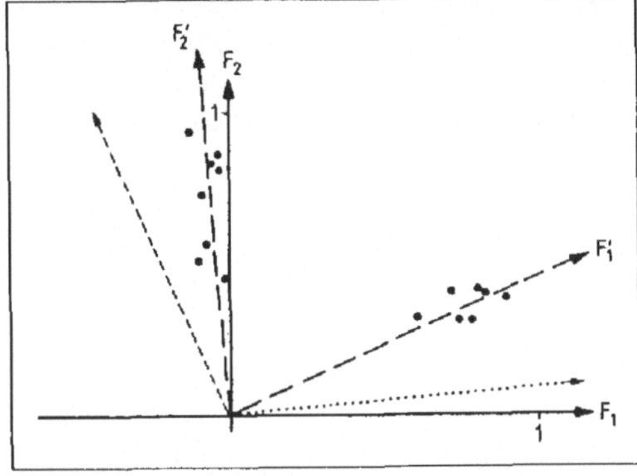

Bild 10.2

Zur schiefwinkligen Rotation von Faktoren

Bei der schiefwinkligen Rotation weisen die Faktoren selbst wieder gewisse Korrelationen untereinander auf.

Hat man eine Einfachstruktur gefunden, beginnt die Interpretation, bei der der Computer aber nicht helfen kann. Der nächste Schritt wäre dann die Errechnung von Faktorwerten für jedes Objekt oder Experiment in der Untersuchung.

10.3.2 Varimax-Rotation

Ein Faktor ist dann einfach zu interpretieren, wenn die Faktorenladungen nahe bei Null oder nahe bei ± 1 liegen. Eine Variable kann dann demjenigen Faktor zugerechnet werden, auf den sie hoch lädt.

Die Varimax-Rotation gründet auf der Maximierung der quadrierten Faktorladungsvarianz: Die Summe der quadrierten Faktorenladungen ergibt für jeden Faktor den Anteil an der Gesamtvarianz, der durch das Modell erklärt werden kann. Je höher der Anteil eines Faktors an der Gesamtvarianz ist, desto relevanter ist der Faktor.

Beispiel: Für die Faktorenladung von Übungsaufgabe 3 erhalten wir

Rotierte Faktoren

Variable 1:	0.0270	0.1771	−.1610	−.3631	0.4655
Variable 2:	0.1399	0.2165	−.0275	−.0178	0.4849
Variable 3:	0.2052	0.5214	−.1910	−.2038	0.1717
Variable 4	0.0719	0.5099	−.0336	−.0451	0.1751
Variable 5:	0.2960	0.1270	−.1162	−.5867	0.0951

Variable 6:   <u>0.7589</u>   0.3058   −.3282   −.2970   0.0540
Variable 7:   <u>0.7051</u>   0.1151   −.2912   −.1756   0.2413
Variable 8:   0.1903   0.1677   <u>−.6882</u>   −.3033   0.1778
Variable 9: , 0.2435   0.0644   <u>−.7335</u>   −.0090   0.0197

Varianzanteile

  Faktor 1:   0.147
  Faktor 2:   0.085
  Faktor 3:   0.142
  Faktor 4:   0.081
  Faktor 5:   0.068

Beim ersten Faktor laden die Variablen RA und ZR hoch. Dies ist bei inhaltlicher Interpretation nicht verwunderlich, denn RA bzw. ZR bedeuten Rechenaufgaben- bzw. Zahlenreihentests. Beim zweiten Faktor laden AN und GE hoch. Inhaltlich bedeutet dies eine naheliegende Korrelation zwischen Analogie- bzw. Gemeinsamkeiten-Test. Beim 5. Faktor laden SE und WA hoch: Satzergänzungs- und Wortauswahl-Tests. Zum Faktor 4 gehören die Merkaufgaben ME und zum Faktor 3 die Figurenauswahl- und Würfelaufgaben-Tests. ∎

Programmlisting:

```
10000 REM *** FAKTORENROTATION ***
10010 REM
10020 REM *** EINGABE ***
10030 INPUT "Anzahl der Faktoren ";N
10040 INPUT "Anzahl der Variablen ";M
10050 DIM A(M,N),C(M),AA(M,N)
10060 FOR J=1 TO N
10070 PRINT "Ladungen des ";J;".Faktors"
10080 FOR K=1 TO M
10090 PRINT "A(";K;J;")=";:INPUT A(K,J)
10091 AA(K,J)=A(K,J)
10100 NEXT K
10110 PRINT
10120 NEXT J
10130 REM
10140 REM *** VERARBEITUNG ***
10150 FOR J=1 TO M:C(J)=0
10160 FOR K=1 TO N
10170 C(J)=C(J)+A(J,K)^2:NEXT K
10180 C(J)=SQR(C(J))
10190 FOR K=1 TO N
10200 A(J,K)=A(J,K)/C(J):NEXT K
10210 NEXT J
10220 N1=N-1
10230 N0=0
10240 FOR I=1 TO N1
10250 J=I+1
10260 A1=0:B1=0:C1=0:D1=0
10270 FOR K=1 TO M
10280 U=A(K,I)^2-A(K,J)^2
10290 V=A(K,I)*A(K,J)*2
10300 A1=A1+U:B1=B1+V:C1=C1+U*U-V*V
10310 D1=D1+V*U*2
10320 NEXT K
```

```
10330 M0=M:Q1=D1-2*A1*B1/M0
10340 Q0=C1-(A1^2-B1^2)/M0
10350 IF (ABS(Q1)+ABS(Q0))<=0 THEN 10600
10360 IF (ABS(Q1)-ABS(Q0))=0 THEN 10500
10370 IF (ABS(Q1)-ABS(Q0))>0 THEN 10440
10380 M0=ABS(Q1/Q0)
10390 IF (M0-.00116)<0 THEN 10420
10400 C0=COS(ATN(M0)):S0=SIN(ATN(M0))
10410 GOTO 10520
10420 IF Q0 >=0 THEN 10600
10430 S3=SQR(2)/2:C3=S3:GOTO 10610
10440 M0=ABS(Q0/Q1)
10450 IF (M0-.00116)<0 THEN 10480
10460 S0=1/SQR(1+M0^2):C0=S0+M0
10470 GOTO 10520
10480 C0=0
10490 S0=1:GOTO 10520
10500 C0=SQR(2)/2
10510 S0=C0
10520 M0=SQR((1+C0)*.5)
10530 C2=SQR((1+M0)*.5):S2=S0/(4*C2*M0)
10540 IF Q0>=0 THEN 10570
10550 C3=SQR(2)/2*(C2+S2)
10560 S3=SQR(2)/2*(C2-S2):GOTO 10580
10570 C3=C2:S3=S2
10580 IF Q1>=0 THEN 10610
10590 S3=-S3:GOTO 10610
10600 N0=N0+1:GOTO 10660
10610 FOR K=1 TO M
10620 M0=A(K,I)*C3+A(K,J)*S3
10630 A(K,J)=A(K,J)*C3-A(K,I)*S3
10640 A(K,I)=M0
10650 NEXT K
10660 IF J<N THEN J=J+1:GOTO 10260
10670 NEXT I
10680 R=N0-(N*N1)/2
10690 IF ABS(R-0)<.0000000001  THEN 10230
10700 REM
10710 FOR K=1 TO M
10720 FOR L=1 TO N
10730 A(K,L)=A(K,L)*C(K)
10740 NEXT L
10750 NEXT K
10760 REM
10770 REM *** AUSGABE ***
10780 PRINT
10790 PRINT "Rotierende Faktoren"
10800 FOR J=1 TO M
10810 PRINT "Variable ";J;":";
10820 FOR K=1 TO N
10830 PRINT USING "####.####";A(J,K);
10840 NEXT K:PRINT:NEXT J
10850 REM
10860 REM *** VARIANZANTEILE ***
10870 FOR J=1 TO N
10880 C(J)=0
10890 FOR K=1 TO M
```

```
10900 C(J)=C(J)+A(K,J)^2
10910 NEXT K
10920 NEXT J:PRINT
10930 FOR J=1 TO N
10940 C(J)=C(J)/M:NEXT J:PRINT
10950 PRINT "Varianzanteile "
10960 FOR J=1 TO N
10970 PRINT "Faktor";J;":";
10980 PRINT USING "####.###";C(J)
10990 NEXT J
10991 GOSUB 20000
10992 INPUT "Soll erneut gestartet werden (J/N)";E$
10993 IF E$="N" THEN GOTO 10999
10994 IF E$="J" THEN ERASE A,C,AA:GOTO 10000
10995 PRINT "Falsche Eingabe!"
10996 GOTO 10992
10999 END
20000 REM *** DRUCK ***
20010 INPUT "Sollen die Ergebnisse gedruckt werden (J/N)";E$
20020 IF E$="J" THEN GOTO 20100
20030 IF E$="N" THEN RETURN
20040 PRINT "Falsche Eingabe!"
20050 GOTO 20010
20100 LPRINT " Faktorenrotation "
20110 LPRINT:LPRINT:LPRINT "Ergebnis zu folgenden Faktoren und Ladungen:"
20120 FOR I=1 TO N
20130 LPRINT "Ladungen des";I;".Faktors:"
20140 FOR J=1 TO M
20150 LPRINT AA(J,I);"   ";
20160 NEXT J:LPRINT
20170 NEXT I
20180 LPRINT:LPRINT "lautet:"
20190 LPRINT "Rotierende Faktoren"
20200 FOR J=1 TO M
20210 LPRINT "Variable ";J;":";
20220 FOR K=1 TO N
20230 LPRINT USING "####.####";A(J,K);
20240 NEXT K:LPRINT:NEXT J
20250 LPRINT
20260 LPRINT "Varianzanteile "
20270 FOR J=1 TO N
20280 LPRINT "Faktor";J;":";
20290 LPRINT USING "####.###";C(J)
20300 NEXT J
20310 RETURN
```

Testlauf:

```
Faktorenrotation

Ergebnis zu folgenden Faktoren und Ladungen:
Ladungen des 1 .Faktors:
 .8539     .8299     .8094     .8344     .737      .6542     .5989
Ladungen des 2 .Faktors:
 .3608     .4411     .4357     .3785    -.5225    -.4943    -.5145
Ladungen des 3 .Faktors:
 .1125    -.1093    -.1668     .2001     .0784    -.1278     .1664
```

```
lautet:
Rotierende Faktoren
Variable  1 :    0.8878   -0.2659    0.1145
Variable  2 :    0.9238   -0.1771   -0.1024
Variable  3 :    0.9055   -0.1653   -0.1597
Variable  4 :    0.8823   -0.2444    0.2033
Variable  5 :    0.2400   -0.8737    0.0374
Variable  6 :    0.1972   -0.7889   -0.1654
Variable  7 :    0.1364   -0.7849    0.1283


Varianzanteile
Faktor  1 :    0.479
Faktor  2 :    0.313
Faktor  3 :    0.019
```

Aufgaben

1. Die Faktoren von Übungsaufgabe 4 (aus 10.2) sollen rotiert werden.

    Lösung: Rotierte Faktoren

Variable 1:	0.8884	−.2654	0.1118
Variable 2:	0.9235	−.1766	−.1060
Variable 3:	0.9050	−.1648	−.1633
Variable 4:	0.8833	−.2139	0.1998
Variable 5:	0.2406	−.8736	0.0365
Variable 6:	0.1970	−.7888	−.1662
Variable 7:	0.1374	−.7848	0.1278

    Varianzanteile

Faktor 1:	0.480
Faktor 2:	0.313
Faktor 3:	0.019

    Der Faktor 1 lädt hoch bei den Variablen 1, 2, 3 und 4; es ist naheliegend, diesen Faktor als „Größe" zu interpretieren. Der zweite Faktor lädt hoch bei den Variablen 5, 6, 7; es ist naheliegend, diesen Faktor als „Statur" zu interpretieren. Der dritte Faktor ist fast bedeutungslos.

2. Die Faktoren von Übungsaufgabe 5 (aus 10.2) sollen rotiert werden.

    Lösung: Rotierte Faktoren

Variable 1:	0.8561	−.0277	−.1216	−.0563	0.1037
Variable 2:	0.7211	−.1747	−.1990	0.3331	0.0573
Variable 3:	0.0095	−.8013	0.0163	0.0539	0.2312
Variable 4:	0.1587	−.7393	0.2120	−.3231	0.0248
Variable 5:	0.0906	0.2146	−.6905	0.2112	−.0594
Variable 6:	0.8234	−.0576	−.0423	−.1033	−.1315
Variable 7:	0.0831	−.7058	−.1545	0.1043	−.1204
Variable 8:	0.0351	−.2441	−.5682	−.0013	0.3510
Variable 9:	0.1666	−.0380	−.7434	−.0707	−.0277

    Varianzanteile

Faktor 1:	0.222
Faktor 2:	0.203
Faktor 3:	0.164
Faktor 4:	0.033
Faktor 5:	0.025

Die Varianzanteile zeigen, daß drei Faktoren zur Erklärung ausreichen: Faktor 1 erklärt die Variablen 1, 2, 6 (hohe Ladung), Faktor 2 erklärt die Variablen 3, 4, 7 und Faktor 3 erklärt die Variablen 5, 8, 9.

11 Anhang

11.1 Skalierungsverfahren

Oft können Merkmalsausprägungen nur anhand irgendwelcher Kategorien einer Schätzung unterzogen werden. Es ergibt sich dann das Problem, die Schätzurteile so zu quantifizieren, daß eine statistische Weiterverarbeitung möglich ist.

11.1.1 Erstellung von Intervallskalen

Rating. Beim Rating werden den zu untersuchenden Objekten oder Beziehungen durch eine ausgewählte Gruppe von Personen unmittelbar Zahlenwerte zugeordnet.

Um den Übereinstimmungsgrad der Beurteiler abschätzen zu können, bestimmt man die Prüfgröße

$$\ddot{U} = 1 - \frac{\sum\limits_{j=1}^{N}\left[\dfrac{\sum\limits_{i=1}^{k} x_i^2}{k} - \left(\dfrac{\sum\limits_{i=1}^{k} x_i}{k}\right)^2\right]}{k-1} \Bigg/ \left\{\sum\limits_{j=1}^{N}\left(\dfrac{\sum\limits_{i=1}^{k} x_i}{k}\right)^2 - \frac{1}{N}\sum\limits_{j=1}^{N}\left[\left(\dfrac{\sum\limits_{i=1}^{N} x_i}{k}\right)^2\right]\right\}$$

k = Zahl der Beurteiler (Experten),
N = Zahl der Objekte.

Der Übereinstimmungsgrad kann maximal 1 und minimal 0 sein.

Anmerkung: Ein geringer Übereinstimmungsgrad kann ein Anzeichen für geringe Urteilskraft der ausgewählten Beurteiler sein; es kann sich aber auch um Objekte handeln, die schwierig zu beurteilen sind.

Guttmann-Skala. Eine Skalierung nach Guttmann wird vorgenommen, wenn die Daten schon ordinalskaliert sind. Den zu vergleichenden geordneten Objekten, Beziehungen usw. werden die Häufigkeiten f ihrer Nennungen zugeordnet. Aus den relativen Häufigkeiten h_i und den kumulierten relativen Häufigkeiten h_{ci} werden dann die Ränge nach

$$r_i = h_{ci} - \frac{h_1}{2}$$

berechnet, die als Skalenwerte benutzt werden können.

Likert-Skala. Unter der Voraussetzung, daß die Werte näherungsweise normalverteilt sind, kann eine Likert-Skala erstellt werden. Diese überträgt Häufigkeiten in z-Werte der Standardnormalverteilung.

Die Häufigkeiten der verschiedenen Urteile werden wie bei der Guttmann-Skala in Ränge r_i umgewandelt. Die Werte, die man hieraus erhält, indem man 0,50 subtrahiert, werden als Flächen der Standardnormalverteilung betrachtet und die zugehörigen z-Werte bestimmt (Programm *Schranken der Normalverteilung*).

11.1.2 Erstellung von Rangskalen

Rangsummenverfahren. Es werden k Versuchspersonen gebeten, eine Anzahl N von Objekten bzw. Beziehungen in eine Rangfolge zu bringen; verbundene Ränge, also das mehrfache Vergeben desselben Ranges, sind verboten. Die Ränge R, die jedes Objekt erhalten hat, werden aufaddiert. Diese Rangsummen bilden die Grundlage für die Erstellung einer Rangskala.

Um ein Maß der erreichten Übereinstimmung zu erhalten, wird ein mittlerer Rangkorrelationskoeffizient berechnet.

$$\bar{R} = 1 - \frac{k\,(4\,N + 2)}{(k - 1)\,(N - 1)} + \frac{12 \sum\limits_{i=1}^{N} \left(\sum\limits_{i=1} R \right)^2}{k\,(k - 1)\,N\,(N^2 - 1)} \, .$$

Dabei ist k = Anzahl der Beurteiler, N = Anzahl der beurteilten Objekte.

Für $\bar{R}$ = 1 liegt die beste Übereinstimmung vor.

Rangskala durch Paarvergleich. Bei der Erstellung einer Rangskala durch Paarvergleich werden die Beurteiler zu jedem möglichen Paar von Objekten befragt, welches sie höher einstufen, d.h. welches dominiert.

Anmerkung: Auf diese Weise kann man insbesondere Widersprüche im Beurteilerverhalten herausfinden.

In die Kopfzeile und in die Randspalte der Dominanz-Matrix werden die zu beurteilenden Objekte eingetragen. Bei Dominanz des ersten Objekts wird eine 1, bei Dominanz des zweiten Objekts eine 0 in das betreffende Feld der Matrix geschrieben.

Anschließend werden die Spalten aufaddiert und die Konsistenz nach folgender Formel berechnet:

$$K = \frac{2n(n - 1) \cdot (2n - 1) - 12 \sum\limits_{i=1}^{n} (Sp\,\Sigma)^2}{n \cdot (n^2 - 4)} \, , \qquad \text{falls n gerade;}$$

$$K = \frac{2n(n - 1)\,(2n - 1) - 12 \sum\limits_{i=1}^{n} (sp\,\Sigma)^2}{n \cdot (n^2 - 1)} \, , \qquad \text{falls n ungerade (n = Zahl der Objekte)}$$

Wenn die Anzahl der Objekte genügend groß (n > 7) ist, dann kann ein Chi-Quadrat-Test durchgeführt werden mit

$$\chi^2 = \left(\frac{8}{n - 4} \right) \left[\frac{n!}{24 \cdot (n - 3)!} - \frac{n \cdot (n - 1) \cdot (2n - 1)}{12} + \frac{1}{2} \sum\limits_{i=1}^{n} (Sp\,\Sigma)^2 + \frac{1}{2} \right] + \frac{n \cdot (n - 1) \cdot (n - 2)}{(n - 4)^2}$$

und $\quad f = \dfrac{n \cdot (n - 1) \cdot (n - 2)}{(n - 4)^2} \, .$

Wenn die Konsistenz hinreichend groß und nach dem Chi-Quadrat-Test signifikant ist, dann wird die Rangordnung der Objekte dadurch hergestellt, daß man sie nach ihren Spaltensummen ordnet.

11.2 BASIC-Sprachelemente

11.2.1 Mathematische Funktionen

Für Berechnungen und Wertzuweisungen stehen folgende arithmetische Operatoren und unter anderem folgende Funktionen zur Verfügung:

Operator/Funktion	Bedeutung und Wirkung
+, −, *,/, ↑	Addition, Subtraktion, Multiplikation, Division, Potenzieren
ABS(x)	Absoluter Betrag der Zahl oder des arithmetischen Ausdrucks von x.
INT(x)	Nächstkleinere ganze Zahl von x.
SGN(x)	Vorzeichen von x. Für $x > 0$, $x = 0$ und $x < 0$ ist der Wert von SGN(x) der Reihe nach $+1$, 0 bzw. -1.
RND(x)	Zufallszahlgenerator, der eine Zahl zwischen 0 und 1 liefert.
SQR(x)	Quadratwurzel (square-root) von x.
EXP(x)	Exponentialfunktion von x zur Basis e (Eulersche Zahl $\approx 2.71828\ldots$).
LN(x)	Natürlicher Logarithmus von x.

11.2.2 Text-Verarbeitungsfunktionen

Funktion	Bedeutung und Wirkung
LEN(,,text'')	Die Länge, d. h. die Anzahl der Zeichen, der in der Variablen gespeicherten Zeichenkette oder der in Anführungszeichen stehenden Text-Konstante wird berechnet.
VAL(,,text'')	Die in der Variable bzw. Textkonstante führenden Ziffern werden in einen numerischen Wert umgewandelt. Ist keine führende Ziffer vorhanden, dann ist der Wert 0.
STR$ (numerische Variable oder Konstante)	Umwandlung eines numerischen Wertes in eine nicht-numerische Zeichenkette (String).
LEFT$ (v$, n) RIGHT$ (v$, n)	Die n linken bzw. n rechten Zeichen der in der Stringvariablen v$ gespeicherten Zeichenkette werden abgespalten . . . .
MID$ (v$, a, n)	Beginnend mit dem a-ten Zeichen werden n Zeichen aus der Zeichenkette v$ herausgenommen.

11.2.3 Programm-Struktur-Anweisungen

Anweisung	Bedeutung und Wirkung
IF bedingung THEN anweisung	Bedingte Verzweigung: Ist die Bedingung erfüllt, wird die auf THEN folgende Anweisung ausgeführt. Diese Anweisung kann eine Zeilen-Nummer sein. Das Programm verzweigt dann zu dieser Zeile. Ist die Bedingung nicht erfüllt, dann wird die auf IF folgende Programm-Zeile ausgeführt.
GOTO z_1	Unbedingter Sprung zur Anweisung mit der Zeilen-Nummer z_1
ON v GOTO $z_1, \ldots, z_k$	Berechneter Sprung: In Abhängigkeit vom Wert der numerischen Variablen v wird zur jeweiligen Zeilen-Nummer z_v gesprungen (v muß einen Wert zwischen 1 und k haben), andernfalls wird mit der auf ON-GOTO folgenden Anweisung fortgefahren.
FOR v = a TO b STEP c Next v	Wiederholungsschleife: Die zwischen FOR und NEXT stehenden Anweisungen werden für jeden Wert der Laufvariablen v zwischen dem Anfangswert a und dem Endwert b wiederholt. Bei jeder Wiederholung wird der Wert der Laufvariable um die Schrittweite c erhöht. Fehlt die Angabe STEP c, dann ist die Schrittweite 1.
STOP	Der Programm-Lauf wird angehalten und kann durch CONT fortgesetzt werden.
END	Das Programm wird beendet.
REM text	Kommentierender Text, der beim Programmablauf übersprungen wird.
GOSUB z_1	Unterprogramm-Aufruf: Das Programm wird, mit dem Unterprogramm beginnend, bei Zeilen-Nummer z_1 fortgesetzt.
RETURN	Rückkehr aus dem Unterprogramm. Als nächste Anweisung wird die auf den Unterprogramm-Aufruf folgende Anweisung ausgeführt.
ON v GOSUB $z_1, \ldots, z_k$	Berechneter Unterprogramm-Aufruf.
SWAP v_1, v_2	Die Anweisung SWAP tauscht die Werte der beiden Variablen v_1 und v_2 aus.

11.2.4 Ein- und Ausgabe-Anweisungen

Anweisung	Bedeutung und Wirkung
INPUT $v_1, \ldots, v_k$ INPUT „text": $v_1, \ldots, v_k$	Dateneingabe über die Tastatur in die Variablen v_i. Mit „text" kann ein erklärender Kommentar für die einzugebenden Daten auf Bildschirm ausgegeben werden. Die Variablen-Namen können numerisch oder nichtnumerisch, einfach oder indiziert sein.
INPUT #l $v_1, \ldots, v_k$	Dateneingabe von einer externen Datei mit der logischen Dateinummer l, die in einer OPEN-Anweisung einem Gerät (z. B. Cassette) zugeordnet sein muß.
GET v	Ein einzelnes Zeichen oder Ziffer wird von der Tastatur in die Variable v übernommen.
PRINT $a_1, \ldots, a_k$	Die Daten a_i werden auf dem Bildschirm angegeben. Die a_1 können Variablennamen oder Konstante sein. Nichtnumerische Konstanten sind in Anführungszeichen zu setzen.
DIM $v_1 (m_1)$,	Speicherplatzreservierung für die Felder v_i. Mit m_i werden die maximal zulässigen Indices angegeben. Innerhalb einer Klammer können mehrere durch Komma getrennte Indexgrenzen angegeben werden.
DATA $c_1, \ldots, c_k$	Speicherung der Konstanten c_i (numerisch oder nichtnumerisch) im Programm, um sie mit der Anweisung READ der Reihe nach einzulesen.
READ $v_1, \ldots, v_k$	Die in DATA abgelegten Konstanten werden in der vorgegebenen Reihenfolge den Variablen v_i mit der gleichen Reihenfolge zugeordnet.
RESTORE	Der Lese-Zeiger wird wieder auf die erste Konstante im ersten DATA gesetzt, um die Daten erneut lesen zu können.
ERASE v_1, v_2	Löschen der Felder v_1 und v_2. Nach dem Löschen kann ein Feld mit DIM neu belegt werden. Felder können i. allg. nicht neu dimensioniert werden, bevor sie nicht mit ERASE gelöscht wurden.
PRINT USING	Ein PRINT-Kommando, das Strings und Zahlen in einem angegebenen Format ausgibt.
TAB	Die TAB-Funktion wirkt wie ein Tabulator bei einer Schreibmaschine. Die Tabulatoren müssen bei jedem PRINT gesetzt werden.

Literaturverzeichnis

Abramowitz, M. / Stegun, J.A.: Handbook of Mathematical Functions, New York 1972
Anderson, T.W.: Introduction to Multivariate Statistical Analysis, New York 1958
Athen, H. / Bruhn, J.: Grundkurs Stochastik, Hannover 1982[3]
Bishop, Y.M.M. / Fienberg, S.E. / Holland, P.W.: Discrete Multivariate Analysis: Theory and Practice, Cambridge 1975
Blalock, H.M.: Social Statistics, New York 1972
Bliss, C.I.: Statistics in Biology, Vol. 1., New York 1967
Blume, J.: Statistische Methoden für Ingenieure und Naturwissenschaftler I, II, Düsseldorf 1970/74
Bock, R.D.: Multivariate Statistical Methods in Behavioral Research, New York 1975
Brandt, S.: Datenanalyse. Mannheim/Wien/Zürich 1975
Brownlee, K.A.: Statistical Theory and Methodology in Science and Engineering, New York 1965
Bruhn, J.: Statistik für programmierbare Taschenrechner (AOS), Braunschweig/Wiesbaden 1983
Bruhn, J.: Statistik für programmierbare Taschenrechner (UPB), Braunschweig/Wiesbaden 1984
Bruhn, J. / Strick, H.K.: Leistungskurs Stochastik, Hannover 1984
Bruning, J.L. / Kintz, B.L.: Computational Handbook of Statistics, Glenview III 1977
Cattel, R.B., (Hrsg.): Handbook of Multivariate Experimental Psychology, Chicago 1966
Clauss, G. / Ebner, H.: Grundlagen der Statistik für Psychologen, Pädagogen und Soziologen, Berlin 1977
Conover, W.J.: Practical Nonparametric Statistics, New York 1971
Cooley, W.W. / Lohnes, P.R.: Multivariate Data Analysis, New York 1971
Draper, N.R. / Smith, H.: Applied Regression Analysis, New York 1969
Edwards, A.L.: Techniques of Attitude and Scale Construction, New York 1954
Enslein, K. / Ralston, A. / Wilf, H.: Statistical Methods for Digital Computers, New York 1977
Ferguson, G.A.: Statistical Analysis in Psychology and Education, New York 1977
Fisher, R.A.: The Design of Experiments, New York 1951[6]
Floegel, E.: Statistik in BASIC, Holzkirchen 1984
Flury, B. / Riedwyl, H.: Angewandte multivariable Statistik, Computergestützte Analyse mehrdimensionaler Daten, Stuttgart, New York 1983
Gottschalk, G. / Kaiser, R.E.: Elementare Tests zur Beurteilung von Meßdaten, Mannheim 1972
Guilford, J.P.: Fundamental Statistics in Psychology and Education, New York 1965
Haberman, S.J.: Analysis of Qualitative Data, New York 1979
Haf, C.M. / Cheaib, T.: Multivariate Statistik in den Natur- und Verhaltenswissenschaften, Braunschweig, Wiesbaden 1985
Harman, H.H.: Modern Factor Analysis, Chicago 1967
Hays, W.L.: Statistics for the Social Sciences, New York 1973
Hoffmann, O.: Biomedizinische Statistik mit dem Microcomputer, Sprendlingen 1984
Johnson, M.K. / Liebert, R.M.: Statistics, Englewood Cliffs, N.Y. 1977
Kendall, M.G.: Rank Correlation Methods, London 1955
Kendall, M.G. / Stuart, A.: The Advanced Theory of Statistics, London 1961
Kinder, H.P. / Osius, G. / Timm, J.: Statistik für Biologen und Mediziner. Braunschweig/Wiesbaden 1982
Kreyzig, E.: Statistische Methoden und ihre Anwendung, Göttingen 1974[4]
Mosteller, F. / Rourke, R.E.K.: Sturdy Statistics: Nonparametric and Order Statistics, Reading, Mass. 1973
Müller, G.W. / Kick, Th.: BASIC-Programme für die angewandte Statistik, München, Wien 1983
Noack, S.: Auswertung von Meß- und Versuchsdaten mit Taschenrechner und Tischcomputer, Berlin 1980
Sacher, W.: Statistik für Benutzer programmierbarer Taschenrechner, München 1980[2]
Sachs, L.: Angewandte Statistik, Berlin 1983[6]
Siegel, S.: Nonparametric Statistics for the Behavioral Statistics, New York 1956
Tassel, van D.: Statistik-Verfahren in BASIC, München, Wien 1984
Wallis, W.A. / Roberts, H.V.: Statistics, New York 1956

Sachwortverzeichnis

—, bei abhängigen Stichproben 215 ff.
—, einfache 207 ff.
—, zweifache 211 ff.
Variationsbreite 15
Variationskoeffizient 15, 17
Varimax-Rotation 227 ff.
Verfahren
—, nichtparametrische 1
—, parametrische 1
Versuchsplanung 88 ff.
Verteilung
—, breitgipflige 27
—, eingipflige 33
—, hypergeometrische 119 ff.
—, linkssteile 43
—, normalgipflige 27
—, Polyasche 122

—, rechtssteile 34
—, schmalgipflige 27
—, symmetrische 34
—, unimodale 33
Vorzeichentest 184 f.

Wahrscheinlichkeitsverteilung 115 ff.
Wilcoxon-Paardifferenzen-Test 187 f.
Wölbung 27

Zentralwert 33
Zufallszahlen
— beliebiger Verteilung 96 ff.
—, binomialverteilte 94 f.
—, gleichverteilte 88 f.
—, normalverteilte 96 ff.
Zusammenfassung von Datenreihen 25
Zweizeilenkorrelation 83 ff.

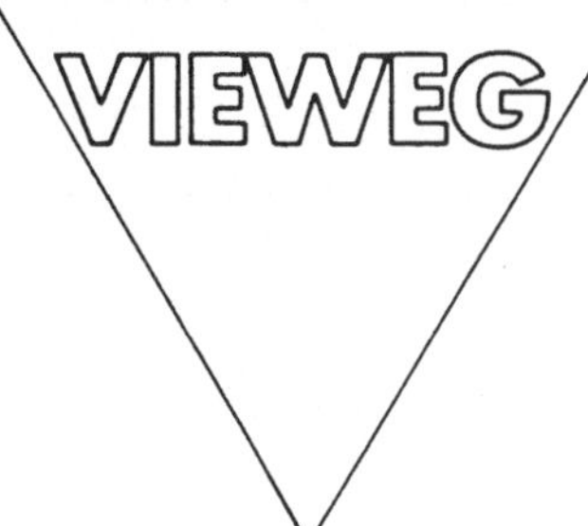

Gerhard Oetzmann

Entwerfen von Programmen

Strategien und Fallstudien
Beispiele in BASIC

1985. VIII, 127 S. 16,2 X 22,9 cm. (Programmieren von Mikrocomputern, Bd. 15.) Kart.

Es war schon immer nicht leicht, einen guten Algorithmus zu entwerfen, um ein vorgegebenes Problem zu erledigen. Da die Umsetzung von der Problemstellung zum Algorithmus die entscheidende Voraussetzung zuverlässiger Verarbeitungsanweisungen für den Computer ist, wird zu diesem Aspekt in dem Buch von Gerhard Oetzmann ausführlich Stellung genommen. Hierbei ist die Benutzung einer bestimmten Programmiersprache von nur sekundärer Bedeutung. Für jeden Programmierer wird hier der Grundstein zum ordentlichen und sinnvollen Programmieren gelegt.

Wolfgang Schneider

Strukturiertes Programmieren in BASIC

Eine Einführung mit zahlreichen Beispielen.

1985. XII, 371 S. 16,2 X 22,9 cm. (Programmieren von Mikrocomputern, Bd. 13.) Kart.

Die bevorzugte problemorientierte Programmiersprache für Mikrocomputer ist BASIC.

Der Band „Strukturiertes Programmieren in BASIC" in der Reihe Programmieren von Mikrocomputern richtet sich an Leser, die eine grundlegende Einführung in das Strukturierte Programmieren in BASIC wünschen. Vorkenntnisse sind nicht erforderlich.

Eine Vielzahl von Beispielen verdeutlicht die Regeln. Das Wichtigste wird einprägsam durch Merkregeln am Ende eines jeden Kapitels zusammengefaßt. Dies ist hilfreich, wenn sich der Anwender später schnell über Details informieren möchte. Mit Hilfe von selbst zu lösenden Übungsaufgaben in den einzelnen Kapiteln kann der Leser seine Kenntnisse überprüfen. Die richtigen Lösungen findet er am Ende des Buches.

Viele vollkommen programmierte und kommentierte Programme zeigen, wie man das Wissen aus den einzelnen Kapiteln anwendet.

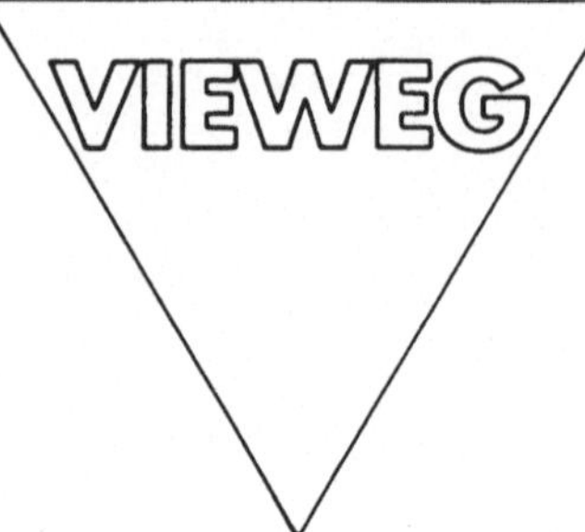

Wolfgang Böhm, Günther Gose und Jürgen Kahmann

Methoden der Numerischen Mathematik

1985. XII, 173 S. mit 78 Abb. 16,2 X 22,9 cm. Kart.

Jürgen Kahmann

BASIC-Programme zur Numerischen Mathematik

37 Programme mit ausführlicher Beschreibung.
1985. VIII, 77 S. 16,2 X 22,9 cm. Kart.

Die *„Methoden der Numerischen Mathematik"* sind eine wesentlich erweiterte Neubearbeitung der „Einführung in die Methoden der Numerischen Mathematik" von Böhm/Gose aus dem Jahr 1977.

Der Gegenstand des Buches reicht von Grundaufgaben der linearen Algebra über Iteration, Interpolation und Approximation bis zur Numerischen Differentiation und Integration. Neuaufgenommen wurde u.a. ein Abschnitt über die Flächen von Coons und zwei Kapitel über die Methode der finiten Elemente. Allerdings handelt es sich nicht nur um eine Sammlung von Algorithmen der Numerischen Mathematik. In erster Linie geht es den Autoren darum, dem Leser allgemeingültige Prinzipien für die Entwicklung und Analyse konstruktiver Verfahren nahezubringen. Dabei stehen hohe Anschaulichkeit und klare Darstellung der Grundlagen im Vordergrund, bevor die Algorithmen selbst in einer Programmiersprache sehr ähnlichen Notation formuliert werden.

Direkt daraus abgeleitet sind die *„BASIC-Programme zur Numerischen Mathematik"* von Jürgen Kahmann. Der Band enthält 37 BASIC-Programme, jeweils mit der Erläuterung des Verfahrens, der Programmliste, der Dateneingabe und einem Beispiel. Dabei sind Gliederung und Bezeichnungsweise aus den „Methoden der Numerischen Mathematik" übernommen. Es werden keine BASIC-Spezialbefehle und -Spezialfunktionen benutzt, so daß die Programme (evtl. mit geringen Änderungen) auf allen mit BASIC ausgerüsteten Mikro- und Homecomputern laufen.